2010 年度教育部人文社会科学研究青年基金项目

证券自律组织民事责任豁免研究（项目批准号：

10YJC820063）最终研究成果

2010年度教育部人文社会科学研究青年基金项目：
证券自律组织民事责任豁免研究（项目批准号：10YJC820063）最终研究成果

证券自律组织
民事责任豁免研究

李志君 ◎ 著

中国社会科学出版社

图书在版编目（CIP）数据

证券自律组织民事责任豁免研究／李志君著.—北京：中国社会科学
出版社，2015.3
ISBN 978 – 7 – 5161 – 5731 – 2

Ⅰ.①证…　Ⅱ.①李…　Ⅲ.①证券投资 – 民事诉讼 – 案例 – 美国
Ⅳ.①D971.222.8

中国版本图书馆 CIP 数据核字（2015）第 053073 号

出 版 人	赵剑英
责任编辑	任　明
责任校对	李　莉
责任印制	何　艳

出　　版	中国社会科学出版社
社　　址	北京鼓楼西大街甲 158 号
邮　　编	100720
网　　址	http：//www.csspw.cn
发 行 部	010 – 84083685
门 市 部	010 – 84029450
经　　销	新华书店及其他书店

印刷装订	北京市兴怀印刷厂
版　　次	2015 年 3 月第 1 版
印　　次	2015 年 3 月第 1 次印刷

开　　本	710×1000　1/16
印　　张	17.5
插　　页	2
字　　数	296 千字
定　　价	58.00 元

凡购买中国社会科学出版社图书，如有质量问题请与本社联系调换
电话：010 – 84083683

内容摘要

证券业自律组织（如证券交易所、证券业协会）在履行自律监管职责时，如果侵犯了被监管人的权利，从侵权责任构成的法理而言，应当承担侵权责任。但是，证券自律组织履行自律监管职责的需要、在国民经济中的地位以及可能面临的巨额赔偿诉讼决定了不能简单地将其归为普通侵权责任主体。从美国、我国香港地区的立法及司法实践来看，赋予了证券自律组织民事责任绝对豁免权，以保障其能全身心履行职责而无后顾之忧。

自律组织是否享有民事责任豁免权，是一项重大的制度安排，需要在会员利益、投资者利益与交易所履行自律监管职责之间做出平衡。赋予自律组织民事责任豁免权，虽然有利于保障自律监管职能的实施，但却是以损害会员和投资者的利益为代价，也不排除自律组织因为缺乏外在约束而恣意妄为、滥用权力，从而进一步损害相对人的利益。因此，如何加强对自律组织自律监管权力的外在控制与制约至关重要。反之，如果不赋予自律组织民事责任豁免权，当自律组织因某项监管措施失误引发大规模侵权诉讼时，将不堪重负，甚至有可能陷入破产境地。证券市场的特殊性决定了这种大规模侵权诉讼发生的可能性极大且造成的后果极其严重，如近期的 Facebook 案。在当前证券市场全球化的背景下，在交易所上市的公司来自不同国家，投资者也遍及全球，如果交易所被宣告破产，其对一国经济乃至全球经济带来的冲击力难以预料，其后果远远比任何跨国性知名大公司的破产都要严重得多。

我国证券市场的开放与国际化是必然趋势，在享受全球化带来的利益的同时，我们必须清醒的认识到可能伴随的巨大风险。事实上，近十几年，国内针对交易所的诉讼已发生多起。市场发展需要不断创新，而创新又必然伴随着不可控风险，同时，法治的推进和投资者法律意识的提高，使得未来的诉讼必然将呈现高发态势，自律组织将面临空前的责任承担压力。如果不在自律组织民事责任制度设计上未雨绸缪，就无法为我国证券市场的良性健康发展提供保障。

本书结合国际证券市场的最新发展，在分析掌握大量最新一手外文资料的基础上对证券自律组织民事责任豁免问题进行研究。本书共分五章。

第一章：绝对豁免的法理分析。绝对豁免最早起源于普通法上法官的绝对豁免权，后来经司法判例的演化，逐步适用于证券自律组织。因此，本章对绝对豁免的历史演进进行梳理，通过考察法官、检察官、行使准司法职能的其他人员的绝对豁免，理解绝对豁免制度的法理根基和发展脉络，以正确适用自律组织的绝对豁免。同时，美国司法实践还依据主权豁免原理判决证券自律组织享有绝对豁免权，因此本章对主权豁免进行了梳理，从国际法和国内法两个视角考察了主权豁免，并重点分析了后者。本章最后分析了绝对豁免与主权豁免的关系。

第二章：有限豁免理论。有限豁免（qualified immunity）是相对于绝对豁免而言的概念。绝对豁免仅适用于特定的司法或准司法主体，对于大多数行政人员来说，他们只能主张有限豁免。有限豁免制度是民事责任豁免制度的重要组成部分，是考察证券自律组织民事责任豁免不能回避的内容。本章考察了有限豁免的历史，分析了有限豁免从主客观标准到客观标准的演变过程。从权利的特定性、法律渊源、法律间的冲突等角度对于"明确确认"（clearly established）的权利进行了界定。并着重分析了后Pearson 时代有限豁免的宪法回避问题。最后，本章对检察官的有限豁免进行了梳理，以与第一章检察官的绝对豁免进行对比，更全面地理解检察官的民事责任豁免制度。

第三章：美国证券自律组织民事责任豁免的代表性案例及评析。本章分别选取与美国证券市场上重要的自律组织美国证券商协会（NASD）、纽约证券交易所（NYSE）、美国金融行业监管局（FINRA）有关的几个代表性案例，通过全文呈现而不是个别观点引用的方式，以期更全面了解这些案例的背景和法官的审理思路。这些判例不仅涉及民事责任豁免的论证，还涉及管辖权、驳回起诉、上诉等程序问题的处理，能帮助我们从程序和实体两个角度更全面认识涉及自律组织豁免权案例。本章首先介绍了Austin Mun. Securities, Inc. v. National Ass'n of Securities Dealers, Inc.，该案例是美国历史上第一起涉及证券自律组织官员绝对豁免权的案例，对之后的类似案件具有极其重要的先例指导意义。第二个案例是 In re NYSE

Specialists Securities Litigation，该案的背景是 NYSE 专家系列违规案，是美国证券史上有广泛影响力的案件，对纽约证券交易所专家制度改革乃至治理结构改革都产生了重要影响。第三个案例是涉及 FINRA 的案件。FINRA 的成立是数十年来美国证券市场自律监管体系最为重要的一次变化，FINRA 的"强烈的"政府行为属性使得市场人士对其享有绝对豁免权的合理性产生广泛质疑。选取涉及 FINRA 的案例就是为了判断在 FINRA 成立后，证券自律组织的民事责任豁免权是否发生变化。

第四章：证券自律组织民事责任豁免的法理基础。本章首先选取不同时期的典型案例，回顾了美国证券自律组织民事责任豁免的发展脉络，总结了授予绝对豁免权的行为类型。对于证券自律组织是否是政府行为者直接涉及主权豁免的适用和民事责任的豁免的问题，本章基于正当程序和政府行为的视角探讨了证券自律组织的性质，通过不同时期的案例呈现，明晰了法院对待自律组织由政府行为者向私人组织的属性的认识转变。FINRA 成立后，其政府行为的属性问题更具困惑。通过梳理案例可见，法院的判决体现了从准司法到准政府——从绝对豁免到主权豁免的认识转变，然而由于对绝对豁免与主权豁免的法理理解不当，导致实践中作为豁免权基础的法理依据存在逻辑上的混乱。理解美国证券自律组织民事责任豁免的法理基础不能基于大陆法系的形式逻辑推理，应当采用实用主义法律观来解释。近期，Weissman、Facebook 案体现了法院在适用自律组织民事责任绝对豁免上的严格解释倾向，未来自律组织民事责任豁免制度的发展趋势值得关注。本书认为，自律组织豁免权仍有存在的必要，但应进行必要的变革。

第五章：我国证券自律组织民事责任豁免制度的构建。本章首先分析了我国证券自律组织民事责任制度的现状，从立法和司法实践角度进行了阐释。目前，法院对待起诉自律组织承担民事责任的案件基本上采取了不予支持的态度，无论是基于程序上的不予受理还是基于实体上的驳回诉讼请求，事实上都实现了自律组织不承担民事责任的效果。本书对这种结果基本持肯定态度，但对实现该结果的过程和法律依据有不同看法。本书总体观点是证券自律组织应享有民事责任豁免权，但该豁免权不是绝对的。应借鉴美国相对豁免的合理之处，区分自律组织履行不同职责的人员，赋予不同类型的豁免权。民事责任豁免权的构建不仅仅是实体法律问题，还是程序法律问题，应当借鉴美国民事诉讼的合理之处，在涉及自律组织民事责任豁免权的程序法问题上做出调整。

目　录

导　言

　　证券业自律组织（如证券交易所、证券业协会）在履行自律监管职责时，能否因监管不当而被诉诸法院要求承担民事责任？例如，因上市公司虚假陈述、信息披露失实而使投资者遭受损失，投资者能否以交易所疏于监管为由要求其承担民事赔偿责任？当证券公司违规从事交易，进行市场操纵或内幕交易，因交易所未能及时发现并制止而给投资者带来损失，投资者能否要求交易所承担相应的民事赔偿责任？当自律组织未能有效监控证券公司或上市公司风险，甚至不当的予以推荐，一旦这些公司巨额亏损甚至破产时，投资者主张自律组织赔偿损失是否正当？当投资者认为交易所对某只股票采取的暂停交易、终止交易等措施不当对其带来损失时，能否要求交易所赔偿？当会员或其他主体认为自律组织对其的处罚措施不当，而给自己带来财产上的损失时，能否要求自律组织承担民事责任？诸如此类的问题说到底就是自律组织是否具有可诉性？

　　自律组织是否应因自律监管承担民事责任，是一项重大的制度安排，关乎自律组织的自律监管权力如何行使，关系到证券市场相关主体的切身利益，甚至决定着一国证券市场的发展前景。这是因为，如果要求自律组织承担民事责任，虽然能有效地约束自律组织权力的行使，但也可能因某项监管不到位引发大规模的集团诉讼。如美国安然、世通公司财务欺诈案，投资者损失惨重，如果都诉诸交易所承担民事责任，交易所恐怕不堪重负，甚至走上破产的边缘。交易所破产将直接危害国民经济的安全，其后果更是不堪设想。如果赋予自律组织民事责任豁免权，虽然能够避免上述危机的发生，但如何约束自律组织谨慎行使自律监管权力不无疑问。如果自律组织疏于监管或滥用监管权力，市场主体的利益如何保障也是必须面对的问题。尤其是随着交易所非互助化进程的推进，自律组织的民事责任豁免问题将进一步引发争论。因此，对自律组织民事责任豁免问题的研究具有重要的理论价值。

　　就目前掌握的资料看，关于证券自律组织民事责任豁免的研究主要集中在美国，[①] 其悠久的证券市场自律实践为该课题的研究提供了重要的支撑。比较典型的判例有 Austin Municipal Securities Inc. v. NASD[②]，Weissman v. NASD[③]，D'Alessio v. NYSE[④]，In re NYSE Specialists Securities Litigation[⑤] 等，这些判例的背后体现了不同时期司法态度的差异，也充分表明了自律组织民事责任豁免制度在证券市场乃至国民经济中的重要地位。代表性的理论成果有：Rohit A. Nafday，"From Sense to Nonsense and Back Again：SRO Immunity, Doctrinal Bait – and Switch, And a Call for Coherence"，*U. Chi. L. Rev.*，Vol. 77（Spring 2010）；Jennifer M. Pacella，"If the Shoe of the SEC doesn't Fit：Self – regulatory Organizations and Absolute Immunity"，*Wayne L. Rev.*，Vol. 58（Summer, 2012）；Robert S. Karmel，"Should Securities Industry Self-regulatory Organizations be Considered Government Agencies?"，

---

　　① 由于资料来源所限，除美国外，目前只确认我国香港地区存在类似规定。香港《证券与期货条例》第 22 条规定：（1）以下人士——（a）认可交易所；或（b）任何代表认可交易所行事的人，包括——（i）该交易所的董事局的任何成员；或（ii）该交易所设立的任何委员会的任何成员，在履行或其本意是履行第 21 条所规定的该交易所的责任时，或在执行或其本意是执行该交易所的规章授予该交易所的职能时，如出于真诚而作出或不作出任何作为，则在不局限第 380（1）条的一般性的原则下，无须就该等作为或不作为承担任何民事法律责任，不论是在合约法、侵权法、诽谤法、衡平法或是在其他法律下产生的民事法律责任。（2）凡认可交易所的认可控制人在履行或其本意是履行第 63 条所规定的该控制人的责任时，向该交易所发出指令或指示或作出要求，而该交易所按照该等指令、指示或要求出于真诚而作出或不作出任何作为，则就该作为或不作为而言，第 21 条或该交易所的规章所规定的该交易所的责任不适用于该交易所。

　　② 757 F. 2d 676（5th Cir. 1985）.

　　③ 500 F. 3d 1293（11th Cir. 2007）.

　　④ 258 F. 3d 93（2d Cir. 2001）.

　　⑤ 503 F. 3d 89，C. A. 2（N. Y.），2007.

Stan. J. L. Bus. & Fin.，Vol. 14（2008）等。① 最初，美国司法实践基于绝对豁免原理认定自律组织在准司法职能上的民事责任豁免权，然而随后的司法判例却将豁免权从准司法职能延伸适用于准政府职能，完全背离了绝对豁免适用的基本前提。运用主权豁免原理解释自律组织的民事责任豁免权也存在逻辑上和实践上的混乱，在正当程序的适用上，法院基于政府行为理论的视角，基本不认同自律组织是政府行为者，因此不适用正当程序的宪法要求。然而在民事责任豁免的适用上，法院却倾向于通过准政府职能的类推，肯定自律组织的主权豁免，这种矛盾性如何解释需要从理论基础和实践需要两个方面进行深入解释。

值得注意的是，最近发生的 Weissman v. NASD, Opulent Fund v. NASDAQ Stock Market② 和 In re Facebook, Inc., IPO Securities and Derivative Litigation③ 等案呈现出司法对自律组织豁免权采取严格解释的倾向，因此引发了学界激烈的争论。司法实践的发展也推动了理论的研究，出现了一些代表性的成果，主要有：Andrew J. Cavo, Weissman v. National Association of Securities Dealers: A Dangerously Narrow Interpretation of Absolute Immunity for Self – Regulatory Organizations, 94 Cornell L. Rev.（2009）等。需要说明的是，这些成果并不是孤立的证券法律问题，而是与美国整体的

---

① 其他成果有：Jerrod M. Lukacs, "Much ado about nothing: how the securities SRO state actor circuit split has been misinterpreted and what it means for due process at FINRA", *Ga. L. Rev.*, Vol. 47（Spring, 2013）; Richard L. Stone & Michael A. Perino, "Not Just a Private Club: Self Regulatory Organizations as State Actors When Enforcing Federal Law", Colum. Bus. L. Rev.（1995）; Thomas L. Short, "Friend this: why those damaged during the Facebook IPO will recover（almost）nothing from NASDAQ", Wash. & Lee L. Rev., Vol. 71（Spring, 2014）; Craig J. Springer, "Weissman v. NASD: Piercing the Veil of Absolute Immunity of An SRO under the Securities Exchange Act of 1934", *Del. J. Corp. L.*, Vol. 33（2008）; Lori Mcmillan, "The Business Judgment Rule as an Immunity Doctrine", *Wm. & Mary Bus. L. Rev.*, Vol. 4（April, 2013）; Karen Blum, Erwin Chemerinsky, Martin A. Schwartz., "Qualified Immunity Development: Not Much Hope Left for Plaintiffs", *Touro L. Rev.*, Vol. 29（2013）; Erwin Chemerinsky, "Absolute Immunity: General Principles and Recent Developments", *Touro L. Rev.*, Vol. 24（2008）; Willliam S. Helfand, Ryan Cantrell, "Individual Governmental Immunities in Federal Court: The Supreme Court Strengthens an Already Potent Defense", *The Advoc.*（*Texas*）, Vol. 47（Summer, 2009）; John C. Williams, "Qualifying Qualified Immunity", Vand. L. Rev., Vol. 65（May 2012）。

② 2007 WL 3010573（ND Cal）.

③ 2013 WL 6621024.

立法、司法制度、经济政策和经济发展密切相关，能否拿来所用还需要进行充分的论证。

国内关于该课题的研究刚刚起步，针对性的研究成果明显不足。卢文道先生的《证券交易所自律管理论》（北京大学出版社 2008 年版）在这方面做了开创性的研究，但遗憾的是由于主旨所限，仅用了一节的篇幅（5000 字左右），未能充分展开。徐明、卢文道先生出版的《判例与原理：证券交易所自律管理司法介入比较研究》（北京大学出版社 2010 年版），翻译了关于美国证券自律组织民事责任豁免的经典案例，并对国内相关案例进行了介绍，这为本课题的研究提供了重要素材。蔡伟先生的《我国证券（期货）交易所的民事责任豁免探讨》（《证券市场导报》2011 年第 8 期）基于创新的视角对我国交易所民事责任豁免制度进行了研究。除此之外，国内围绕该主题的论文大多是在证券交易司法介入的大背景下，在部分章节对证券自律组织民事责任豁免问题进行了探讨，如最高人民法院立案庭课题组（主持人：姜启波、徐明）的《证券交易所自律管理中的司法介入》（《上证联合研究计划》第 18 期课题报告）。还有少量论文从证券交易异常情况的处理角度建议赋予自律组织某种程度的民事责任豁免权，如顾功耘的《证券交易异常情况处置的制度完善》（《中国法学》2012 年第 2 期）。这些论文尽管涉及了证券自律组织的民事责任豁免问题，但都是在面对交易所等自律组织可能产生的巨额赔偿责任时，主张借鉴美国的自律组织民事责任豁免制度，给予一定的豁免权。至于美国证券自律组织为什么享有民事责任豁免权，其历史和法理基础为何，则基本没有探讨。这种只借鉴结论而不重视结论的推理基础的做法值得商榷，因为如果不了解一国某项制度的历史基础与法理逻辑，就盲目的借鉴引进，很有可能会适得其反，甚至产生水土不服。只有深入理解该制度的历史与法理，才可能更好地理解和把握该制度的基础，也能在移植的过程中，结合我国相关制度适当调整，更好地为我所用，充分发挥该制度的价值。本书首先对绝对豁免、相对豁免的法理进行探讨就是出于这样的考虑。

国内针对证券交易所的诉讼已发生多起，例如因为上海水仙退市引发的朱恒等诉上海证券交易所案，陈伟诉上海证券交易所、广州白云国际机场等权证交易侵权赔偿纠纷案，邢立强诉上海证券交易所财产损害赔偿纠纷案等①，法院多以不予受理或驳回诉讼请求的方式进行了处理。不予受理的裁定往往依据的是最高人民法院 2005 年颁布《关于对与证券交易所监管职能相关的诉讼案件管辖与受理问题的规定》，反映了司法介入的谨慎立场，但这种限制诉权的做法在法理上能否经得起推敲值得商榷。驳回诉请求的处理往往以交易所正当履行职责和缺乏因果关系为由，但如何界定职责的正当性，如何认定因果关系的存在在理论界和实务界都是相当困惑的问题，基于这种理由的判决往往难以起到定纷止争的作用。如果换个思路，从自律组织豁免的角度分析或许会实现较为理想的效果，易于法院操作，节约审判资源，提高审判效率，也容易被当事人接受。

可以预见的是，随着证券市场的发展和投资者法律意识的提高，针对自律组织的诉讼将日趋增多。诉权理论的完善也将改变法院"不予受理"的敷衍做法，使该种诉讼成为常态。中国证券市场的开放将导致更多的外国投资者涌入中国市场，他们也可能成为推动自律组织豁免权研究和实践的重要力量。本书认为，今后的关注点不应纠缠于是否应予受理的程序问题上，而是应当聚焦于自律组织是否享有民事责任豁免的实体问题上。这么做既符合法治原则，也是解决涉及自律组织诉讼的根本思路。自律组织的豁免权问题研究应当提上议事日程，加强该方面的理论研究具有重要的实践意义。

本书试图通过对美国证券市场自律组织民事责任绝对豁免权的研究，结合我国证券市场的实践和发展趋势，探寻适合我国证券市场特点的自律组织豁免权法律制度。我国司法实践针对该问题的回避态度并不表明该问题不重要，相反，这正是因为缺乏理论的支撑而不得不做出的权宜之计。证券市场全球化必然伴随着投资者的多元化和国际化，当大量外国投资者提起针对自律组织的诉讼时，我们恐怕难以再采取不予受理的态度。这不仅是诉权限制问题，更事关证券市场的法治化程度。人们有理由相信，一个法治化程度不高的证券市场也将是投资者利益难以充分保障、投资者信心不足的市场，投资者信心缺失将是证券市场发展的桎梏，这样的证券市场是难以融入全球化趋势中的，也是难以发展甚至难以生存的。这就要求我国证券市场的规则也要逐步与国际趋同，在投资者利益保护和自律监管作用发挥方面进行合理平衡。本书的研究试图为我国证券自律组织民事责任豁免权进行制度设计，在绝对豁免与投资者保护之间寻求平衡。

---

① 详见本书第五章。

第一章

绝对豁免的法理分析

按照美国的司法实践，美国证券自律组织在履行监管职责时享有绝对豁免权。该豁免权最早起源于普通法上法官的绝对豁免权，后来经司法判例的演化，逐步适用于证券自律组织。因此，有必要对绝对豁免的历史演进进行梳理，因为只有追本溯源，才能深刻理解绝对豁免制度的根基和发展脉络，才能深入探究证券自律组织民事责任绝对豁免的法理基础，才能正确理解和适用自律组织的绝对豁免权。同时，美国司法实践还依据主权豁免原理判决证券自律组织享有绝对豁免权，因此，本章也对主权豁免进行梳理，以正确把握主权豁免与绝对豁免的关系，更全面的界定证券自律组织民事责任绝对豁免的法理基础。

第一节　绝对豁免理论

一　概念

绝对豁免是指无条件的使责任主体豁免承担任何民事责任，即使其行为出于恶意，因而被称为最彻底的责任豁免形式。绝对豁免最初授予法官，后来扩展到检察官等其他承担司法或准司法职能的主体。

绝对豁免的特权主要基于这样的认识：某些人，因为他们的特殊位置或角色，应当尽可能的免于担心其行为可能给其个人利益带来的负面效果。为了实现这个目标，对这些人不仅要给予免于民事责任的保护，还要给予免于不成功的民事诉讼的危险。他们行为的适当性不能在因针对其履行职责不当的行为而提起的民事诉讼中间接地被法院或陪审团调查。因此，该权利是绝对的，提供的保护是完整的。绝对豁免是如此包罗万象以至于报复诉讼的可能或者对动机的调查都被禁止。某项行为之所以不承担责任,是因为存在值得保护的对社会而言极具重要性的利益,即使伴随着未补偿的损害。[1]

从字面分析,绝对豁免看起来是荒谬的。金钱损害赔偿对于宪法权利受到侵害的受害者而言是适当的救济,但被告却可以绝对豁免为由不负赔偿责任,这使得宪法侵权不再存在,由此带来理解和适用上的矛盾。总统对于其职责范围内的行为绝对豁免,可由总统作为"首席避雷针"(lightning – rod – in – chief)的角色以证明其正当性。但是,绝对豁免还保护成千上万的低级官员的侵犯宪法权利的立法、司法和监察行为,这些比总统豁免更值得关注。[2]

二 绝对豁免理论的历史演进

法官是最早享有绝对豁免特权的主体。在早期的普通法中,并不存在法官豁免制度,只要认为法官做出的裁判是错误的或不当的,就可以对法官提出诉讼。后来到 17 世纪普通法确认了该规则。该规则来源于如下理念:国王授权法官依法向臣民输送正义,因此法官只对国王而无须对其他任何人负责。在英国 Floyd v. Barker 一案中,大法官柯克认为,首先,若没有豁免原则,法官的司法行为会被偏见的、恶意的意见和主张拖入无止境的困境中;其次,这一原则对于维护法庭的尊严以及国王的尊严都是必不可少的。"国王不能为非"的理念同样适用于法官,不能对法官的审判行为提出控告,法官执行的是国王的法律,对法官提出诉讼即对国王提起诉讼,法官对职务行为享有豁免权;最后,若没有这一原则,甚至最认真的法官也易于遭受来自怨恨当事人的冗长诉讼。该判决的意见随着后人不断的适用延续下来,逐步成为普通法的传统。[3] 到 19 世纪,英国法院系统阐述了法官绝对豁免理论。在 Fray V. Blackburn 案中,法官认为,我们法律的基本原则是:没有人可以挑战法官的司法行为,即便该行为存在恶意或者受贿的事实。公众将从该原则中获得极大的利益,因为该原则有助

---

[1] Kraig J. Marton, Victoria H. Quach, " Reporting roulette: complaining or even sitting on a board just might get you sued (AKA the immunity laws in Arizona are in a terrible state of disarray)", *Phoenix L. Rev.*, Vol. 5 (Spring 2012), pp. 517 –518.

[2] John C. Jeffries, Jr., "The Liability Rule for Constitutional Torts", *Va. L. Rev.*, Vol. 99 (April, 2013), pp. 209 –210.

[3] 陈雅丽:《豁免权研究——基于宪法的视域》,中国法制出版社 2011 年版,第 33 页。

于司法独立并防止法官受到令人讨厌的行为的侵扰。

美国联邦最高法院首次明确确认该原则是在 Bradley v. Fisher① 一案。法院认为，授予法官绝对豁免权可以追溯到几个世纪前的英国普通法。由于司法程序要解决的不仅仅是金钱方面的利益，还涉及当事人的自由和人格方面的争议，由此必然导致败诉的一方对判决结果的不满。授予法院绝对豁免权是保证他们能够独立判案的唯一方式。正如汉德（Hand）法官指出的，该原则的合理性在于：在案件审理前，我们不可能知道原告诉讼请求能否成立。如果令法官承担审判的压力以及由判决结果导致的不可避免的风险，将极大抑制除了最果敢的和最不负责任的法官之外的其他法官履行其职责的热情。后来，绝对豁免扩展适用到检察官。第二巡回法院认为，无论检察官的起诉行为导致被告获罪还是释放，都应该享有绝对豁免权，因为只有这样才能维护检察官的独立性。②最高法院在 Imbler v. Pachtman 案中指出，赋予检察官绝对豁免权是出于与法官绝对豁免权同样的考虑，不确定的诉讼将会导致检察官分散其履行公共职责的精力，他们可能因此不能按照公众信托的要求保持其判断的独立性并可能不敢做出明确决定。③在 Barr v. Matteo④ 案中，最高法院强调了赋予绝对豁免权的重要性。法院指出，政府官员应该自由地履行其职责，不应为此受到民事索赔案件的困扰，这些案件将花费官员大量时间和精力，而这些原本应投入到公共服务中。诉讼的威胁也将妨碍政府职员以无畏的、精力充沛的状态高效率地贯彻和实施政府政策。

此后，法院将绝对豁免适用于行使准司法权的联邦行政人员。在 Butz v. Economou⑤ 案中，法院需要判断联邦农业部的官员是否享有绝对豁免权。法院首先考察了历史上以往案件授予绝对豁免权的背后逻辑，得出结论认为：法官之所以享有绝对豁免，不是因为他们在政府中的特殊位置，而是因为他们职责的特殊性。由此，法院断定在本案中，农业部官员的裁决行为与检察官、陪审团的准司法行为具有功能上的相似性，因此他们也

---

① 80 U. S. 335 (1871).

② Rohit A. Nafday, "From Sense to Nonsense and Back Again: SRO Immunity, Doctrinal Bait - and Switch, And a Call for Coherence", *U. Chi. L. Rev.*, Vol. 77 (Spring 2010), pp. 855 –856.

③ 424 U. S. 423 –424, 96 S. Ct. 984 (1976).

④ 360 U. S. 564, 79 S. Ct. 1339 (1959).

⑤ 438 U. S. 478, 98 S. Ct. 2894 (1978).

应获得绝对豁免。在授予绝对豁免的同时，法院还分析了防止权力滥用的因素。法官任期不受政治压力影响，审理案件应遵循先例，并受到对抗性程序的拘束，同时还受当事人选择上诉的制约。同样，检察官要受到职业责任与公开庭审对抗程序的制约。在分析了行政机构程序中对行政人员的制约因素后，法院认为行政法对维护行政司法官员独立性的制约可以阻止其犯错误的几率。在行政程序中，那些执行检察官职责的律师也应基于同样的理由赋予绝对豁免。① 法院将绝对豁免适用于行使准司法职能的行政官员，进一步扩大了享有绝对豁免主体的范围，虽然有利于保障行政法官权利，但同时也面临着如何平衡受影响的利害关系人的利益问题。

三 绝对豁免的类型

（一）立法者的绝对豁免权

立法者的绝对豁免权起源于英国，是英国议会与国王进行了近三百年的斗争才获得的成果。

1397 年，下院议员托玛斯由于在下院中提出削减王室开支的议案而被提出刑事指控并被判犯有叛国罪。亨利四世继位后，托玛斯向国王请愿，以原判决"违反了先前早已由议会确立的法律和制度"为由，请求国王推翻对他的有罪判决，下院也以自己的名义请求国王推翻该判决。最终该有罪判决被取消。1512 年，下院议员理查德·斯托德由于在下院中提议要对当地的锡矿业进行管制而被其竞争对手提起诉讼，继而被以其试图在议会中破坏锡矿业从业者的自由、特权及公民权为由判处巨额罚金。由于他未缴纳罚金，几个竞争对手又使其入狱三周。在下一届议会开会时，议会受理了斯托德提出的请愿，撤销了对其做出的有罪判决，并宣称所有对议会成员在议会中的提案、发言或辩论进行追究的行为都是完全无效和不能执行的。尽管此后一段时间内议员享有在议会中发言不受追究的豁免权，但该权利是由下议院议长在每届议会正式开会前向国王提出请求，再授予议员，存在着不确定性。伊丽莎白于 1571 年命令议会，除处理由英王提交其处理的事务外，不得插手任何国家事务。在此期间议员因其言论所涉事项、其行为方式而获罪入狱或被禁止出席会议的情况屡见不

---

① Rohit A. Nafday, "From Sense to Nonsense and Back Again: SRO Immunity, Doctrinal Bait - and Switch, And a Call for Coherence", *U. Chi. L. Rev.*, Vol. 77 (Spring 2010), pp. 857 – 858.

鲜。另外，议会也在不断的以抗议书、请愿等方式努力争取和延续着其特权。查理一世则于1929年逮捕了在议会中敢于发表在其看来具有煽动性言论的约翰·埃利奥特爵士及另外八名议员并由法院审判定罪。议会于1641年宣布对埃利奥特爵士等人的审判侵犯了议会特权，并且规定1512年对斯托德案所制定的法律具有普遍适用性。1689年，议会通过了著名的《权利法案》，其中第九条规定，议会内之演说自由、辩论或议事之自由，不应在议会以外之任何法院或任何地方，受到弹劾或讯问，最终以法律的形式确立了议员的豁免权。①

在美国，联邦和各州都对议员在正式立法会议上的言论给予绝对豁免的保护，以避免立法机关不能正当的履行其职责。美国宪法第一条第六款规定，参议员与众议员不得因其在各院发表之讲话及辩论而在其他任何地方受到质问。美国联邦法院的判例将议员的职务行为区分为"立法行为"和"政治行为"，只有"立法行为"才予以豁免。在1972年的Gravel v. United States 一案中，联邦最高法院将豁免的立法行为描述为：（1）议员在委员会会议以及国会会议上的讨论和交流行为；（2）关于提案的同意或者拒绝行为，或者在议院外从事的相关立法行为。1972年的United States v. Brewster 一案中，指出立法行为一直都被定义为与职务相关的，通常在议会内部行使的行为，总而言之，是宪法的言论豁免条款保障的那些在参议院或众议院内部所说或者所做的履行职务的行为。但后来的判例又进行了修正，认为只要是与立法相关的行为，即使是在议院外，也同样享有言论豁免权。议会成员还从事许多纯粹立法活动之外的"政治行为"，即议员为了顺应选民期盼争取蝉联和政府合同，和政府官员会晤、准备新的提案、在议院外发表政见等。这些政治行为不受豁免的保护。②豁免特权还禁止对议员的言论动机进行司法调查。立法豁免权有利于鼓励适格的和其他有志人士为政府提供服务，如果没有该豁免权，"只有傻子和无责任能力的人才会选择进入政府"。如果官员被拒绝豁免权，他们可能将个人利益置于法定责任之上。公职人员将被迫在法庭上花费大量时间以证明他们行为的正当性，而不是履行其法定职责。正如汉德大法官指出

---

① 邵自红：《全国人大代表言论免责权研究》，《河北法学》2007年第7期，第44页。

② 陈雅丽：《豁免权研究——基于宪法的视域》，中国法制出版社2011年版，第95—96页。

的：对于怠于履行其职责的公职人员，必须予以惩罚，但是让公职人员面临因他们诚实的不当行为而遭受损失的人提起的诉讼是另外一回事。对不诚实官员的错误不予纠正与让那些试图履行职责的人受制于持续的报复恐惧中相比是更好的处理方式。① 只要是在履行立法职责，绝对立法豁免就适用于议员，因为该豁免关注的是发表言论的机会，而不是内容。②

对于联邦、州、地区、镇的议员，当他们履行立法的公共职责时，立法豁免给他们提供绝对的豁免。通过授予最全面的言论自由，豁免对于提升公职人员"坚定和成功"的履行职责是必要的，对来自任何人的不满，他们都应给予保护，无论这个人的自由受到多么强烈的侵犯。③ 在 Tenney v. Brandhove 案中，法院保护参议院调查委员会关于非美活动的调查，认为无论多么令人憎恨，该调查都是合法的立法行为。尽管该委员会违反了正当程序的要求，他们的行动对于言论自由产生了令人恐惧的后果，但仍应受到保护。因此，委员会成员在进行调查时的行为被赋予绝对豁免权。法院指出，声称的可恶的目的并不能破坏豁免权。立法者豁免于对其自由履行立法职责的威慑因素，不是为了迁就个人，而是为了公共利益。如果议员可能受制于基于抗辩人的意见提起的审判导致的诉讼费、麻烦和心烦意乱，或者受制于基于陪审团对于动机的怀疑而做出的裁判的危险，该特权将会变得没有任何价值。④

联邦层面的立法豁免的正当性同样适用于州和地区立法者。例如，Tahoe 地方规划局就因其履行立法职责而被判定免于联邦诉讼。在判决中，法院指出，证据显示：这些个人是在履行类似于州立法机构的成员的职责，他们被授予绝对豁免于联邦损害赔偿责任的权利。⑤ 该豁免权同样适用于市立法议员，Bogan v. Scott – Harris 案指出，绝对豁免地方议员基于 1983 节的责任依据不仅基于历史，同样基于理性。授予联邦、州和地

---

① Sanchez v. Coxon, 854 P. 2d 126, 129.

② Kraig J. Marton , Victoria H. Quach, "Reporting Roulette：Complaining or Even Sitting on a Board Just might get you sued（AKA the immunity laws in Arizona are in a terrible state of disarray）", Phoenix L. Rev. , Vol. 5（Spring 2012）, pp. 521 – 522.

③ Tenney v. Brandhove, 341 U. S. 367, 373（1951）.

④ Tenney v. Brandhove, 341 U. S. 367, 377（1951）.

⑤ Lake Country Estates Inc. v. Tahoe Regional Planning Agency, 440 U. S. 391, 405, 406（1979）.

区议员的绝对豁免的合理性同样适用于地方议员。① 因此，立法豁免广泛适用于所有级别的政府以及履行各级政府立法职责的代表。②

关于近期立法豁免代表性的案例是 Bogan v. Scott - Harris 案。警察局的心理学家声称，在他做了一次公开演讲后，受种族歧视和报复的驱动导致他的职位被取消。他对市议会大幅削减其职位预算的成员以及市长提起诉讼。联邦最高法院 Thomas 大法官起草的判决书认为，市议会的成员和市长都受绝对立法豁免的保护。对于市议会成员受绝对立法豁免保护这一点没有争议，因为预算编制是地方政府的典型职能。引人注目的是本案将绝对立法豁免适用于市长。最高法院指出，市长参与预算程序，该程序是典型的立法，市长的行为是立法程序的必需步骤，因此市长受到绝对立法豁免的保护。③ 该案还将市长在终止职位上的立法职能与雇佣或解聘个人雇员的行政行为进行了区分。总统参与预算程序，州长参与预算程序，市长传统上也参与预算程序，然而他们的行为在传统上被视为行政职能。本案中，最高法院认为行政长官参与预算程序却变成了立法属性。在 Bryan v. City of Madison 一案中，法院认定立法豁免不适用于市长重复否决原告设计和发展规划的行为。立法豁免不适用于市长采取拖延战术以阻止原告的各类计划在董事会会议上表决，也不适用于通过市长和两名市参议员投票致力于调整财产的行为，因为这些行为不是一般性的政策。市长决定按照日程表重新做出分区决定，但没有通知当事人的行为，以及投票重新划分财产的行为，受到绝对立法豁免的保护。④ 在 Baraka v. McGreevey 案中，Baraka 是新泽西州的桂冠诗人，在获得任命不久，他朗读了一首诗，询问为什么在"9·11"攻击中，那么多的犹太人没有出现在世贸中心，前州长 James McGreevey 决定取消其职务并扣留原定授予其 1 万美元的酬金。问题是州长决定解聘原告职务并不支付其报酬的行为是否受绝对豁免的保护。第三巡回法院依据 Bogan 案，认为州长卷入了预算程序，州长指示扣留岗位薪酬在本质上属于立法而不是行政行为。⑤ 该案再次模糊了传统的

---

① Bogan v. Scott - Harris, 523 U. S. 44, 52 (1998).

② Lori Mcmillan, "The Business Judgment Rule as an Immunity Doctrine", *Wm. & Mary Bus. L. Rev.*, Vol. 4 (April, 2013), pp. 553 –555.

③ Bogan v. Scott - Harris, 523 U. S. 44, 46 –47, 53 –56 (1998).

④ Bryan v. City of Madison, Miss., 213 F. 3d 267, 273 –274 (5th Cir. 2000).

⑤ Baraka v. McGreevey, 481 F. 3d 187, 193 –194, 197 (3d Cir. 2007).

行政与传统的立法行为之间的界限。

另一个代表性案例是 Fowler – Nash v. Democratic Caucus of Pennsylvania House of Representatives，该案原告声称尽管其为州立法院决策委员会工作，但还是因为言论和政治党派问题被解雇。最高法院认为解聘某个特定人的决定应被视为是行政属性的，不是立法行为。① 2007 年的 Almonte v. City of Long Beach 案可被视作另一个走向的案件。几个前城市官员声称因为他们的政党关系，即他们是民主党，在共和党执政后被解雇。地区法院认为开除职务的决定受到绝对豁免的保护，但在立法会会期召开前的所有会议仅受到有限豁免的保护。第二巡回法院不同意一审观点，认为绝对豁免保护决定的每个方面，包括会期前的交谈和会议本身最终都属于立法职能。② Scott v. Taylor③ 案是另一个代表性案件。该案是关于立法机构的成员是否应因关于如何划分选区的种族歧视被诉的问题。重新分配选区在性质上是行政行为还是立法行为？第十一巡回法院认为传统上由立法机构划分选区，尽管这不是传统意义上的制定法律，但仍应受绝对豁免的保护。④

议员对于他们在立法程序中发表的言论，对于因其立法行为提起的责任诉讼，以及对有关其立法行为的传唤作证方面，都绝对豁免。但是，不是所有立法者的行为都是纯立法性的，因此不意味着只要是议员的行为都受绝对豁免的保护。绝对豁免关注的不是头衔，而是被指控的行为。立法官员，尤其是地方政府的议员，既执行立法职能也执行行政职能。第一巡回法院在 Cutting v. Muzzey⑤ 案中清晰地阐述了解决这种差别的两种测试标准，该标准被其他地方法院广泛接受。第一项标准聚焦于用于做出决定的事实的性质。尤其是关于政策或事态的立法性事实时，该决定就是立法性的，因此绝对豁免就会适用。但是，当事实比较具体，例如关于特定的个人或形势，该决定就很可能被视为行政性的从而不适用绝对立法豁免。第二项标准涉及被指控的行为。当该行为确立了一项总方针，它就是立法

---

① 469 F. 3d 328，329（3d Cir. 2006）.

② 478 F. 3d 100，103，107（2d Cir. 2007）.

③ 405 F. 3d 1251（11th Cir. 2005）.

④ Erwin Chemerinsky，"Absolute Immunity：General Principles and Recent Developments"，*Touro L. Rev.*，Vol. 24（2008），pp. 490 – 493.

⑤ 724 F. 2d 259（1st Cir. 1984）.

性的并享有绝对豁免。如果该行为针对特定个人且其处理结果完全不同，该行为本质上是行政性的，不应适用立法绝对豁免。总之，当立法者的行为是创建一项政策，该政策构成一项未来的规则、一个全面的计划或者全面的政策，该行为受绝对豁免的保护。但是，当行为具有执行的特征或者针对特定的个人时，其将被视为行政行为，仅受有限豁免的保护。①

重要的是，因为立法豁免起源于宪法中的言论和辩论条款，豁免不仅隔离立法者的民事责任，同时也预先排除了强迫立法者为立法行为作证的企图，无论个人或政府机构是当事人，或者仅仅是个证人。立法者的证言特免权是立法职能的必要组成部分，通常被严格执行。该特权尤其适用于政府机构，无论议员个人是否愿意放弃。②

《法国第五共和国宪法》第 26 条明确规定，议会的任何议员不得因本人在行使职权中所发表的意见或者所投的票而受追诉、搜查、逮捕、拘留或审判。《德国基本法》第 46 条规定，任何时候都不允许对议员因在联邦议院或在联邦议院委员会中所投的票或者发表的言论而在法律上和职务上被追诉，也不允许在联邦议院外追究其责任。《意大利宪法》第 68 条规定，议会议员不能因行使其职权时所发表的言论和所投的票而遭受追诉。《日本宪法》第 51 条规定，两院议员在议院所做的演说、讨论或者表决，院外不得追究其责任。当今大多数民主国家均以宪法形式明确确认了议员或民意代表享有的豁免权。③

（二）法官的绝对豁免

法官绝对豁免，是指法官对于履行审判职责的行为绝对免于诉讼和承担民事责任。

法官责任豁免制度起源于西方国家，是近代资产阶级革命反对封建皇权的产物。法官责任豁免制度是随着资产阶级的司法独立运动以及法官职业保障制度的不断发展而逐步完善的。④ 从西方国家建立现代法律制度直

---

① Bryan v. City of Madison, Miss. , 213 F. 3d 267, 273 – 274.

② Willliam S. Helfand, Ryan Cantrell, "Individual Governmental Immunities in Federal Court: The Supreme Court Strengthens an Already Potent Defense", *The Advoc.* （*Texas*）, Vol. 47 （ Summer, 2009）, pp. 23 – 24.

③ 陈雅丽：《豁免权研究——基于宪法的视域》，中国法制出版社 2011 年版，第 38 页。

④ 谭世贵、孙玲：《法官责任豁免制度研究》，《政法论丛》2009 年第 5 期，第 45 页。

到 20 世纪中叶，司法官员的豁免权几乎是绝对和不可置疑的。①

　　作为英国皇室和高等法院法官绝对豁免的热烈拥护者，柯克（Coke）法官寻求的依据是：法官的管理事关国王的荣誉和良知，代表国王的法官只应当向上帝和国王负责。②司法豁免是该理论的必然结果。由于国王不能为非，作为处理司法事务的代表——法官，不应当产生因任何假定的腐败而中伤国王的法官的问题。因为法官是国王的私人代表，他们应当只对国王负责。③ 在 Floyd v. Barker 案中，柯克法官确认了法官豁免制度，并首次分析了构成司法豁免原则的政策考虑和赋予法官豁免的目的：（1）确保判决的终局性；（2）保障司法独立；（3）避免对行为真诚的法官的持续攻击；（4）防止司法体制陷入声名狼藉的境地。④

　　在英国，基于法官独立的原则，法官在司法过程中所做任何事情和任何言语享有完全的豁免权，即使是恶意行为也是如此。甚至一个下级法院的法官，即使越权在民事诉讼中也享有豁免权。此外，英国还设立了刑事案件复查委员会，专门接受调查已经生效的刑事案件。如认为确有错误，就把案件提交刑事上诉法院审理。在这些案件中，也有改判和给予赔偿的，但不论如何，都不会与原审法官的业绩或奖惩挂钩，更不会追究原审法官的民事或刑事责任。⑤ 实行法官豁免的依据，是为了保障法官的独立审判权力。正如丹宁勋爵指出的："只要法官在工作时真诚的相信他做的事在他自己的法律权限之内，那么他就没有受诉的责任。法官可能弄错事实，也可能对法律无知，他做的事情可能超出他的司法权限——不管是在事实上，还是在法律上——但是只要法官真诚地相信他做的事情是在自己的司法权限之内，他就不应承担法律责任。"⑥ 赋予司法豁免的公共政策基础是为了让法官自由的行使他们独立判断的权力，而无须担心被处以损害赔偿的公共利益需要。因为对判决不满意的当事人很可能会说服另一个

---

　　①　黄松有、梁玉霞主编：《司法相关责任研究》，法律出版社 2001 年版，第 47 页。

　　②　K. G. Jan Pillai, "Rethinking Judicial Immunity for the Twenty – First Century", *Howard. L. J.*, Vol. 39（1995），p. 104.

　　③　Pierson v. Ray, 386 U. S. 547, 565, n. 5（1967）

　　④　77 Eng. Rep. 1305, 1307（Star Chamber 1607）.

　　⑤　谭世贵、孙玲：《法官责任豁免制度研究》，《政法论丛》2009 年第 5 期，第 45—46 页。

　　⑥　［英］丹宁（勋爵）：《法律的正当程序》，李克强、杨百揆、刘庸安译，法律出版社 2011 年版，第 75—76 页。

法庭，使该法庭相信审理法官不仅错误地进行了审判而且还具有恶意和腐败行为，从而处以损害赔偿。司法豁免的存在不是为了保护恶意的或者腐败的法官的利益，而是为了公共的利益，该利益要求法官应当自由的独立行使其职责，而不必害怕后果。法官的责任就是处理其管辖范围内的所有案件，包括在当事人之间引发激烈情感的争议案件。法官应当敢于作为，不用担心败诉的当事人用令人烦恼的指控恶意或腐败的诉讼侵扰法官。允许当事人追究法官将会给法官施加繁重的负担，可能会导致判决受到恫吓的影响而不是基于原则和无畏的自由裁量做出。法官的错误可以通过上诉纠正，而不是通过损害赔偿的诉讼纠正。司法豁免的合理性是通过隔离法官与败诉方提出的诉讼，保护判决终局性，阻止不适宜的附带性攻击，保障司法独立性的公共政策需要。上述理由使得法官成为绝对豁免的独特主体。①

也有学者指出了绝对豁免的两个明显弊端：拒绝对受害人给予救济，不能阻止法官故意从事不法行为。另外，绝对豁免与故意不法行为应负责任的原则不相符。许多普通法国家都认为故意违法行为应当承担责任。澳大利亚高等法院推翻了之前的判决，该判决在缺少伤害故意的情形下判处了责任，法院强调故意侵权作为一类侵权和发展与"一般侵权传统"相符的立法的重要性。法律发展的最重要的原则方式就是承认故意侵权这个一般理论的重要性。司法豁免的原则，庇护特定类型的潜在被告的故意违法行为的责任，是与传统侵权理论的一般原则不符的。② 还有学者指出，绝对豁免权饱受诟病是因为这是法官授予其自身的权利，其正当性值得怀疑。③

司法豁免并非自动适用于法官的所有行为，只适用于裁决性的行为。联邦最高法院适用司法豁免依据的是被保护的职能，而不是拥有法官头衔的人。职能路径将裁决性行为与行政性或执行性职能进行区分。例如，当法官履行类似雇佣和解聘的行政职责时，他不会受到绝对豁免的保护。在

---

① Lori Mcmillan, "The Business Judgment Rule as an Immunity Doctrine", *Wm. & Mary Bus. L. Rev.*, Vol. 4 (April, 2013), pp. 546 – 547.

② Andrew Nicol, "Judicial immunity and human rights", E. H. R. L. R., Vol. 5 (2006), pp. 564 – 565.

③ Jeffrey M. Shaman, "Judicial Immunity from Civil and Criminal Liability", San Diego L. Rev., Vol. 27 (January, 1990), p. 4.

Forrester v. White 一案中，法官基于性别考虑辞退了一名缓刑官，违反了《第十四修正案》的平等保护原则。法院认为，法官不能主张基于 1983 节的损害赔偿的绝对豁免，因为该行为不是司法行为，而是行政行为。[①] 法官对于与履行职责无关的行为不享受绝对豁免权。例如，当法官实施人身攻击或者殴打他人。而且，如果法官对于没有管辖权的事务进行了处理，他也不受绝对豁免的保护。在 Zarcone v. Perry 案中，法官命令法警将一个咖啡供应商带来并给其戴上手铐，因为他不喜欢这个供应商的咖啡。法官说咖啡的味道是腐臭的，于是把供应商关在其办公室二十分钟。后来供应商起诉法官，法院认为该法官不享有豁免权，判决给予供应商赔偿。[②] 绝对豁免原则不保护法官的严重犯罪行为，即使在严格意义上讲，该行为是在法官的管辖权范围之内实施。广泛报道的 "Kids – for – Cash"（"孩子换金钱"）丑闻，[③] 涉及两名前宾夕法尼亚法官。最终，该法官承认犯有诚信服务欺诈罪和偷税罪。但法官的诉辩交易申请被拒绝，取而代之的是更严厉的处罚和更长期的监禁。[④]

1. 美国的法官绝对豁免制度

美国法官的绝对豁免既保护法官免于普通法诉因的诉讼，例如错误监禁、恶意指控、诽谤，也免于诸如剥夺民事权利和宪法权利的制定法诉因的诉讼。但该豁免权并不适用于针对法官违反职业道德标准的纪律处分行为。[⑤] 绝对豁免原则可以概述如下：法官对于其履行司法（而不是行政性的）职责的行为豁免民事损害赔偿诉讼，无论该行为是否以恶意或贪腐方式实施，即便该行为侵犯了宪法保障的权利。[⑥]

19 世纪早期，美国的州法官享有民事责任的豁免权是被州法认可的

---

① Forrester v. White, 484 U. S. 219 (1988).

② Zarcone v. Perry, 572 F. 2d 52, 53 (2d Cir. 1978).

③ "孩子换金钱"丑闻，是指宾夕法尼亚州鲁泽恩县法院前法官 Mark Ciavarella 和他的同伙高级法官 Michael Conahan 收受了两座私人青少年监狱承包商 280 万美元的贿赂，作为回报，他们采取从严判罚的方式将众多少年送进少年监狱，以增加因犯的数量。

④ Lori Mcmillan, "The Business Judgment Rule as an Immunity Doctrine", *Wm. & Mary Bus. L. Rev.*, Vol. 4 (April, 2013), p. 547.

⑤ Jeffrey M. Shaman, "Judicial Immunity From Civil and Criminal Liability", San Diego L. Rev., Vol. 27 (January, 1990), p. 2.

⑥ Timothy M. Stengel, J. D., "Absolute Judicial Immunity Makes Absolutely No Sense: An Argument For an Exception to Judicial Immunity", *Temp. L. Rev.*, Vol. 84 (2012), p. 1092.

普通法原则。联邦最高法院在 1868 年 Randall v. Brigham① 案中，首次确认了联邦法官的民事责任豁免权。在该案中，Randall 作为一名律师被指控"违背良心和过分的"从客户处获得了一份协议。法院认为 Randall 的行为相当的不职业，因此命令剥夺其作为律师的资格。Randall 于是起诉了法官。Field 法官认为，法官不对其司法行为承担民事责任，即使该行为逾越了管辖权，除非该行为是以恶意或贪腐的方式实施的。② 代表性的判例是 1872 年 Bradley v. Fisher③ 案。该案中原告 Bradley 是哥伦比亚特区高等法院的辩护律师，在 1867 年为刺杀林肯总统的嫌疑人 John H. Suratt 辩护。他指控该案的审理法官即被告因蓄意的、恶意的、压制的、专制的行为和判断而剥夺了他在高等法院从事律师执业的资格，给自己造成了严重的损失，因此请求联邦最高法院判决被告赔偿其损失 2 万美元。联邦最高法院认为，联邦高级管辖法院或一般管辖法院的法官对其司法行为在民事诉讼中不承担责任，即使该行为超出他们的管辖权之外，并且被指控是出于故意或者贪污腐化而从事的。只有在法官"明显缺乏管辖权"的情况下，豁免才不存在，如果只是超越了司法管辖权，依然受豁免权的保护。④ 虽然对基于恶意或贪腐从事司法行为的法官不能提起民事诉讼，但法院认为可以通过公开弹劾或其他法定的方式对这些法官提出指控。⑤ 自从该案以后，美国联邦法官对于普通法上的侵权行为享有绝对豁免。1947 年，最高法院在 pierson v. Ray⑥ 一案中，将法官特免的范围扩张到违反成文法规定的侵权行为。法官对违反《美国法典》第 42 编第 1983 节的侵权行为不负赔偿责任。法院声称，在普通法中，很少有原则比法官对司法自由裁量内的行为不负赔偿责任这个原则，更为牢固树立。在考察 1983 节立法史后，法院认为，国会在制定该法时，无意完全废除

---

① 74 U. S. 523（1868）.

② 74 U. S. 523, 525 – 526（1868）.

③ 80 U. S. 335（1871）

④ 陈雅丽：《豁免权研究——基于宪法的视域》，中国法制出版社 2011 年版，第 122—123 页。

⑤ 80 U. S. 335, 354（1871）.

⑥ 386 U. S. 547（1967）. 该案的基本案情是：某地方法官判决 15 个主教牧师 4 个月的监禁，理由是他们违反了禁止可能引发妨碍治安的公众集会的法令。在被警察逮捕时，牧师种族组织正在密西西比的一处被隔离的公共汽车站集会，抗议种族隔离行为。在高等法院撤销该判决后，牧师们在联邦法院提起了 1983 节诉讼。

普通法的各种特免，如果国会有意废除这个原则，国会将会明白规定。①

Stump v. Sparkman② 案件是关于法官豁免的又一代表性案例。该案的案情是：1971 年，麦克法林女士向法官 Stump 提出申请，要求让她的女儿琳达采取绝育手术。申请书指出，其女儿当时 15 岁，两性关系混乱，许多晚上离家在外过夜，作为母亲不能阻止她继续这样下去。因此请求法官批准给女儿做输卵管结扎手术。Stump 没有对琳达进行询问，就在同一天批准了申请。几天后，琳达被以切除阑尾为由做了绝育手术。大约两年后，琳达结婚后才发现自己被做了绝育手术。于是起诉 Stump 法官，认为被告侵犯了其宪法权利应给予赔偿。美国最高法院以 5∶4 的比例认定法官免于控诉。判决书认为，印第安纳州法律已授权 Stump 接受绝育的申请，并根据该申请采取行动；即使他对申请予以批准是错误的，但在司法豁免的原则下，法官应免于承担损害赔偿责任。怀特大法官指出：第一，由于管辖权的问题经常难以认定，当提出豁免的时候，往往将法官的管辖认定得很广，只有当管辖权很明显的缺失时，才能对法官追究民事责任。第二，法官只有在他们的行为是司法行为时，即一个法官在他的司法管辖权范围内正常行使的那些行为的情况下，法官才可以受到司法豁免权的保护。③ 该案引发了巨大的争议，4 名大法官明确表达了异议。依据"明显缺乏任何管辖权"（clear absence of all jurisdiction）的标准，只要在管辖权范围内，无论法官的行为多么专横和不合常规，都绝对受保护。从另一个视角分析，Stump 法官的行为是如此远离法庭的程序保障，如此隔绝任何上诉审查的希望，以至于该行为应当被不同的处理。他基于其母亲的单方面申请就做出对一个性活跃的青少年实施绝育的命令，没有听证或者甚至推迟一天，没有指定法定监护人，没有告诉孩子本人即将对她采取的行动。法官的所作所为确保了"不会存在上诉的可能"。④ 如果绝对豁免取决于什么是司法行为的本质主义观，或许 Stump 案具有可辩护性。但如果绝对豁免取决于任何程度的执行宪法权利的功能系统，Stump 案就是严重错误的。构成绝对豁免基础的是这样的观念：私人权利可以在某种程度上牺牲以实现来自于一个完整的独立司法的更大的公共利益，是因为存在着

① 王名扬：《美国行政法》，中国法制出版社 2005 年版，第 797—798 页。

② 435 U. S. 349，（1978）.

③ 陈雅丽：《豁免权研究——基于宪法的视域》，中国法制出版社 2011 年版，第 124 页。

④ 435 U. S. 349，369（1978）.

替代场所或方式维护那些权利。但是如果法官的行为方式预先排除了所有的上诉救济或其他可行的救济，豁免的假设基础就不成立了。① 有学者认为，Stump 案的根本错误在于采取本质主义和定义性方式处理问题。尽管最高法院宣称其在解释豁免时遵循了"职能性路径"，但该概念是具有误导性的。法院关注行为的性质而不是行为者的职务，也就是说关注被履行的职责。本案中，法院没有对授予行为者绝对豁免的职能合理性予以任何关注。职能性可以指称行为的性质，或者可以指有目的的探寻是否豁免服务于背后的原因。Stump 案依赖于行为的性质，而不是最重要的政策考量，即替代救济的可行性，② 由此导致绝对豁免适用范围不适当扩大，损害了绝对豁免的制度目的。

在 Pulliam v. Allen③ 案中，原告针对某州地方法官提起 1983 节的诉讼，理由是被告实施了对因不构成监禁处罚的违法行为而被捕的人员收取保释金，以及如果原告不能缴纳保释金就对原告实施监禁的行为。地区法院禁止了该行为并判定支付原告律师费用。第四巡回法院认为司法豁免并未排除律师费的请求。联邦最高法院最终认定，如果原告提出了衡平法救济的必要性，针对州法官可以主张衡平法救济以及律师费。原告必须证明现行法律不能提供充分的救济，以及如果如果不给予衡平法救济就会产生无法弥补的损害的严重风险。作为对联邦最高法院在 Pulliam 案判决的回应，美国国会制定了《1996 年联邦法院促进法》（*The Federal Courts Improvement Act of 1996*）。该法案规定，除非宣告救济（declaratory relief）受到妨碍或不可行，否则禁止禁令救济（injunctive relief）。法案还排除了要求法官对其履行司法职责的行为支付诉讼费和律师费的判决，除非该行为明显超出了法官的管辖权。④

时至今日，尽管存在着质疑声音，诸如反对主张恶意或贪腐的例外，美国法官的民事责任豁免依然是绝对的，并且还有以法官的绝对豁免为基础，不断扩大准司法主体民事责任绝对豁免权的倾向。

---

① 　435 U. S. 349, 370 (1978).

② 　John C. Jeffries, Jr., " The Liability Rule for Constitutional Torts", *Va. L. Rev.*, Vol. 99 (April, 2013), p. 217.

③ 　466 U. S. 522 (1984).

④ 　Hon. Patricia Walther Griffin, Rachel M. Pelegrin, "A Look at Judicial Immunity and It's Applicability to Delaware and Pennsylvania Judges", *Widener J. Pub. L.*, Vol. 6 (1997), p. 390.

2. 其他国家和国际条约中的法官绝对豁免制度

德国法官的豁免适用《德国民法典》第 839 条："公务员在对诉讼案件作出判决时违背其职务义务时，仅在违背职务义务涉及犯罪行为时，始对由此产生的损害负赔偿责任。"德国法律赋予法官豁免权，最直接的目的是为了保障法官的独立性。"司法豁免问题，是要确保在合理程度上不受对案件施加的外部和内部压力之影响。"德国通过国家赔偿制度转嫁法官的责任，实现对当事人的救济。"人们希望保护法官不被不满的当事人提起骚扰性诉讼，而同时赋予司法错误的受害人尽可能的保障以获得损害赔偿。"①

法官责任豁免原则还是许多国际条约和规则等文件确定的内容。1982 年在印度新德里举行的国际律师协会第十九届年会全体大会通过的《司法独立最低标准》和 1983 年在加拿大魁北克蒙特利尔举行的司法独立第一次世界会议全体大会一致通过的《司法独立世界宣言》等国际公约中，对法官的责任豁免问题做了明确规定。比如《司法独立最低标准》第 44 条规定："法官对于其执行法官职务之有无事务，其享有不受诉讼及不出庭作证之免责权。"特别是在 1985 年第七届联合国预防犯罪和罪犯待遇大会上通过的《关于司法机关独立的基本原则》第 16 条规定："在不损害任何纪律惩戒程序或者根据国家法律上诉或要求国家补偿的权利的情况下，法官个人应免予其在履行司法职责时的不当行为或不行为而受到要求赔偿金钱损失的民事诉讼。"这一规定，是法官豁免权的重要法律依据。它说明法官在履行司法职责时如果因其不当行为或不行为而造成了损失，则当事人可就该损失要求国家补偿或依法上诉，但法官不能因此而被要求民事赔偿。《国际刑事法院规约》（《罗马规约》）也规定："法官……而且在其任期结束后，应继续享有豁免，与其公务有关的言行、文书和行为，不受任何形式的法律诉讼。"这条规定说明在任期结束后，法官都应享有与其公务有关的言行、文书和行为豁免，那就更不用说在任期中对此类豁免权的绝对享有了。这些国际性的法律文件在国际层面上宣告了法官享有的职业豁免权，即法官履行审判职责时，非因故意或重大过失，非因

① ［意］莫诺·卡佩莱蒂：《比较法视野中的司法程序》，徐新、王奕译，清华大学出版社 2005 年版，第 87、96 页。转引自陈雅丽《豁免权研究——基于宪法的视域》，中国法制出版社 2011 年版，第 135—136 页。

法定事由，非经法定程序，享有免受责任追究的权利。[1]

（三）检察官的绝对豁免

如上所述，立法豁免和司法豁免存在着一定的历史渊源。但检察官在履行职责时，是否享有绝对的检察豁免，在英国普通法历史上未见先例。美国检察官豁免的制度也是随着相关判例的演化逐步完善，由于检察官职责的准司法性，使得检察官拥有了一定程度上的绝对豁免权，同时由于检察官的行政人员属性，又使得检察官享有有限豁免权，两种豁免权交织，使得实践中如何认定检察官的豁免权产生很大争议。本部分着重从检察官的绝对豁免权进行分析，后文将从有限豁免的角度展开。

Griffith v. Slinkard[2] 案是美国第一起涉及检察豁免原则的案件，于1896 年宣判。早期的检察官往往因恶意指控被判决承担民事责任。有学者指出，在 1871 年 1983 节通过前，恶意指控构成侵权已经为大家接受，以被用来对引诱和使用虚假证据的检察官提起诉讼。此外，如果诉因得以证实的话，检察官不能提出豁免抗辩以隔离责任，因为还没有一个案例赋予检察官任何形式的对恶意指控的豁免抗辩。[3]

1976 年的 Imbler v. Pachtman[4] 是检察豁免历史上最具代表性的案件之一。Imbler（埃姆勒）被认定一级谋杀罪名成立，判处死刑。该案处理完毕后，检察官 Pachtman 写信给加利福尼亚州州长，声称其掩饰了能证实埃姆勒不在现场的新的证据。一个重要的证人也撤回了之前确认埃姆勒身份的证据。基于这些事实，经过几年诉讼后，第九巡回法院支持了埃姆勒的人身保护令，埃姆勒针对 Pachtman 提起了诉讼。在该案中，法院建立了职能性测试标准以决定检察官应适用绝对豁免还是相对豁免。法院采取了两步走的分析思路，第一，是否普通法在 1871 年提供了绝对豁免的救济？第二，是否提供该救济的原理适用于当前案件的特殊情况。法院认为1983 节没有删除"扎根于历史和理性"的豁免，包括对检察官的绝对豁免。法院引用了证明普通法上给予检察官绝对豁免的众多公共政策的理由，认为这些理由仍然重要。法院考察了检察官在刑事司法体系中的作

---

① 谭世贵、孙玲：《法官责任豁免制度研究》，《政法论丛》2009 年第 5 期，第 45—46 页。

② 44 N. E. 1001, 1002（Ind. 1896）.

③ Margaret Z. Johns, " Reconsidering Absolute Prosecutorial Immunity", Brigham Young University Law Review（2005）, p. 114.

④ 424 U. S. 409（1976）.

用，以及在有效刑事执法中的公共利益。在决定提起哪些案件和在法庭中审理过程中，都要求检察官做出最好的判断。如果检察官面临 1983 节的诉讼可能，这些诉讼将经常闪现在头脑中。这些潜在的诉讼的攻击将破坏检察官自主的决策，分散检察官执行刑法义务的注意力。法院承认在与检察官的不当行为斗争方面公众具有利益，但法院认为存在替代的方式保护这种利益。首先，针对从事故意违法行为的检察官，存在刑事和道德程序制约的可能性；其次，存在许多审判后的渠道去纠正审判中的不公平。因此，法院推论阻止检察的不当行为不必然要求检察官受制于 1983 节的诉讼。检察官是准司法官员，就像法官一样，需要对与刑事程序的司法阶段紧密相连的行为予以保护。而且，对于违反道德的行为进行职业约束的可能性对他们的行为产生了制约。法院认为绝对豁免不仅保护检察官在法庭中的行为，还保护他们从事为启动刑事程序和审判的准备工作，包括获得、审查和评估证据。但是，法院没有考虑对于检察官作为行政人员或调查人员而不是辩护人时是否存在类似需要豁免的原因。判断一名检察官是否受绝对豁免的保护取决于其从事的被指控违法行为的性质，如果检察官作为辩护人的角色，启动指控并提起诉讼，他就享受绝对豁免。

20 世纪 80 年代，法院运用 Imbler 案中的"职能性"用语采取了职能性标准以评估绝对豁免的请求。基于该标准，法院关注的不是官员本人，而是争议中的行为是否是需要绝对豁免免责的类型。就像法院指出的，"豁免的正当性是由其保护和服务的职能来证明，而不是其依附的那个人"。①

Imbler 案对此后的司法实践产生了重要的影响，但很多学者对 Imbler 案的推理基础产生质疑。Imbler 案确认，在 1871 年通过 1983 节时，普通法上存在检察豁免规定，该观点被后来的法院反复引用。但是，当时并没有检察官的绝对豁免制度，正如 Margaret Z. Johns 指出的，在 1871 年，绝对豁免远不是一项牢固的原则，直到多年以后，并没有一起案件采取任何形式的检察豁免。事实上，许多州一直到 20 世纪都允许对检察官提起恶意指控。②

---

① Forrester v. White, 484 U. S. 219, 227 (1988).

② Margaret Z. Johns, "Reconsidering Absolute Prosecutorial Immunity", Brigham Young University Law Review (2005), p. 114.

　　在 1871 年，在绝大多数州并不存在公共检察官办公室。相反，大多数受害人依赖私人检察官追诉加害人。这些私人检察官会因为其恶意指控被提起诉讼。1871 年，普通法允许其他从事自由裁量权力的官员主张准司法豁免，但该豁免要求官员证明其以善意的方式行事。因此，1871 年的官员只享有某种程度的有限豁免。

　　Imbler 案相信州律师协会和道德程序将对检察官的不当行为施加约束，这一点被证实判断错误。在 20 世纪 90 年代到 21 世纪初期，许多研究显示检察官的不当行为在错误定罪中扮演了重要的角色。例如，在 2000 年，某研究显示该比例超过 1/4。2003 年，公共诚信中心调查了超过 11000 件被控存在检察官不当行为的案件，发现其中超过 2000 件案件，法院因检察官的不当行为最终做出驳回指控、撤销有罪判决和减少刑期的判决。该中心的调查还显示，在其他案件中，法院相信检察官从事了不当行为，但因为诸如无害过错这样的原则而拒绝采取行动。① Imbler 案设想道德委员会能够提供纠正检察官不当行为的解药被证实缺乏事实根据，因为检察官几乎不会面临纪律处分程序。尽管存在少数几起检察官受到惩罚的案例，但这些指控之所以引人关注是因为这些检察官的行为极不寻常。②

　　Imbler v. Pachtman 案并未回答当检察官履行调查或行政管理职责时适用何种类型的豁免的问题。Burns v. Reed③案部分解决了这个问题。该案的基本案情是：Burns（伯恩斯）给警局打电话，声称一个不认识的侵入者进入了她家里并且射杀了她两个年幼的儿子。办案警察将伯恩斯列为头号嫌犯。警察推测伯恩斯可能患有多重人格障碍，他们想在催眠状态下对她询问。警察就是否可以使用催眠咨询了副检察官 Richard Reed，副检察官建议他们可以使用。警察雇了一个朋友——刚刚修完催眠课程的杂货店的职员，对原告实施了催眠。在催眠状态下，原告用第三人的名字指称自己。基于此，警察判断伯恩斯患有多重人格障碍。检察官基于此获得了逮

────────────────

① Angela J. Davis, "The Legal Profession's Failure to Discipline Unethical Prosecutors", *Hofstra L. Rev.*, Vol. 36 (2007), p. 278.

② Karen McDonald Henning, "The Failed Legacy of Absolute Immunity under IMBER: Providing a Compromise Approach to Claims of Prosecutorial Misconduct", *Gonz. L. Rev.*, Vol. 48 (2012 – 2013), pp. 239, 243.

③ 500 U. S. 478 (1991).

捕原告的许可。检察官从未向法官披露使用了催眠，也没有披露伯恩斯被告知在催眠状态下回答了警察提出的全部问题。最终，伯恩斯丢掉了工作，还失去了孩子的监护权。伯恩斯被指控谋杀其儿子未遂。后来法官支持了伯恩斯提出的禁止使用催眠状态下获取证据的请求，因没有证据显示其与犯罪有关联，伯恩斯被无罪释放。伯恩斯对 Reed 等人提起了 1983 节诉讼。最高法院指出，检察官只对预审（probable cause hearing）中的行为享有绝对豁免，因为他履行的是州辩护人的职责。在检察官对警察建议他们能够使用什么调查技术获取证据时，只能享有有限豁免。法院认为提供建议与刑事程序的司法阶段不存在能够适用绝对豁免的紧密联系。总之，法院推论说，"允许检察官对于给警察提供建议的行为绝对豁免责任，但对遵循这些建议的警察却只适用有限豁免是不一致的"。① 尽管法院承认几乎所有的纯粹调查行为都与起诉的决定相关，但绝对豁免的保护只适用于那些与司法程序紧密相关的行为。

　　Buckley v. Fitzsimmons② 案确立了可操作性的标准，以判断检察官的行为何时与司法程序没有紧密联系并因而不受绝对豁免的保护。Buckley（伯克利）针对杜佩基郡（DuPage County）的检察官 Fitzsimmons（菲茨西蒙斯）和其他人提起诉讼，声称菲茨西蒙斯在强奸和杀害一个十一岁小孩的初期调查中伪造了证据。伯克利声称为了获得对引发社区广泛关注和强烈感情的案件的起诉，菲茨西蒙斯协同一个专家证人 Louise Robbins，伪造了与受害人家门上的鞋印有关的证据。此外，伯克利还对菲茨西蒙斯在记者会上宣布针对他的起诉的虚假陈述提起损害赔偿诉讼。伯克利主张被告这么做是为了获得一次重要选举的选票，因而在距离选举 12 天前召开记者会宣布对他逮捕。菲茨西蒙斯为了调查该案召集了一个特别的大陪审团。经过 8 个月的调查，菲茨西蒙斯仍然不能提供足够的证据证实起诉的正当性。尽管没有其他证据，两个月后针对伯克利的起诉仍然启动。伯克利被捕，因为他没能满足缴纳 300 万元保证金的要求，他被投入监狱直到指控最终被撤销。本案审理一波三折。地区法院判决，被告享有的绝对豁免只针对伪造证据的行为，不包括在记者会上的陈述。第七巡回法院认为被告对二者都享有绝对豁免。最高法院撤销判决，要求参照 Burns 案重

---

① 　Burns, 500 U. S. 478, 495（1991）.

② 　Buckley v. Fitzsimmons, 113 S. Ct. 2606（1993）.

新审理，但上诉法院认为 Burns 案并不构成推翻其初始判决的基础。联邦最高法院再次撤销上诉法院的判决，认为被告对任何请求都不享有绝对豁免。法院对检察官在记者会上的评论不享有绝对豁免的看法是一致的，但对于伪造证据的行为出现了巨大分歧。多数意见认为"在他具有合理根据逮捕任何人之前，检察官既不是，也不应视自己为辩护人并因此绝对豁免于诉讼"①。法院认为有必要在"辩护"和"调查"之间确定区分的标准，因而确立了"合理根据"标准（probable cause standard）。有学者肯定法院的做法，认为确立"合理根据"标准是适宜的，理由如下：第一，它并未摧毁 Imbler 认定的必要保护；第二，检察官担负的冲突性义务支持了"在合理根据确定前检察官不是辩护人的"的判断；第三，合理根据标准提升了对检察官和警察的平等对待；第四，该标准具有可操作性。②

联邦最高院另一起关于绝对豁免的案件是 Kalina v. Fletcher③。本案中，一个学校的电脑被盗。警察和检察官把调查重心放在一个人的身上，检察官提交申请要求对该嫌疑人批捕。该申请提出两个关键事实：其一，在距离电脑被偷地点很近的学校内的隔断上发现了嫌疑人的手印；其二，检察官指出嫌疑人到当地电脑商店询问与被偷电脑相同的电脑的价格。但上述事实都存在问题。第一，对于隔断，是嫌疑人本人自己安装的，因此留下手印是合理的。但该事实并未在申请书中披露。第二，指控嫌疑人到电脑商店询价缺乏事实基础。嫌疑人从未这样做，也没有事实支持该断言。因此，被告被证实无罪，于是起诉检察官。最高法院认为去法庭获得逮捕许可受到绝对豁免的保护，但是填写寻求逮捕许可的申请只受有限豁免的保护。法院指出当警察填写逮捕许可时只享有有限豁免，检察官也应如此。按照法院的观点，去法庭获取逮捕许可的官员享有绝对豁免，但对于同一逮捕许可填写申请书的行为只享有有限豁免，似乎法院是按照法庭内和法庭外的思路区分绝对豁免和相对豁免的。法院还关注某个职责是否传统上是由检察官实施的，如果该职责传统上由警察或其他人实施，只授

---

① Buckley v. Fitzsimmons, 113 S. Ct. 2616 (1993).

② Jeffery J. McKenna, "Prosecutorial Imunity: Imbler, Burns, and Now Buckley v. Fitzsimmons——The Supreme Court's Attempt to Provide Guidance in a Difficult Area", *B. Y. U. L. Rev.* (1994), p. 676.

③ 522 U. S. 118 (1997).

予有限豁免。

此后发生的几起代表性案例，围绕是否属于检察职能展开。（1）Shmueli v. City of New York①。该案牵涉 Fairstein（费尔史坦），前助理地区检察官，被指控参与了对 Shmueli 骚扰其合伙人 Lieberman 的恶意刑事指控。最终所有的指控都被驳回。Shmueli 对费尔史坦和其他检察官的恶意指控提起诉讼，要求 1 亿美元的补偿性和惩罚性损害赔偿。本案的关键是不良动机能否成为诉讼的正当基础。第二巡回法院认为检察官受到绝对豁免的保护，法庭需要探究的绝对检察豁免的重要方面就是检察官的动机。原告声称检察官费尔史坦是 Lieberman 的亲密朋友，指控就是由于这层友谊关系而启动。法院认为动机与案件无关，费尔史坦的行为是检察性的，即使存在不良动机，她也受到保护。（2）Yarris v. County of Delaware②。本案中，一个无辜的人被控谋杀并在监狱中服刑 22 年。最终，DNA 证据宣告他无罪。他对检察官提起诉讼，理由包括其损毁无罪证据和未能按照 Brady v. Maryland 案③的要求提交无罪证据。第三巡回法院在损毁证据和未能提交证据之间做了区分。法院认为，损毁证据不是检察官工作的内容，当检察官损毁无罪证据时，该行为就不是检察行为了，因此只应适用有限豁免。相反，基于 Brady 案提交无罪证据属于典型的检察行为，未能提交受绝对豁免的保护。（3）Genzler v. Longanbach④。本案中，检察官和警察尝试和预期中的证人谈话。他们威胁证人，试图让他们改变证言，甚至试图让他们做伪证。问题是检察官与证人会面并从事了不当行为本质上是检察性的还是调查性的行为？第九巡回法院认为这些行为是本质上是调

①　424 F. 3d 231（2d. Cir. 2005）．

②　465 F. 3d 129（3d. Cir. 2006）．

③　Brady v. Maryland［373 U. S. 83（1963）］。马里兰州检察机关起诉布兰迪及其同伙涉嫌谋杀罪。庭审之前，检察官应辩护律师的请求向其展示了布兰迪同伙的部分法庭外陈述。但检察官对布兰迪同伙的杀人供述在庭审中隐而不发，布兰迪对此毫不知情直至初审被判决死刑后方如梦初醒。布兰迪于是就检察官隐藏证据行为提出上诉。联邦最高法院认为，扣留对被告其有利的指控证据违反了正当程序，如果该证据对定罪或惩罚是重要的，无须考虑指控的善意或恶意问题。后来法院扩大了 Brady 违反（Brady violation）的范围，故意提交虚假的证据，或者未能对重要的已知虚假的证据予以纠正，或者通过胁迫的方式获得定罪，都违反了正当程序的要求。

④　410 F. 3d 630（9th Cir. 2005）．

查性的，因为传统上由警察传讯证人。①

Van de Kamp v. Goldstein② 案是最高法院首次界定何为"行政职能"。该案的案情是：Goldstein 于 1980 年被判谋杀罪，主要是基于监狱内的线人提供的证据。在处理他的联邦人身保护令请求时，地区法院认为如果检察官告诉过被告该线人收取了提供证据的酬金，该案的结果可能会不同，因此授予人身保护令。第九巡回法院维持一审判决。于是 Goldstein 针对前地区检察官 Van de Kamp 等人提起诉讼，指控他们侵犯了其正当程序的宪法权利，还包括 Van de Kamp（范德坎普）未能适当培训和监督其助手，范德坎普的办公室应当建立关于线人的信息系统以防止该事件的发生。最高法院认为本案中的培训、监督和信息系统管理是行政职能，但是其与审判行为直接相关，因此享有绝对豁免权。法院认为做出起诉的决定通常涉及办公室内不止一名检察官，众多的检察官应享有有限豁免。如果检察官对这些决定负责，他们可能做出不同的行为，因为 1983 节责任的风险可能降低他们起诉的意愿。该案对司法职能做了扩大解释，使得众多原属于行政或调查性的行为因与司法职能的密切关联而纳入到绝对豁免的范围。自范德坎普案后，许多检察官的行为被认定为与司法职能紧密相关，由此导致 Imbler 确立的职能性标准失去意义。③

检察官豁免应当依赖于职能性的正当性基础。该正当性是指许多检察官的行为发生在法庭，在法庭上，检察官受到被告律师和法官的监督。对于发生在法庭上的不当行为，包括总结时煽动性的评论，或者对被告沉默不适当的评论，或者对传闻证据的介绍，甚至引出虚假证据等，通过法庭纠正看起来是明显的救济途径。对于这些违法行为，另行提供起诉以获得金钱损害赔偿的救济机会可能超出了获取的利益。将检察官的行政、调查性职能与司法性职能区分，让前者适用有限豁免，也是为了规避警察和检

---

① Erwin Chemerinsky, "Absolute Immunity: General Principles and Recent Developments", *Touro L. Rev.*, Vol. 24 (2008), pp. 482 – 485.

② 555 U. S. 335 (2009).

③ Kate McClelland, "Somebody Help Me Understand This: The Supreme Court's Interpretation of Prosecutorial Immunity and Liability under § 1983", *J. Crim. L. & Criminology*, Vol. 102 (Fall, 2012), pp. 1330 – 1335.

察官履行同一职能时可能享有不同豁免的矛盾。[1]

近期关于检察官绝对豁免的代表性案件是 Giraldo v. Kessler[2]，该案体现了扩大绝对豁免的保护范围的倾向，即将调查性行为也纳入其中。在该案中，纽约州参议员 Hiram（蒙塞拉特），与女性伴侣吉拉尔多一同进入急诊室，原因是吉拉尔多眼部有一切口。尽管蒙塞拉特声称该伤口是由于玻璃杯不小心破碎引发的，但其仍被怀疑实施了家暴，并被批捕。吉拉尔多支持蒙塞拉特的说法，坚称她不想与警察对话。但是，不顾吉拉尔多的不同意表示，警察仍持续在医院对她进行询问，并把她带到警署签署声明，还不顾其反对，将她带到区检察官办公室进行了两个多小时的审讯。吉拉尔多随后对审问她的地区检察官提起诉讼，声称她被非法拘留，遭到恶意审讯，这侵犯了其不受不合理拘捕的权利。尽管检察官的行为可被视为调查性的，法院认定一旦蒙塞拉特被逮捕，为准备和推进法庭程序，对吉拉尔多的询问就是明确的，因此检察官享有绝对豁免权。虽然询问一个重要的证人可以准确地被描述为调查性的，但上诉人与吉拉尔多的会谈是上诉人作为检察官的辩护职责的必要组成部分，受绝对豁免的保护。本案是绝对豁免应用的极端例外，因为陈述是在调查阶段做出的，警察在这个阶段的任务是收集证据以为逮捕寻求合理根据的支持。[3]

（四）行使准司法职能的其他人员

实践中，大量公职人员和其他法庭任命的个人参与执行司法职责，这些人享有准司法豁免。他们包括行政法官、执行法庭命令的官员，法官助理、法院书记员、法庭指定的评估师、假释和缓刑官、特别顾问、仲裁员、调解员、听证官以及主持替代纠纷解决程序的官员。[4] 公共政策要求法律应当给这些人员提供准司法豁免，因为他们虽然不是司法官员，但他们"依据法庭的命令或者法官的明确的指示"行事。[5]

---

① John C. Jeffries, Jr., "The Liability Rule for Constitutional Torts", *Va. L. Rev.*, Vol. 99（April, 2013）, pp. 221 – 222.

② 694 F. 3d 161（2d Cir. 2012）.

③ Karen Blum, Erwin Chemerinsky, Martin A. Schwartz., "Qualified Immunity Development: Not Much Hope Left for Plaintiffs", *Touro L. Rev.*, Vol. 29（2013）, p. 635 – 638.

④ Wagshal v. Foster, 28 F. 3d 1249, 1254（D. C. Cir. 1994）.

⑤ Lori Mcmillan, "The Business Judgment Rule as an Immunity Doctrine", *Wm. & Mary Bus. L. Rev.*, Vol. 4（April, 2013）, p. 555.

1. 行政人员绝对豁免

传统上，行政人员只享有有限豁免。但为了维护司法职务的一致性，对于行使准司法职能的行政人员也适用于绝对豁免。"不问官员的名称如何，所在的机关如何，只要他执行的职务性质上类似法官和检察官的职务，就应当享有法官和检察官享有的特免。"①

法院将绝对豁免扩展适用于行政人员，始于 Butz v. Economou②。本案基本事实聚焦于农业部撤销或暂停 Economou（埃科诺姆）期货公司注册的行政程序问题。1970 年 2 月 19 日，根据审计结果，农业部对埃科诺姆提起了行政指控，声称其故意未满足农业部规定的最低财务要求。经过再次审计，6 月 22 日，农业部提交了修正后的指控。该部首席听证官主持听证后提议维持行政指控。农业部司法官确认了首席听证官的决定。埃科诺姆向法院提请审查，第二巡回上诉法院撤销了司法官的命令。法院指出："必要的故意的认定没有采取传统的警告信的方式，因为司法官认为该方式可能导致声称的缺陷被立即纠正。"③ 鉴于行政指控处于未决状态，埃科诺姆向联邦地区法院提起诉讼，寻求阻止行政程序的进行，但未获成功。1975 年 3 月 31 日，埃科诺姆提起第二份修改后的诉状，对包括农业部部长、副部长、司法官、首席听证官以及该部律师在内的多人以及农业部等多个政府部门提起诉讼，声称被告针对他启动的程序侵犯了其宪法权利。原告的诉因包括违反正当程序，侵犯表达自由的权利等。被告要求驳回起诉，理由是受到官员豁免的保护。地区法院认为，鉴于个人被告已经证明其被声称的违宪行为属于他们的权限和自由裁量权范围之内，因此享有豁免权。④ 第二巡回法院撤销地区法院关于个人被告部分的判决。法院认为，行政分支的人员在执行自由裁量的职责时，不需要绝对豁免诉讼的保护，有限豁免足以。法院还认为，这些个人被告不会面临类似法官的利益冲突，尽管农业部的某些官员在启动针对埃科诺姆的程序和提交证据等方面，类似于刑事案件的检察官，但行政程序中的律师没有面临与刑事案件相同的严峻的实践和信息限制。通过调卷令，联邦最高法院重新审理了该案。

---

① 王名扬：《美国行政法》，中国法制出版社 2005 年版，第 806 页。

② 438 U. S. 478（1978）.

③ Economou v. U. S. Department of Agriculture, 494 F. 2d 519（1974）.

④ 法院以享有主权豁免为由也驳回了对政府机构的起诉。

通过对之前判例的梳理，法院认为，没有判例支持联邦官员绝对豁免于诉讼。相反，许多判例都指出，对于侵犯宪法权利的行为，联邦官员不应得到多于州官员的保护。因此，授予联邦官员更高的豁免缺乏依据。法院认为，对于行政官员违反宪法的行为，尽管有限豁免是一般原则，但某些官员的特殊职责需要一个全面的责任豁免。最高法院不认同第二巡回法院关于农业部听证官、律师仅仅因为他们是行政分支的人员就不享有绝对豁免权的分析。法院认为，"法官享有绝对豁免，不是因为他们在政府内特殊的位置，而是因为他们责任的特殊性质。"① 这一点可以通过检察官（行政分支的人员）享有绝对豁免的实施证明。职能的相似性使得大陪审团成员和检察官都被视为准司法官员，他们的豁免权也被称为"准司法"豁免。

法院认为，联邦行政机构内的裁决有着充分的司法程序的特征，因此，那些参与裁决的人也应享有对损害赔偿诉讼的豁免。联邦听证官寻求解决的冲突与法庭上的一样。就像 Bradley 案指出的，当争议涉及影响大量财产或与普遍的公共关切有关的问题时，受不利判决影响的当事人，经常会恶意的发泄不满。而且，联邦行政法律要求政府的裁决包含与司法程序相同的保障，该程序本质上是对抗的。程序在不受政治压力的事实审问者面前进行，当事人有权通过口头或书面方式提起诉讼，证言笔录和物证与诉状一同构成唯一的判决记录。当事人有权知道关于事实、法律或记录中呈现的自由裁量权的认定和结论。因此，现代联邦听证官或行政法官与法官具有"职能的相似性"，这一点毋庸置疑。他的权力与那些审判法官具有可比性：他可以签发传票，就证据的提供进行裁决，控制听证进程，做出决定或建议。更重要的是，目前机构裁决的程序是以确保听证官能基于证据独立进行判断为目的而设计的，不受当事人或机构内其他官员的压力。在《行政程序法》之前，人们还相当担心听证官员不能进行独立判断，因为他们被要求执行指控、调查和司法工作的职能，而且他们还经常服从于机构内的行政官员。鉴于确保公正和有能力的听证职员被视为行政裁决的核心，因此，《行政程序法》包含了许多保证听证官独立性的条款。他们不能执行与听证官的义务不符的职责，当举行听证时，听证官不对机构内从事调查或指控职能的职员负责，或听从他们的监督或指导。听

① 438 U. S. 478, 511 (1978).

证官也不能向任何人包括其他机构的官员，咨询与争议有关的事实，除非通知所有当事人并给他们参与的机会。听证官必须在可行的范围内轮流分配案件。他们只有在具有文官委员会确定的正当理由和经过听证后才能被决定离职。他们的薪酬同样受文官委员会的控制。鉴于这些保障，法院认为听证官实施违宪行为的风险明显不及保障这些听证官独立判断的重要性。因此，我们认为联邦机构内受到这些制约以及履行裁决职责的人对其司法行为有绝对豁免损害赔偿责任的权利。那些主张程序中存在错误的人必须寻求机构或司法审查。

法院还相信履行类似于检察官的特定职责的政府官员对这样的行为应当主张绝对豁免。启动针对个人或公司的行政程序的决定与检察官启动针对刑事指控决定非常相似。就像检察官一样，政府官员在决定是否启动一个程序以及寻求何种处罚上拥有广泛的自由裁量权。例如，当商品期货交易委员会合理的相信任何人正在违反或已经违反了委员会的规章、制度和命令时，它就可以启动程序。如果他们豁免于该决定损害赔偿的权利是不完整的，行政官员行使的与启动行政程序相关的自由裁量权可能被扭曲。如果官员未授权启动行政程序的话，不可能有任何人能够合法的寻求对官员的损害赔偿，授权程序将会引发报复性的结果是极其危险的。行政程序的相对人将会激烈的反应并到法庭寻求报复。公司将会集合所有的经济和法律资源以努力阻止行政处罚的实施。在执行程序中的被告有充分的机会对程序的合法性提出质疑。一个行政人员启动案件的决定受到程序自身的监管。被告可以向事实的公正审理者提交证据并获得指控是否正当的独立判断，他主张程序违宪的观点也可以被法庭听到。事实上，本案的被告通过司法审查的方式能够撤销行政命令。

政府官员必须在免于恫吓和骚扰的情形下做出推进行政程序的决定。因为这样的程序中存在被告可以得到的法律救济，这足以对政府部门的热情予以制衡，所以法院认为那些有责任做出启动或继续政府部门裁决程序的官员，对于该决定有权获得绝对豁免损害责任的权利。

对于政府部门的律师，法院认为，该律师在听证中提交证据与检察官在法庭中提交证据相比，并不存在本质的不同。在每个案件中，证据都要被被告以交叉询问、反驳或重新解释的方式实施攻击。虚假的或没有说服力的证据应当被公正的事实审理者驳回。如果政府部门的律师作为证据质量的担保人并对损失负责的话，他们就会犹豫是否提交部分证言或书证，因为律师对他们提交的证据绝对确信其客观的真实性或虚假性是很困难的。只有行政机构能够依据完整的记录裁决，它们才能为了公共利益行事。鉴于此，联邦最高法院将案件发回重审。①

警察传统上只享有有限豁免，但是当他们作为证人出庭作证时，他们绝对豁免。在 Briscoe v. LaHue② 案中，最高法院认为当警察作为证人出庭时，即使是做伪证，也受到绝对豁免的保护。法庭基于职能的考虑认为被指控的个人可能针对警察提起民事诉讼。而且，法庭还表达了对此类诉讼可能对警察履行职责产生影响的关切。如果警察做伪证，可以对他提起刑事指控，也有行政处罚措施，但不能对他提起损害赔偿的民事指控。Manning v. Miller③ 案涉及警察做伪证和藏匿无罪证据的问题。第七巡回法院认为参照 Briscoe 案，认为即使在大陪审团前出示的虚假证据也受绝对豁免的保护，但法院认为警察未能提供无罪证据的行为不受绝对豁免的保护。Todd v. Weltman，Weinberg & Reis, Co. ④ 是颇有争议的案件。某公司提交了与扣押程序有关的虚假宣誓书，尽管其不是警察，但第六上诉法院却将传统上警察做证享有的豁免适用于提交宣誓书的私人证人。Briscoe 案的目的是为了保护警察免于可能干扰其履行作为警察职责的大量诉讼，很难将其适用于非政府官员，更不用说是在法庭外提交宣誓书的非政府官员了。一般来说，非政府官员不受保护，甚至没有有限豁免权，本案是非常令人困惑的绝对豁免案例。⑤

Keystone Redevelopment Partners，LLC v. Decker⑥ 案将绝对豁免适用于赌博控制委员会，认为其行使的是准司法职责，再次引发了对行政人员豁免权问题的讨论。本案的基本事实是：2005 年 12 月，Keystone Redevelopment Partners 有限责任公司（以下简称"Keystone"）和其他 5 个单位申

---

① 438 U. S. 478，511–517 (1978)．

② 460 U. S. 325 (1983)．

③ 355 F. 3d 1028 (7th Cir. 2004)．

④ 434 F. 3d 432 (6th Cir. 2006)．

⑤ Erwin Chemerinsky，"Absolute Immunity: General Principles and Recent Developments"，*Touro L. Rev.*，Vol. 24 (2008)，p. 494.

⑥ Keystone Redevelopment Partners，LLC v. Decker，631 F. 3d 89 (3d Cir. 2011)．

请在费城设置赌博机器的许可。依据相关法律，赌博控制委员会一致同意向两家公司颁发许可证，但驳回了 Keystone 和其他两个申请人的申请。之所以驳回对 Keystone 的申请，是因为其母公司已拥有三个亚特兰大市赌场。赌博控制委员会认为 Keystone 及其母公司可能试图分流宾夕法尼亚的客流到亚特兰大市的赌场，因为后者的赌税税收低因而利润更高。因为有义务向那些最能实现州和费城利益的人颁发许可证，赌博控制委员会支持那些与亚特兰大市直接竞争的申请，并因此驳回 Keystone 的申请。

地区法院一审驳回了赌博控制委员准司法豁免的抗辩，认为委员会不具有基本的准司法特征，包括禁止单方联系、交叉盘问的能力以及对证据采纳或排除的质疑能力等。同时，法院还认为委员会充分违反了宪法规定的商业条款和平等保护条款，因此也不享有有限豁免。随后，被告向第三巡回法院案提起上诉。法院认为，委员会的职能越类似于司法程序，当事人被给予准司法豁免的可能性就越大。法院借鉴了 Butz 案和其他案件的原理，认为委员会具有准司法特征。其一，是否具有不受来自不满当事人的恐吓履行程序的能力。法院认为，当事人是否获得从事赌博行业的许可对其自身有着巨大的经济利益影响，因此存在内在的动机反击委员会的决定。如果委员会缺失豁免的保护，他们由于害怕诉讼可能做出不适当的决定。其二，是否有足够的保障使公众免受委员会不当行为的侵害。法院认为，相关法律已要求委员会提供如下程序保障：通知所有当事人，举行公开会议，允许申请人聘请律师，签发书面决定，抄写记录，签发出票等。这些因素足以满足第二个标准。其三，是否听证官能够独立于政治压力做出决定。法院认为以下法律规定：委员会成员有固定任期，只有因工作中的不当或被判处刑罚才能离职，禁止从事任何政治活动，在公正性可能受合理质疑时成员必须回避，这些足以保障其免于政治压力。其四，是否委员会的决定受到先例的影响。因为这是委员会第一个决定，因此无先例可循。但法院认为，该标准的意图是为了防止程序的随意性，现有的法律规定提供了充分的保障。其五，是否存在提升程序对抗性的因素。法院认为委员会的相关程序，例如证据的可采性、交叉盘问、禁止单方接触等保障了程序的对抗性。其六，是否存在提请司法审查的权利。法院发现，申请人依法有权向宾夕法尼亚州最高法院提起上诉。鉴于此，第三巡回法院认为赌博控制委员会充分的符合职能相似性标准，因此有权获得准司法豁免，并据此发回重审。

本案中 Fisher 法官提出了不同意见，认为本案应基于有限豁免判决。他认为只有具有司法属性的职能，才可能获得准司法豁免权。一项行政职能是否在性质上属于司法性的，应采取两步走的审查思路：（1）这是否是一项传统上由法官行使的职能；（2）该程序是否以司法职能的方式进行。法官认为，赌博控制委员会并不满足第一项条件，委员会颁发赌博许可证，这与法官行使的任何职责完全都不相符。Fisher 法官认为，委员会做出决定是以服务于州最大利益为宗旨，而法官的职责是解决当事人之间的纠纷或裁决私人权利，这是一切司法目标的试金石。本案原告只是为了获得运营赌博业的许可，与司法目标没有任何关系。Fisher 法官还认为本案也不符合第二项标准。委员会并没有完全脱离政治压力，因为其成员只能由州长和立法机关任命，因此，成员以符合任命者的看法的方式履行职责。由于缺乏先例，委员会完全以自由裁量的方式行事。总之，Fisher 法官认为委员会的职责不具有司法属性，不应享有准司法豁免权。①

有学者指出，Keystone 判决的后果是：任何受政府管制的私人商业，在受到违宪的歧视时，都将面临缺乏救济的风险。州政府机构在监管和许可私人利益和职业时享有广泛的权力，正如本案政府机构以过于含糊的立法目标的名义行使危害性的自由裁量权，这样的决定侵犯了商业正当程序权利。如果本案的判决持续有效的话，私人商业主反对州政府机构自由裁量权的权利将处于极度危险中。②

2. 其他人员

在 *In re Foust* 案中，第五巡回法院论证了将司法豁免适用于法庭职员和法庭其他官员的目的："执行法庭的命令与司法职能紧密相连。法庭工作人员不应当被视为令人困扰的诉讼的避雷针，在执行表面有效的法庭命令时，职员别无选择。"③ 但是也存在两个对司法职员适用绝对豁免的重大但非常明显的限制。其一，如果法庭的命令明显不合法，以至于超出了司法事务的范畴并且法官自身也将面临责任的情

---

① Jeffrey Kranking, " A look at the United States Court of Appeals for the Third Circuit's Heavy Handed Application of Quasi – judicial Immunity: Keystone Redevelopment Partners, LLC V. DECKER", *Duq. Bus. L. J.*, Vol. 14 (Winter 2011), pp. 145 – 156.

② Ibid. , p. 163.

③ *In re Foust*, 310 F. 3d 849 , 855 (5th Cir. 2002) .

形，该执行官员也应承担责任。其二，命令的范围决定了绝对豁免的界限。在 *Clay v. Allen*[①] 案中，第五巡回法院指出，职员只对基于法庭命令和法官的自由裁量权决定从事的行为绝对豁免，但对于没有明确要求的例行义务只有有限豁免。对于法庭任命的破产管理人也适用绝对豁免。在 *Davis v. Bayless*[②] 案中，第五巡回法院认定，法院任命的破产管理人作为法庭的臂膀行事，因此有权分享任命法官的绝对豁免，只要被指控的行为是善意和在授权范围内实施的。此外，鉴于破产管理人的豁免来源于任命法官的司法豁免，其部分还取决于州法院是否在司法裁量权内行事。[③]

在 Mangold v. Analytic Services, Inc.[④] 一案中，第四巡回法院创造了新型的联邦绝对豁免。法院认为政府项目承包商及其雇员对于在空军调查中为回应质询而发表的任何陈述和提供的任何信息都绝对豁免州侵权法责任。本案的基本事实是：1993 年夏天，空军特别调查办公室和总督察启动了针对空军资源分配小组组长 Mangold（曼戈尔德）上校行为的官方调查。调查由空军准将 Hout 领导，重点放在曼戈尔德对政府项目承包商不正当施加压力，令其雇佣曼戈尔德的家庭朋友 Betsy Worrell（沃伦）向空军资源分配小组提供咨询服务的指控。作为调查的一部分，Hout 及其手下询问了承包商 Analytic Services, Inc.（ANSER）的执行官员，三名执行官员回答了询问并提供了 1992 年 11 月和 12 月曼戈尔德在电话应答机上留下的电话记录的磁带。ANSER 的首席执行官 Fabian 告诉 Huot，曼戈尔德于 1992 年秋要求使用 ANSER 的咨询服务并建议雇佣沃伦，具体提供咨询服务。Fabian 告诉曼戈尔德说沃伦没有达到该工作的最低要求。但是，曼戈尔德暗示说，其小组是否使用 ANSER 的服务直接取决于 ANSER 决定是否雇佣沃伦。在 ANSER 拒绝雇佣沃伦后，曼戈尔德取消了来自 ANSER 的合同支持。后来，曼戈尔德的直接下属 James Rooney 将此事报告了上级官员，促使了本次内部调查。随后，空军决定将曼戈尔德调离资源分

---

① 242 F. 3d 679（5th Cir. 2001）.

② 70 F. 3d 367（5th Cir. 1995）.

③ William S. Helfand, Ryan Cantrell, "Individual Governmental Immunities in Federal Court: The Supreme Court Strengthens an Already Potent Defense", *The Advoc.*（*Texas*）, Vol. 47（Summer, 2009）, p. 23.

④ 77 F. 3d 1442（4th Cir. 1996）.

配小组组长岗位。后来，曼戈尔德和妻子对 NASER 及其执行官 James Rooney 在弗吉尼亚州州法院提起诉讼。James Rooney 申请将本案已送至联邦法院，美国政府代替 Rooney 作为被告，曼戈尔德自愿放弃了对美国政府的所有请求。

ANSER 及其雇员对于他们在询问中的回答请求绝对豁免，主张他们提供给空军调查人员的信息应视为在司法程序中进行的陈述。地区法院认为在 ANSER 和美国联邦政府之间没有合同条款，因而驳回了其绝对豁免的主张。第四巡回法院认为，在 Barr v. Matteo 案中，最高法院认为政府官员享有绝对豁免。而且近期，最高法院将联邦豁免延伸适用于与政府有合同关系的私人公司。在 Boyle v. United Technologies Corp 案中，法院对外在合同者的责任与执行同一职责的政府雇员的相似责任进行了比较。法院认为，目前的案件涉及独立的合同承包人基于采购合同履行其义务的问题，而不是官员作为联邦职员履行其职责的问题，但在促成政府工作完成方面却明显存在相同的利益。法院最终认为因为承包人是代表联邦政府行事的，所以豁免州侵权法。法院是通过发现与州利益直接冲突的替代联邦利益的方式论证豁免的正当性，而不是明确将联邦绝对豁免州侵权责任适用于政府项目承包人。第四巡回法院认为，在最有限的情形下，即效率政府的公共利益超出赋予此豁免权的成本时，将绝对豁免权扩张适用于私人承包人，符合 Barr and Westfall 案确认的豁免原则。政府必须被允许对与私人公司的合同进行彻底的调查以揭露欺诈、浪费和不当管理。对于与政府调查合作的人是否免于州侵权法责任的法理基础，法院运用普通法的绝对豁免的做证特权来解释将豁免权适用于配合官员调查的人的正当性。法院认为，该种形式的绝对豁免只适用于庇护政府项目的承包人及其雇员在回答政府调查人员官方调查的询问时，做出的陈述和提供的信息的必要范围内，无论这些陈述或信息正确与否。

第二节　主权豁免理论

主权豁免（sovereign immunity），是指国家作为最高主权者，不负法律责任，因此不能要求国家作为被告承担民事赔偿责任。主权豁免分为国际法意义上的主权豁免和国内法意义上的主权豁免。

一　国际法上的主权豁免

国际法上的主权豁免包括国家豁免和外交豁免。国家豁免与外交豁免产生于同一渊源，即派遣国或其君主的主权。尽管从严格意义上来讲，外交豁免远在国家豁免之前即已确立为国际法原则，但是，两者是基于共同的国际法基本原则，即与国家平等与尊严相联系的主权和独立。[①] 从某种意义上说，外交使节的豁免可视为国家豁免的最初形态。驻外使团及其人员作为国家外交机关的有机组成部分，其特权与豁免在本质上可归于国家职能的有效履行。因此，从主体的角度可以将外交豁免包含于国家豁免之中。[②] 传统的国家豁免主要是指一个国家及其财产不受他国国内法院的司法管辖。早在 16 世纪，国际法学者就认识到最高统治者例如皇帝和皇后以及派出大使的豁免问题。但是直到 19 世纪，现代单一民族国家形成后，国家豁免原则才被认可并成为一项国际法习惯规则。国家豁免存在着绝对豁免和相对豁免两种理论。

绝对豁免理论主张国家及其财产在其他国家法院应享有完全绝对的豁免，理由是其所有从事的行为都是主权行为，除非自己同意，否则国家绝对不能接受外国法院的管辖。其理论依据存在治外法权说、尊严说、国际礼让说和主权平等说，其中以主权平等说最为认可。[③] 《奥本海国际法》指出："国家在国际法面前一律平等，是从国家的国际人格推引出来的一个特性。按照传统的学说，尽管各国之间大小、人口、力量、文化程度、财富或其他特性是不平等的，然而，作为国际人格者，他们是平等的。这种法律上的平等，具有下述四个重要后果……国家平等的第三个后果是：按照平等者之间无统治权的规则，没有一个国家可以对另一个国家主张管辖权。因此，虽然国家能够在外国法院提起诉讼，然而他们通常不能在外国法院被诉，除非他们自愿服从该国法院的管辖权。这个规则不仅用于对外国国家直接提起的诉讼，并且适用于间接的诉讼，如对外国国家占有的船舶提起的物权诉讼。虽然有时候法院在实行这个规则时以'国际礼让'作为他们判决的根据。但是，主权国家免受其他国家法院管辖的原则，在

---

①　李赞：《国际组织的司法关系豁免研究》，中国社会科学出版社 2013 年版，第 21—22 页。

②　龚刃韧：《国家豁免问题的比较研究》，北京大学出版社 1994 年版，第 5 页。

③　夏林华：《不得援引国家豁免的诉讼》，暨南大学出版社 2011 年版，第 8—9 页。

事实上已被许多国家视为一项国际法规则。"[1]　也有学者认为上述观点是形式正当性的体现，国家豁免还有功能正当性的考虑。功能正当性关注的是该原则意图实现的实际效果，首要的功能正当性是其提升了法院地国与外国的关系，实现国与国之间的互惠。[2]

相对豁免理论试图限制传统的国家及其财产管辖豁免原则，把国家的行为分为主权行为和非主权行为，主张只有国家的主权行为才享有豁免。第二次世界大战后，美英等国家先后放弃绝对豁免原则，转向限制豁免原则。限制豁免意味着存在国家不得援引豁免的诉讼。根据《联合国国家及其财产管辖豁免公约》第 10 条的规定，一国如与外国一自然人或法人进行一项商业交易，而根据国际私法适用的规则，有关该商业交易的争议应由另一国法院管辖，则该国不得在该商业交易引起的诉讼中援引管辖豁免。但该规定不适用于国家之间进行的商业交易或该商业交易的当事方另有明确协议。而且，如果国家企业或国家所设其他实体具有独立的法人资格，并有能力起诉或被诉和获得、拥有或占有和处置财产，包括国家授权其经营或管理的财产，其卷入与其从事的商业交易有关的诉讼时，该国享有的管辖豁免不应受影响。商业交易是指为销售货物或为提供服务而订立的任何商业合同或交易；或任何贷款或其他金融性质之交易的合同，包括涉及任何此类贷款或交易的任何担保义务或补偿义务；或商业、工业、贸易或专业性质的任何其他合同或交易，但不包括雇佣人员的合同；或投资事项。确定一项合同或交易是否为商业交易的标准，应主要参考该合同或交易的性质，但如果合同或交易的当事方已经达成一致，或者根据法院地国的实践，合同或交易的目的与确定其非商业性质有关，则其目的也应予以考虑。

其他不得援引国家豁免的诉讼包括：雇佣合同；人身伤害和财产损害；财产的所有、占有和使用；知识产权和工业产权；参加公司或其他集体机构；国家拥有或经营的船舶；仲裁协定的效果。[3]

国际社会一直努力推动相关国际法律的制定，但迄今为止只有《欧

---

①　劳特派特修订：《奥本海国际法》上卷（第一分册），王铁崖、陈体强译，商务印书馆1989 年版，第 200—202 页。

②　Christopher A. Whytock, "Foreign State Immunity and the Right to Court Access", *Boston University Law Review*, Vol. 93（December, 2013），p. 2046.

③　程晓霞、余民才：《国际法》，中国人民大学出版社 2011 年版，第 40 页。

洲国家豁免公约》获得通过。联合国为此努力了几十年，然而，2004 年制定的《联合国国家及其财产管辖豁免公约》因未获得足够的国家批准至今仍未生效。① 部分国家通过制定国内法的方式确认国家豁免，例如美国 1976 年制定了《外国主权豁免法》，英国、澳大利亚、加拿大和南非也制定了相应的国内法。②

二　国内法上的主权豁免

国内法上的主权豁免，是指国家及政府部门基于主权免于承担国内法上的民事赔偿责任，主要指侵权责任。支持国家侵权责任豁免的理由有：（1）国家是主权的拥有者，它代表的是公共利益，而国家侵权对象的请求赔偿权利只是一种私人利益；（2）对政府机关破产的担忧，担心国家财政的承受能力；（3）担心国家机关的正常工作受到妨碍和干扰；（4）政府过错形成的客观性；（5）损害程度的计算在客观上有困难。③

根据英国普通法的原则，政府既豁免承担民事责任也豁免刑事指控。美国普通法采纳了该原则，除非明确放弃，否则联邦政府受到主权豁免原则的保护。在美国，主权豁免原则来自于法院的创造，成文法中并没有相应规定。《1794 年宪法修正案》第 11 条规定，联邦法院不能受理一州公民或外国公民对州提起的诉讼，可以解释为具有主权豁免的意义。但是当时制定这个条文的原因在于维持联邦制度，保持州的权力，并不是表现主权豁免原则。尽管没有成文法的规定，但该原则在美国的法律制度中根深蒂固。根据美国法院的判例，主权豁免原则具有下列含义：其一，这是一个司法原则，只有国会立法才能变更，即只有国会有权放弃主权豁免，行政部门没有这种权力；其二，主权豁免原则假定主权者不能被诉，对主权者起诉，只能在法律放弃主权豁免的范围之内；其三，对放弃主权豁免的法律采取严格解释，避免包括法律规定范围以外的诉讼原因。④ 后来，随着行政职能的扩张，公民遭受政府行为侵害的几率大大增加，顽固地坚持

---

① Jasper Finke, "Sovereign Immunity: Rule, Comity or Something Else? ", *European Journal of International Law*, Vol. 21（4）（2010），p. 857.

② 国际法意义上的主权豁免不是本文研究的重点，因此，此处仅仅是出于与国内法上的主权豁免比较研究的需要从概念和历史的视角简要分析，特此说明。

③ 季涛：《论国家侵权责任豁免的理论基础》，《杭州大学学报》1998 年第 4 期，第 130 页。

④ 王名扬：《美国行政法》，中国法制出版社 2005 年版，第 727 页。

主权豁免越来越背离现代社会文明、法治的要求。于是，各国纷纷在一定程度上放弃主权豁免思想，有条件地承认国家的赔偿责任。美国于 1946 年制定了《联邦侵权赔偿法》，首次从立法上放弃了绝对豁免原则，承认了国家的赔偿责任，但也设置了诸多例外。其中最典型的包括行使自由裁量权的例外和故意侵权行为的例外。根据《联邦侵权赔偿法》第 2680 节的规定，美国政府职员已经尽了适当的注意义务，在执行法律或法规中的行为或不行为，不负赔偿义务，不问法律是否违宪，法规是否有效成立；美国对行政机关或其职员行使自由裁量权的行为或不行为，不负赔偿责任，不问有关的自由裁量权是否滥用。① 但由于何为自由裁量行为并不容易确定，因而实践中政府在何种程度上承担民事责任往往取决于法院对自由裁量权的界定。然而，正是由于大量例外的存在，导致政府可以在很多情况下以此主张免责抗辩，因而事实上"仍然在相当大的程度上保存了主权豁免原则"②。联邦最高院发展出一个两步走的检验标准，以确定是否适用自由裁量的例外。首先法院询问审理的诉讼是否适用强制性的法律、法律目的或者法规，或者其本质上就是可自由裁量的。如果起诉是自由裁量的，那么法院接下来要询问审理的诉讼是否受到社会的、经济的或政治目的分析的影响，因为这正是法院认为根据国会意图根据《联邦侵权赔偿法》保护的一类行政诉讼。③ 后文相关法院的判决表明，主权豁免仍然被作为政府机构免于承担责任的一般理由。美国学者也认为，基于 2680 节的规定，美联邦对于行政官员自由裁量的行为仍保留了主权豁免。④ 当然，主权豁免不同于绝对豁免，在 Moore v. Valder⑤ 案中，哥伦比亚特区联邦巡回上诉法院的判决说明了尽管绝对豁免和主权豁免具有相似之处，但它们并不是完全相同的。绝对检察豁免的范围要窄于主权豁免的范围，因为绝对检察豁免仅仅适用于与检察官提起指控和提供证据相关的辩护性的行为，其并不涵盖调查行为。《联邦侵权赔偿法》规定的主权豁免的自由裁量的例外具有更加宽泛的外延，因为该例外既包含检察官提起

① 王名扬：《美国行政法》，中国法制出版社 2005 年版，第 771—772 页。

② 同上书，第 770 页。

③ ［美］小詹姆斯·A. 亨德森等著：《美国侵权法：实体与程序》（第七版），王竹等译，北京大学出版社 2014 年版，第 371 页。

④ Bikram Bandy, "Sovereign Immunity", *Geo. Wash. L. Rev.*, Vol. 65 (1997), p. 908.

⑤ 65 F. 3d 189 (D. C. Cir. 1995).

指控的决定，也包括与该决定紧密联系的其他行为。该紧密联系的属性扩大了豁免的范围，因为其包含了可能被视为调查性而不是司法性的行为，① 而如后文分析的那样，只有司法性的行为检察官才能享有绝对豁免权。从这个角度来说，主权豁免可能涵盖不属于绝对豁免调整范围之内的行为，因此主权豁免更加宽泛。笔者认为，从《联邦侵权赔偿法》的立法目的和精神来看，是对主权豁免原则的放弃，但是由于诸多例外的规定，尤其是自由裁量权例外的规定，使得该种放弃并不彻底，因而事实上政府机构豁免承担民事责任的情形较为普遍。但鉴于主权豁免的观念深入人心，人们（包括法官、学者）习惯上仍然将政府机构不承担民事责任的情形称之为"主权豁免"。

美联邦最高法院直到 1882 年才在 United States V. Lee② 案中明确确认了主权豁免原则，但是少数法官对该原则持保留意见，因为主权豁免来源于"国王不能为非"的普通法理念，但美国并没有国王。同时，法院并不愿意主权豁免延伸适用于政府官员。70 年后，在 Larson v Domestic & Foreign Commerce Corp③ 案中，最高法院改变了看法。法院认为，在联邦政府机构与代表其行为的职员之间进行区别是站不住脚的。法院应当判断，一个针对职员提起的诉讼是否在本质上是针对政府的，对后者，没有其明确同意，法院并无管辖权。也就是说，如果针对职员的诉讼本质上属于针对政府，该职员也享有主权豁免的保护。但是，法院也明确了两点例外：其一，如果该职员的行为超出了法律授权的范围；其二，如果该职员违反了宪法规定。在这两种情形下，则不受主权豁免的保护。Larson 案的判决在 Malone V. Bowdoin④ 案中得到支持。该案中，法院认定 Larson 案解决了关于主权豁免的相互冲突的先例之间存在的矛盾，并进一步限制 Lee 案中判决是宪法一般原则的特殊例外。该判决为反主权豁免运动敲响了丧钟。⑤

在 20 世纪，主权豁免的适用范围也超出了其最初的狭窄范畴。自罗

---

① Bikram Bandy, "Sovereign Immunity", *Geo. Wash. L. Rev.*, Vol. 65 (1997), p. 913.

② 106 U. S. 196 (1882).

③ 337 U. S. 682 (1949).

④ 369 US 643 (1962).

⑤ Rohit A. Nafday, "From Sense to Nonsense and Back Again: SRO Immunity, Doctrinal Bait - and Switch, And a Call for Coherence", *U. Chi. L. Rev.*, Vol. 77 (Spring 2010), pp. 859 - 860.

斯福新政之后，出现大量的公共工程纠纷，法院开始用代理理论扩展主权豁免原则，将那些严格遵循政府指示承包政府工程或项目的承包商也纳入豁免的范围。联邦最高法院在 1940 年 Yearsley v. W. A. Ross Construction Co.① 一案中，提出了"政府承包商防御"理论。主要观点是，承包商在执行国会意图时不产生民事责任，只有其超越了授权或者没有获得有效授权的情况下，才存在责任。这样，主权豁免的外延就从政府延伸到非政府实体。此后，法院进一步扩张和提升了承包商防御理论，在 1998 年，联邦最高法院确认了军火承包商对产品的豁免责任，只要满足以下三个条件：（1）美国政府合理的对产品给予了准确的指示和说明；（2）这些产品严格按照上述指示和说明制造；（3）承包商已经对美国政府就使用该类产品可能产生的风险进行了警示。这些标准后来得到进一步应用，尤其是在国防领域。尽管如此，私人实体在适用主权豁免的范围和程度上仍然是有限的。在军火领域之外，法院还对自律组织启动了主权豁免的保护。但国会或联邦最高法院从未表明自律组织应当享有主权豁免。更疑惑的是，将主权豁免延伸适用于自律组织的法院经常性的混淆绝对豁免和主权豁免原则。②

（一）美国联邦政府的主权豁免

对于联邦政府主权豁免，尽管被认为是确定的或普遍接受的观点，但是对于为什么采取主权豁免却存在不同的解释。在 1821 年的 Cohens v. Virginia 案中，首席大法官马歇尔指出："不能对美国联邦政府提起任何诉讼或指控，这是被普遍接受的观点。"③ 美国联邦不能作为被告，但并未对此进行解释。1882 年，联邦最高法院在 United States v. Lee 一案中指出，该原则的原理从未被讨论，但是其一直被视为既定的原则。④ 1846 年，联邦最高法院首次确认，如果法律放弃了豁免权，美国联邦政府可以被诉。但仍未对该原则进行解释。

美国宪法制定之初并未对主权豁免问题进行规定。宪法起草人认为，基于普通法上"国王不能为非"的观念，联邦豁免是作为一个新国家的

---

① 309 U. S. 18 (1940).

② Rohit A. Nafday, "From Sense to Nonsense and Back Again: SRO Immunity, Doctrinal Bait - and Switch, And a Call for Coherence", *U. Chi. L. Rev.*, Vol. 77（Spring 2010）, pp. 860 - 862.

③ Cohens v. Virginia, 19 U. S.（6 Wheat.）264, 411 - 12（1821）.

④ 106 U. S. 196, 207（1882）.

不容置疑的特征。汉密尔顿指出，"未经许可不受制于个人的诉讼，这是主权性质的内在要求"。支持者们认为，尽管在宪法中缺乏相关文本的支撑，联邦主权豁免不过是宪法"接受的前提"。①也有人认为，应遵循宪法文本原意，排除联邦政府主权豁免的适用。联邦最高法院在 United States v. Lee 一案中，对此表达了某种忧虑。该案涉及联邦政府夺取李将军的土地修建国家公墓，判决写道："在我们的制度下，人民，那些被称为主体的人，是主权。他们的权利没有义务让步于对君主的忠诚感。"② Louis Jaffe 先生指出，或许问题不是主权豁免是否正确，而是是否在实践中存在过。自古以来，如果不采取针对国王的诉讼形式，许多与王权有关的请求能够在普通的法庭获得支持。当确有必要起诉国王时，国王当然会以其名义给予同意。1789 年以前，主权豁免没有成为救济的障碍。人民以请愿书的形式行使权力，尽管是冗长的、延误的救济，但的确是救济。如果人民是受到官员不当行为的受害人，在许多案件中，他可以起诉国王的官员要求损害赔偿。复审令、书面训令、责问令状以及人身保护令可以针对许多政府机构发出，尽管直到最近我们没有发现针对国王高级国务卿人员的案例。这是美国宪法起草时英国的现状。③

霍姆斯大法官认为，尽管关于未经主权者自己的允许，主权豁免于诉讼的起源问题有一些质疑，但该答案自从霍布斯（Hobbes）时代就已经成为公共财产。主权豁免于诉讼，不是因为任何正式的概念或过时的理论，而是基于逻辑和实践的理由，即没有法律权利能够对抗制定创造该权利的法律的权威。④

部分学者对于联邦豁免可能与宪法相符的问题进行了解释。例如，一些人认为拨款条款表明了一定程度的联邦豁免：如果国会被授予动用公共资金的唯一权力，或许未经其同意，没有涉及赔偿的判决能够执行。另一

<hr />

① Gregory C. Sisk, "A Primer on the Doctrine of Federal Sovereign Immunity", *Okla. L. Rev.*, Vol. 58 (2005) p. 443.

② 106 U. S. 196, 208 (1882).

③ Cf. Louis L. Jaffe, "Suits Against Governments and Officers: Sovereign Immunity", *Harv. L. Rev.*, Vol. 77 (1963), pp. 1 – 2.

④ Kawananakoa v. Polyblank, 205 U. S. 349, 353 (1907)。霍姆斯法官在 Western Maid, 257 U. S. 419 (1922) 案中重复了该观点："我们必须认识到制定法律的权威机构高于法律，如果它自己同意适用这些适用于他人的规则，该同意是自由的，也可撤回。"

个观点是国会对联邦管辖的控制给予了国会相当的权力以拒绝授权针对政府的诉讼。1789 年《司法法》明确赋予联邦地方法院只针对美国政府是原告或申请人的案件具有管辖权，明确禁止联邦政府作为被告的诉讼。因此，联邦政府的主权豁免在许多方面可以被描述为国会对联邦地方法院管辖控制的特别设计。无论如何，不考虑其虚弱的文本和历史背景，底线就是"主权豁免原则在任何时间都不能对官方不利"[①]。

联邦侵权赔偿法设置了诸多例外的规定，除了上文提及的自由裁量权的例外，还包括以下情形：政府职员的故意侵权行为：包括人身攻击、殴打、非法禁闭、非法逮捕、恶意追诉、滥用诉讼程序、诽谤、造谣中伤、虚伪的陈述、欺骗、干涉合同权利等十一项内容，其中，对于执法人员和调查人员实施的前六项的侵权，国家负赔偿责任，但国家对于其他政府职员上述所有的故意侵权行为不负责任。其他例外主要是指在某些特定领域中，由于其他法律已经规定救济手段，或者由于公共政策的考虑，不适用联邦侵权赔偿法。例如邮政运输、海事案件、财政活动等。[②] 这些例外意味着联邦政府承担侵权赔偿责任的可能性极低，因而构成了事实上主权豁免的保留。

（二）美国各州的主权豁免

州主权豁免的起源和性质也存在较大的争议。有学者认为州的豁免起源于州在宪法前作为独立主权的存在。关于州享有主权豁免的最简单的解释是第十一修正案。制定第十一修正案是为了推翻法院关于 Chisholm v. Georgia[③] 案的判决。传统的观点对此的解释是州立法者迅速对该案提出抗议，从而导致了第十一修正案的产生，以恢复宪法起草者关于州应当豁免于私人诉讼的原始理解。关于州豁免法理的巨大争议在于州放弃豁免或者赋予国会限制州豁免的程度。州豁免的正当理由有三个：普通法确认了主权豁免；主权豁免保护州的国库资产；私人对州提起诉讼侵犯了州的尊严。

第一起关于州主权豁免的案例是依据《联邦条例》做出的。宾夕法尼亚州最高法院废除了下级法院签发的针对隶属于弗吉尼亚州货物的扣押

---

① Aaron Tang," Double immunity", *Stan. L. Rev.*, Vol. 65（February, 2013），p. 287.

② 王名扬：《美国行政法》，中国法制出版社 2005 年版，第 776—779 页。

③ 2 U. S.（2 Dall.）419（1793）.

令，虽并未做出书面判决，但评论者相信法院是基于主权豁免的一般原则做出的决定。

Chisholm v. Georgia 案是联邦最高法院关于州主权豁免的第一起判决。在 Chisholm 案中，法院依据《宪法》第三款和1789年《司法法》的规定，许可南卡罗来纳州的市民对佐治亚州提起诉讼，拒绝了州的主权豁免抗辩。该判决因州的强烈反对导致了第十一修正案的产生。第十一修正案规定："合众国的司法权不得解释为可扩大受理另一州公民或任何外国公民或臣民根据成文法或衡平法对合众国任何一州之起诉。"第十一修正案通过后不久，在 Cohens v. Virginia 一案中，首席大法官马歇尔指出，除非取得其同意，否则主权独立的州是不可诉的。[①] 他还指出，州豁免的原因是为了保护它们的国库，第十一修正案的制定是为了回应各州对其债务责任的关切，而不是保护州的尊严。[②]

到19世纪中叶，州和其他主权不可诉的原则已被普遍接受。1857年，在 Beers v. Arkansas 案中，首席大法官 Taney 指出，未经其许可或同意，主权不能在其自己的法院或者其他法院被诉，这是所有文明国家普遍确定的法理原则。[③] 1883年，在 Louisiana v. Jumel 一案中，法庭认为，在作为一个有组织的政治团体的职责范围内，一州不能被提起诉讼。[④] 四年后，在 In re Ayers 案中，法院首次运用尊严理论，指出第十一修正案制定的目的是为了避免州在个人的请求下受制于司法程序的侮辱。法院进一步指出，豁免禁止的不仅是合同损失请求，还包括无论是基于成文法还是衡平法提起的其他诉讼。[⑤]这些案件的法理只是依赖于豁免是主权的内在要求的一般原则，但具体推理并不一致，存在保护财产还是维护尊严的分歧。

此后，联邦最高法院一直坚持州主权豁免的原则。1934年，在 Monaco v. Mississippi 一案中，法院将州豁免应用于针对外国的诉讼中。判决指出，州豁免于诉讼，除非放弃该豁免权属于制宪会议的计划之内。[⑥]

---

① Cohens v. Virginia, 19 U. S. (6 Wheat.) 264, 380 (1821).

② Cohens v. Virginia, 19 U. S. (6 Wheat.) 264, 406 (1821).

③ 61 (20 How.) U. S. 527, 529 (1857).

④ 107 U. S. 711, 720 (1883).

⑤ 123 U. S. 443, 505, 502 (1887).

⑥ 292 U. S. 313, 323 (1934).

直到 20 世纪 80 年代，法院认为州豁免的正当性基础主要是为了保护国库资产，主要原因还是因为各州对美国革命战争期间欠下的债务的关切。到了 20 世纪 90 年代，最高法院主要以尊严说作为州豁免的正当性基础，聚焦于州在联邦体制的主权尊严，而不仅仅是因被私人起诉带来的侮辱。进入 21 世纪，法院视主权尊严为州豁免的杰出目的和首要功能，保护州的国库是第二位考虑的因素。法院近期案例再次确认了 Ayers 案确认的规则，即豁免禁止的是所有的诉讼，无论寻求何种救济，而不仅仅是对责任的抗辩。法院还明确州的豁免权同样延伸于其商业行为。①

关于第十一修正案是否为了州豁免权而制定，存在争议。如果该修正案是为了规定州豁免权，那为什么其只禁止一个州的公民对另一个州提起诉讼？公民对自己所在的州提起诉讼，是否受豁免制约？在 Hans v. Louisiana 案中，联邦最高法院对此进行了明确。在引用了联邦党人文集、批准宪法过程中的辩论、对 Chisholm 案的反映等之后，法院认为无论是宪法的历史，还是第十一修正案，都完全、明确的排除了公民对自己州提起诉讼的可能。法院指出允许公民对自己的州提起诉讼将与 Chisholm 案一样令人吃惊和难以预料。因此，法院认定基于历史、经验和既定的事物秩序，允许针对州政府提起诉讼，对于普通法和制定第十一修正案的目的而言是令人生厌的。②

州主权豁免的批评者不限于第十一修正案的文本问题，他们还对最近法院关于主权豁免的判例的逻辑性提出质疑。一些人甚至呼吁取消豁免，因为其与美国法律体制的基本原则不相符。即使支持州主权豁免的学者也承认第十一修正案一团糟。尽管如此，州豁免诉讼是不争的事实。在 Alden v. Maine 案中，Kennedy 法官写道："州的主权豁免既不是来源于第十一修正案，也不受十一修正案的约束。相反，正如宪法的结构及其历史，本院对此的权威解释明确的那样，州豁免诉讼的权利是主权的基本内容，该权利在宪法批准前各州就已享有并一直保留到现在……"③

---

① William Wood, "It wasn't an accident: the tribal sovereign immunity story", *Am. U. L. Rev.*, Vol. 62 (August, 2013), pp. 1614 – 1622.

② Hans v. Louisiana, 134 U. S. 1, 10 – 11 (1890).

③ 527 U. S. 706, 713 (1999).

就当今多数法院的观点而言，州主权豁免是联邦体制的不容置疑的特征，不仅仅植根于第十一修正案，而且植根于对合众国属性和结构的历史认识中。就像联邦主权豁免一样，州的主权豁免必将一直守候，总之，其影响的范围在近年来事实上已得到提升。[①] 即便一些已经废除了豁免权的州，在自由裁量或政府职能方面仍然保留了豁免规则。[②]

在最近二十年，联邦最高法院进一步扩展了州的主权豁免，表现在三个方面：其一，在缺乏明确的国会授权或州的同意的情形下，法院排除了公民依据联邦法律在州法院对州提起诉讼。其二，法院有效地将国会剥夺主权豁免的权力限制在与国会意图救济的违反宪法方面相符的立法规定情形。其三，法院认为国会只有依据第十四修正案或者《宪法》第一条第八款破产条款才能剥夺州的主权豁免。[③]

三 主权豁免与绝对豁免的关系

从上文分析可以看出，主权豁免从效果上看也是绝对豁免责任，因此广义上也是绝对豁免的一种形式。但是从狭义上看，二者的历史渊源、思想基础及发展演变存在诸多不同之处。二者最主要的区别在于绝对豁免强调的是政府职员的个人责任，主权豁免注重的是政府的责任。正如王名扬先生指出的："主权豁免原则阻止国家的赔偿责任，官员特免原则决定政府职员赔偿责任的有无和范围。"[④] 但二者似乎又无法割裂，因为政府作为一个实体，终究要由一个个自然人作为代表来实现政府的职能。如果说政府承担责任，说到底是对其职员行为的负责。当今各国大都确立了国家赔偿制度，作为一般原则，由国家而不是公职人员本人对受害人承担侵权责任。即从法律责任后果上看，公职人员对外绝对豁免承担责任，反之，政府不再享有传统意义上的主权豁免。在这种背景下，我们探讨主权豁免和绝对豁免是否还有意义？要理清这个问题，必须了解国家赔偿责任制度的目标和设计方案。沈岿先生认为，政府赔偿责任的设计必须考虑以下四

---

① Aaron Tang. Double immunity, *Stan. L. Rev.*, Vol. 65 (February, 2013), p. 288.

② ［美］小詹姆斯·A. 亨德森等著：《美国侵权法：实体与程序》（第七版），王竹等译，北京大学出版社 2014 年版，第 372 页。

③ Fred O. Smith, Jr., "Awakening the people's giant: sovereign immunity and the constitution's republican commitment", *Fordham L. Rev.*, Vol. 80 (April, 2012), pp. 1963 – 1964.

④ 王名扬：《美国行政法》，中国法制出版社 2005 年版，第 786 页。

个目标：（1）受害人得到充分或公平的救济；（2）维护公务人员执行公务的积极性；（3）在必要的范围内保持公务人员对侵权行为的应责性，防止其不负责任的恣意妄为；（4）确保国家财政对公务侵权的适当负担，避免为公务人员个人过错而过度"埋单"。基于此，许多国家在建构起国家赔偿制度的同时，大致以三种形式保留了公务人员对公务侵权的个人金钱责任：一是由国家先予赔偿，而后对在法定情形下需要负责的公务人员进行追偿或求偿；二是在一些法定情形下由公务人员直接承担公务侵权赔偿责任；三是在一些法定情形下由国家和公务人员向受害人承担连带责任。国家赔偿制度先发的一些国家，采取了至少让其中两种形式并存的制度。① 上述不同的制度设计，本质上凸显了国家责任、个人责任以及受害人救济的协调与平衡，也是对传统的主权豁免、绝对豁免原则价值观的调整。

随着国家赔偿责任制度在各国的推行，主权豁免更多的是在国际法范畴内作为维护国家主权的一种手段，但这并不意味着主权豁免理念在国内法上已没有意义。如前所述，在美国，因为其在放弃主权豁免原则的同时，有很多例外规定，这些规定在某种意义上仍然达到了主权豁免的效果。根据美国《联邦职员赔偿责任改革和侵权赔偿法》，职员免责的范围限于职务范围内的一般法律上的侵权行为，不包括侵犯宪法权利的行为。因为宪法所保障的权利是社会生活中最重要和最基本的权利，对于这类权利的侵犯，受害人应追诉职员个人的赔偿责任。政府职员所特有的立法特免或司法特免也是美国政府可以抗辩的理由。联邦侵权赔偿法规定的国家不负责任的例外情况，如前述的职员行使自由裁量权、职员故意侵权等，也会导致联邦政府不承担民事责任。而事实上，由于对自由裁量权理解和解释上存在异常模糊的空间，政府是否承担民事责任存在较大的不确定性。② 因此，从美国立法看，无论是绝对豁免还是主权豁免思想仍然深刻地影响着这个国家。从表面上看，主权豁免原则在国内法上影响已日趋式微，但凭借职员个人的绝对豁免以及诸多例外规定的应用，政府在实践中仍然得到一定程度的民事责任豁免。这是我们研究美国证券自律组织民事豁免必须了解的制度背景。

---

① 沈岿：《国家赔偿：代位责任还是自己责任》，《中国法学》2008 年第 1 期，第 105 页。
② 王名扬：《美国行政法》，中国法制出版社 2005 年版，第 824—825 页。

第二章

有限豁免理论

有限豁免（qualified immunity）是相对于绝对豁免而言的概念。根据普通法传统，绝对豁免仅适用于法官，尽管经过法院解释扩大适用于行使准司法职能的检察官、行政法官等，但这类群体数量毕竟非常有限。随着政府行政职能的扩大，行政人员的数量急剧扩大，由此导致行政侵权案件迅速增长。对于并不承担司法职能的庞大的政府行政分支人员，如何提供适当的豁免保护，以在调动行政人员执法的积极性和对行政相对人的救济方面进行适度平衡，成为必须要解决的问题。有限豁免由此产生。有限豁免制度是民事责任豁免制度的重要组成部分，是考察证券自律组织民事责任豁免不能回避的内容。

第一节　有限豁免的产生与发展

一　有限豁免的概念

传统普通法理论并不认为行政人员享有绝对豁免权，而是认为其应当与普通人一样承担侵权责任。直到 1896 年，最高法院才在判决中确认高级行政人员具有自由裁量权力，应和高级法官一样享有豁免，不论是否出于恶意。后来又将适用对象扩展到一般行政人员。法院认为，限制一般行政人员的豁免，是忽视当代政府规模的庞大性和复杂性。是否需要豁免，不取决于官员的职称，而取决于官员对所执行的职务是否有控制或监督的权力。一切自由裁量性质的行为，不论出自何人，都应受到相同的保护。但是由于法院对自由裁量权采取扩大解释，行政人员的行为很少不具有自由裁量性质，结果造成行政人员的侵权行为只要在职责范围内，都不负民事责任。这种现象直到 1988 年的韦斯特福尔诉欧文案才得以改变。该案中，最高法院认为应从严解释自由裁量权，认为行政人员所有的行为，几乎都包含少量的自由裁量因素，但不能因此就认定其行使的是自由裁量权。因为该判决对联邦职员的豁免问题产生重大影响，直接导致了美国国会于1988年制定了《联邦职员赔偿责任改革和侵权赔偿法》，对联邦政府全部职员，包括立法、司法、行政人员在内，其执行职务范围内的一般法律上的侵权行为，都给予绝对豁免。① 该法律仅仅对职员的一般法律上的侵权行为予以豁免，对于侵犯宪法权利的行为则不包含在内。因此，对于行政人员豁免，需要根据行政人员是否符合有限豁免条件来决定政府替代责任的有无。

有限豁免来自于法院的创造，目的是为了避免绝对豁免的不必要延伸适用。有限豁免是对那些不能得到绝对豁免保护的政府官员提供的另一种豁免形式，除了那些不能胜任的和明知违反法律仍然实施行为的人，有限豁免对政府职员提供了充分的保护。"赋予执法部门的官员有限豁免权，或许是现代法院面临的最关键的个人豁免问题。"② "有限豁免是为了在补偿那些受到政府行为损害的主体和保护政府履行传统的政府职责的能力之间寻求平衡。"③ 如前所述，即使享有绝对豁免的法官、检察官，如果其从事的与司法程序无关的行为，也只可能享受有限豁免。例如，当检察官从事调查事务时，他只能享有有限豁免。绝对豁免属于无条件的豁免，只要是从事职责范围内的相关行为，不论是否存在恶意，都会享有该权利。相对豁免则不同，只有具备一定的条件，才可能享受到豁免。从程序上分析，绝对豁免从入口上设置障碍，只要个人的作为或不作为是在其职责范围内，法律就禁止对其提出民事诉讼。无论其行为多么恶劣或者其结果多么有害，绝对豁免都会得以应用。而有限豁免取决于被告行为的动机和背景，这些有赖于法庭审判时对证据的审查。④ 那么，什么是有限豁免呢？

---

① 王名扬：《美国行政法》，中国法制出版社2005年版，第809—812、821—822页。

② Willliam S. Helfand & Ryan Cantrell, "Individual Governmental Immunities in Federal Court: The Supreme Court Strengthens an Already Potent Defense", *The Advoc.* (*Texas*), Vol. 47 (2009), p. 24.

③ Wyatt v. Cole 112 S. Ct. 1827, 1833 (1992).

④ Boyd M. Mayo, "Monetary Libility for Involuntary Servitude? South Carolina Needs to Abandon the Negative Incentive Approach and Grant Absolute Immunity to Indigent Criminal Defense Attorneys Appointed under Rule 608", *Charleston L. Rev.*, Vol. 3 (2009), p. 715.

有限豁免是指当政府职员侵犯了他人宪法权利，但在行为实施时并没有违反一个理性的人应该知道的"明确确认"的法律时，豁免承担民事责任。因此，从某种意义上说，有限豁免原则是对政府职员侵犯宪法权利行为的保障。最初，法院采取主观标准进行判断，也就是说，如果该职员的行为出于恶意的剥夺他人的宪法权利，他就不会获得豁免。按照最高法院的观点，有限豁免适用于那些享有自由裁量权的政府职员。最早的有限豁免授予了警察，只要其合理的、善意的相信其逮捕行为是合宪的，他将豁免因其违宪逮捕引发的民事赔偿，采取的主观标准。后来，法院采取主、客观标准相结合的方式判断被告的行为是否符合。主观标准即诚信、善意标准（good – faith），需要考察行为人的心理状态。但是，由于主观上的善意、恶意不易判断，1982 年在 Harlow v Fitzgerald①案中，法院明确废除了恶意标准，确立了客观标准。即（1）被告是否侵犯了宪法权利；（2）在被告实施行为时，一个理性的人是否应当知道该权利已被"明确确认"（clearly established）。按照最初法院的实践做法，如果不能证明被告违反了宪法权利，即授予被告有限豁免权，无须进行第二步考量。后来法院改变了"两步走"的强制做法，允许就个案进行选择。由于美国是判例法国家，各法院的判决存在不一致在所难免，而判例又具有法律效力，因而实践中如何判断权利的"明确确认"存在较大争议。废除强制次序判断的做法也导致宪法回避问题的产生，有限豁免制度未来的发展值得关注。

二　有限豁免的历史发展

（一）起源

《美国法典》第四十二编第 1983 节规定，任何人凭借任何州或领地或哥伦比亚特区的任何法律、法令、条例、习惯、惯例、剥夺或促使剥夺任何美国公民、或在其管辖区域内的其他人，根据宪法和法律而享有的任何权利、特权或特免，必须对受害人依照法律、衡平法提起的诉讼，或依其他适当的救济程序承担责任。从本节的适用而言，国会制定只适用于哥伦比亚特区的法律，视为哥伦比亚特区的法律。1983 节诉讼或许是对受

---

① 　457 US 800（1982）.

到政府不当行为损害的私人的最强有力的救济。[1] 第 1983 节的赔偿诉讼，是政府职员赔偿责任中数量最多的诉讼。州或地方政府在被追诉时，能否主张官员的豁免权呢？1983 节条文本身没有规定官员的豁免，但最高法院认为不能因为条文中没有规定，而认为地方政府职员对 1983 节诉讼不能享受豁免。官员豁免权是普通法制度，历史悠久，国会在 1871 年制定 1983 节时，完全知道普通法的豁免制度，既然法律没有明确表示废除该制度，就可以认为普通法中的官员豁免与 1983 节的宗旨和政策不冲突。[2]

州政府行政人员有限豁免原则起源于两个案件：Scheuer v. Rhodes[3] 和 Wood v. Strickland[4] 案，前者寻求令俄亥俄州的州长对其滥用国民警卫队的行为负责，后者涉及对学校官员的诉讼。这两个案件中法院寻求明确界定相对豁免，以实现对个人宪法权利和官员无需害怕惩罚从而自由行使裁量权的需要的双重保护。从最开始，法院就认识到保护官员在其职责范围内的行为免于诉讼的重要性。例如，Scheuer 案认为该原则扎根于保护官员合法行使自由裁量权的需要。令官员因他们职务中的行为被诉，可能会阻止全面和有效的行使该自由裁量权。但是，法院也承认某些时候对个人要求损害赔偿是对宪法不当行为的唯一救济。给予政府官员绝对豁免将拒绝这一救济。在对官员自由裁量的需要与个人权利的执行平衡后，Scheuer 和 Wood 案采取了主观和客观的因素。

Scheuer 案是针对俄亥俄州的州长和其他州政府官员提起的诉讼，事关他们在 1970 年肯特州屠杀事件中使用国民警卫队的问题。在拒绝适用绝对豁免和界定有限豁免后，法院特别关注了不同类型官员的不同层次的自由裁量权。法院分析善意和合理根据的约束限制了警察的自由裁量权。州长和其他高级官员在日常行为中经常做出即时的决策和面临几乎无限的选择。法院没有试图勾勒准确的适用于州长的有限豁免的界限。相反，它确立了两项原则。其一，豁免的程度取决于每个人公职权力中的自由裁量权的量，即"在不同的范围中，有限豁免对于政府行政分支的人员都是

---

① Harry A. Blackmun, "Section 1983 and Federal Protection of Individual Rights – Will the Statute Remain Alive or Fade Away?", *N. Y. U. L. Rev.*, Vol. 60 (1985), pp. 1, 20 – 21, 27 – 29.

② 王名扬：《美国行政法》，中国法制出版社 2005 年版，第 827、835 页。

③ 416 U. S. 232 (1974)。尽管本案是针对州行政官员提起的 1983 节诉讼，但有限豁免的原则经 Butz v. Economou 确认适用于绝大多数联邦官员。

④ 420 U. S. 308 (1975).

可行的，变化取决于自由裁量权的范围和官员的责任以及所有在当时合理出现的事实。"① 其二，有限豁免能否成为成功的抗辩取决于官员的主观目的和客观因素。"基于所有当时的事实形成合理根据的信念，外加善意的信念，二者共同构成了有限豁免的基础。"② 法院将案件发回重审，指出当被告提出有限豁免时，法院必须在驳回诉讼前至少需要认定某些事实。

Wood 案中，公立学校的学生因学校官员暂停他们从事最有趣的校舍恶作剧，而主张违反了正当程序。本案中，法院再次强调了有限豁免包含主观和客观两个因素。"如果被告知道或应当合理地知道他在其职责范围内实施的行为侵犯了原告的宪法权利，或者如果他实施的行为具有剥夺原告宪法权利或给原告带来其他损害的恶意"，③ 原告能够证明上述之一，官员将不能豁免。法院指出客观方面关注的不是官员基于周围环境做出合理判断的责任，而是官员知道其服务的学生的宪法权利并在权利范围内行事的责任。④

联邦行政人员有限豁免原则起源于 1971 年的 Bivens v. Six Unknown Fed. Narcotics Agents⑤。在该案中，最高法院创造一种新型的侵权行为，即侵犯宪法权利的侵权行为。纽约地区联邦麻醉品管理局的六名官员，没有携带搜查证，黎明侵入原告住所，进行全盘搜查，并强迫原告到局内接受盘问，但没有获得证据及毒品。原告提起诉讼，声称被告侵犯了其依据宪法第四修正案享有的安全保障和不受非法搜查的权利。最高法院指出，侵犯宪法权利，不需要其他法律规定，本身构成一种新型的侵权行为，受害人可以根据宪法直接起诉。在发回重审后，第二巡回法院认为，行政人员的绝对豁免，只适用于一般法律的侵权行为。联邦行政人员违反联邦宪法的侵权行为，是否可以享受豁免，没有判例可循。但联邦法院对州和地方行政人员违反联邦宪法的侵权行为已有判例。既然州和地方行政人员违反联邦宪法只有有限制的豁免，联邦行政人员违反联邦宪法也只能享有有

---

① 416 U. S. 232，247 (1974).

② 416 U. S. 232，247 – 248 (1974).

③ Wood v. Strickland，420 U. S. 308，322 (1975).

④ John C. Williams，"Qualifying Qualified Immunity"，*Vand. L. Rev.*，Vol. 65 (May 2012)，pp. 1299 – 1302.

⑤ 403 U. S. 388，(1971).

限豁免。但是，该判决只是针对违反联邦宪法第四修正案的行为，对于其他违宪的侵权行为是否适用，并未提及。下级法院对此意见分歧，直到1978 年的 Butz v. Economou 案，才把有限豁免的原则适用于所有的违宪侵权行为。①

在 Butz v. Economou 案中，被告提出绝对豁免的抗辩，其依据的是 *Barr v. Matteo* 案绝对豁免适用于全部联邦行政人员的判决。法院指出："我们相信 *Barr* 案并非打算既保护违反地方法律的官员，而且还保护违反宪法中体现的根本的公正原则的官员。"② 最高法院承认，其此前并未就此做过判决，但是它就州行政人员违宪行为的责任问题做出过判决。在考察了 Pierson v. Ray，Scheuer v. Rhodes ，Wood v. Strickland 案后，法院认为州政府行政人员对违宪行为享有有限豁免。而且许多巡回法院就联邦政府官员的有限豁免问题做出过判决。例如，第四巡回法院在 States Marine Lines v. Shultz 案中就认为，尽管 Scheuer 案 ［498 F. 2d 1146，1159（1974）］针对的是州政府官员，但该法院关于行政人员豁免问题的讨论应当同等适用于联邦行政人员。鉴于此，最高法院认为，在没有国会相反指导意见的情形下，授予因侵犯类似 Bivens 案确认的宪法权利被诉的联邦官员比因违反 1983 节被诉的州官员更高程度的责任豁免权，没有任何基础。基于 1983 节可诉的宪法损害并不比联邦官员应负责的宪法侵权更重要。州政府中决策者面临的压力和不确定性与联邦官员面临的几乎没有不同。我们看不出这么做的意义：让州长负责但却豁免联邦部门的首长；让联邦议员的管理人豁免但却令州医院的管理人负责；在参与同一调查活动时对联邦警察和州警察的责任进行区分。因此，在违反宪法权利时，联邦官员当然不应享有比州官员更大范围的保护。1983 节诉讼是为了维护联邦宪法权利。第十四修正案通过后，国会决定制定法律以特别要求州官员对于他们未能遵守宪法的行为在联邦法庭做出回应，这不能成为免除相应的联邦官员违反同类宪法权利的理由。

如果所有行使自由裁量权的官员都被免除个人责任，基于宪法的诉讼不能对受害人提供任何救济，那么就不能在任何程度上阻止联邦官员实施违宪行为。而且，受害人还不能从政府得到任何补偿，因为联邦侵权法禁

---

① 王名扬：《美国行政法》，中国法制出版社 2005 年版，第 813—814 页。

② Butz v. Economou, 438 U. S. 478, 495 (1978).

止对自由裁量权的行为给予赔偿，即使该裁量权被滥用。将绝对豁免损害赔偿责任的权利延伸于所有的联邦行政官员将严重削弱宪法的保护。这些官员拥有的宽泛权力使他们有能力指挥他们的下属从事广泛的项目，包括可能损害诸如自由、财产和言论自由等重要个人利益的项目。我们的法理制度依赖于这样的假设：即所有的个人，无论在政府中什么职务，都受联邦法律的制约。"在这个国家中没有人高于法律，没有官员可以蔑视法律而不受惩罚。所有的政府官员，从最高级到最低级，都是法律的创建者，都有义务遵守法律。"① 这并不是说基于公共政策的考量不能为联邦行政官员的有限制的豁免提供支持。我们考虑了行使自由裁量权的官员保护的需要，以及鼓励积极地行使法定职权的相关公共利益。但是，Scheuer 案和其他案件已经确认：让已经知道或应当知道在法律之外行事的官员负责是公平的，同时强调对明确的宪法限制的认知不会过分妨碍官员判断力的行使。因此，联邦最高法院认为，在源自违宪行为的损害赔偿诉讼中，执行自由裁量权的联邦行政官员只享有有限豁免，除非在例外情形下绝对豁免对公共事务是必要的。

总之，联邦官员不会对判断中轻微错误负责，无论该错误是事实问题还是法律问题。但是，当行政官员履行职责时，明知违反联邦宪法，或他们应当知道违反了明确存在的宪法规则，却不受惩罚，这一点没有任何坚实的基础。②

（二）发展

1982 年的 Harlow v. Fitzgerald③ 案废除了主观要件，确立了客观标准。本案中，被告是尼克松总统的私人助理。原告声称该助理合谋策划了将其从空军职位上解雇，以报复其关于飞机购买不当管理的国会证词。法院首先驳回了被告有绝对豁免权的抗辩，法院认为对于在诸如国家安全或外交政策方面具有自由裁量权的总统助理而言，赋予绝对豁免可能是适当的，但对于本案这些特殊的助理则不适用。法院继而宣布有限豁免的新标准，去除了主观要件："执行自由裁量权的政府官员通常免于民事损害的责任，只要他们的行为没有违反一个理性的人应当知道的明显存在的法定的

---

① United States v. Lee, 106 U. S. 196, 220, 1 S. Ct. 240, 261.

② Butz v. Economou, 438 U. S. 478, 495 (1978).

③ 457 U. S. 800 (1982).

或宪法权利。"① 法院还给被告提供了第二条免于诉讼的途径："如果主张抗辩的官员声称异乎寻常的情形并且能够证明他既不知道也不应知道相关的法律标准，该抗辩应当被支持。"② 为什么要祛除主观标准，是因为影响行政人员自由裁量权的主观因素很多，包括个人经验、价值观念、情绪、性格等，这都是事实问题，必须由陪审员决定。要判断一个心理因素，有时非常困难，常常花费大量的时间、金钱，传唤大量的证人，调查大量的证据。行政人员为了应对这样的诉讼，妨碍效率。法院花费大量的时间确定行政人员的特免，影响诉讼的进程。③ 而客观的标准相对容易认定，便于实践中操作，更容易实现司法标准的统一。

Scheuer 和 Wood 案强调需要令政府官员对侵犯宪法权利的行为负责，Harlow 案则强调有限豁免的不同目的：驳回"无实质性的诉讼案件"的需要，因为这些案件不仅给被告带来成本，整体上也给社会造成负担。运用成本——收益平衡的分析范式，法院认为调查官员的主观目的需要特别高昂的成本。正如法院看到的那样，官员的目的是一个事实问题，而事实问题需要陪审团的裁决，目的的考量必须等待简易审理阶段的完成。任何调查主观目的的法院都不得不进行广泛的证据开示程序，以发现充分的事实从而做出决定。这样一个程序不仅分散了法官从事他们真正工作的精力，也可能要求披露传统上受保护的信息，还可能被原告操纵基于少量的证据引发重要的事实问题。对于官员目的的调查比目前法律状态的客观检验必然要求更多的事实发现程序。④

在 Anderson v. Creighton⑤ 案中，最高法院进一步明确了有限豁免的两项基本审查：（1）是否原告已声称和证实侵犯宪法权利的存在；（2）是否该权利在引发本诉讼的事件当时就已明确确认。在 Saucier v. Katz⑥ 案中，法院指出，地区法院和上诉法院经常将两项标准合并，没有在违反宪法问题与在指控的违反发生之时法律是否已经明确确认之间进行有价值的

---

① 457 U. S. 800, 818 (1982).

② 457 U. S. 800, 819 (1982).

③ 王名扬：《美国行政法》，中国法制出版社 2005 年版，第 818 页。

④ John C. Williams, "Qualifying Qualified Immunity", *Vand. L. Rev.*, Vol. 65 (May 2012), pp. 1302 – 1303.

⑤ 483 U. S. 635, 107 S. Ct. 3034 (1987).

⑥ 533 U. S. 194, 201, 121 S. Ct. 2151, 2156 (2001).

区分。为了对这些判决进行回应，法院确立了按次序两步走的强制分析思路：即法院需判断，出于最有利于声称受到损害的当事人的考虑，被指控的事实表明官员的行为侵犯了宪法的权利了吗？如果没有宪法权利被侵犯，就没有必要进行下一步的审查。如果基于有利于当事人的视角，得出侵犯宪法权利的结论，那么，第二步就是询问是否该权利已被明确确认。

在 Williams v. Kaufman County① 案和 Branton v. City of Dallas② 案中，第五巡回法院按照最高法院 *Saucier* 案的强制分析思路对案件进行了判决。首先，评估原告的断言（如果真实的话）是否确认了违宪的存在。其次，如果违宪行为从表面上看的确发生了，法院需判断被告的行为是否侵犯了一个理性的人应当知道的明确确认的宪法权利。这种强制分析的思路经常引发混乱，其要求法院在第二步程序前就采取深入的事实审查方式以确定违宪行为是否存在，这导致了低效率。

Saucier 案的强制次序分析思路受到法官和评论人士从原则和实践基础角度上的广泛抨击。2007 年 Breyer 法官提出三点批评意见，认为不应进行强制的次序分析。其一，浪费司法资源；其二，当法院认定权利存在但并未在行为实施时被明确确认时，将导致一个不正确的宪法判决免于审查；其三，一些法律领域是非常依赖于事实的，以至于结果可能是困惑而不是明确的。他还指出，Saucier 案的程序经常违反宪法回避原则。③也有学者指出，当被告基于豁免理由获得胜诉时，他就不能对对其不利的宪法权利问题进行上诉。如果案件在地区法院结案，问题倒不严重，因为地区法院的判决不足以创建明确确认的宪法权利。但如果原告上诉，宪法权利问题将受到上诉法院审查，即使被告被认定享有豁免权。于是问题就产生了。Saucier 案的程序的核心问题是允许联邦上诉法院和最高法院创建明确确认的权利，即使被告是豁免的。针对一个豁免的被告的关于宪法权利的判决具有约束力，并无须受到进一步司法审查。④

---

① 352 F. 3d 994 (5th Cir. 2002).

② 272 F. 3d 730 (5th Cir. 2001).

③ Scott v Harris, 550 US 372, 387 – 388 (2007).

④ Jack M. Beermann, "Qualified Immunity and Constitutional Avoidance", *Sup. Ct. Rev.*, (2009), pp. 150 – 160.

在 2009 年的 *Pearson v. Callahan*① 案中，联邦最高法院重新评估了之前的强制性分析指示。本案的基本案情是：2002 年，Brian Bartholomew（巴塞洛缪）在被指控非法持有冰毒后，成了犹他州反毒小组的线人，告诉反毒小组官员 Jeffrey Whatcott，当天晚些时候 Callahan 将向自己出售冰毒。当天晚上8：00，巴塞洛缪来到 Callahan（卡拉汉）的住处，确认其确实持有冰毒后，以去取钱为借口离开。9：00 左右，其与反毒小组成员碰头，并告诉他们，他可以 100 美元购买 1 克冰毒。反毒小组成员给了他 100 美元，并在上面做了记号，安装了电子监听装置，并约定在交易完成后由巴塞洛缪向反毒小组成员发出信号。在巴塞洛缪完成交易后，反毒小组成员破门而入，当场查获冰毒。随之以非法持有和买卖冰毒对卡拉汉提出指控。卡拉汉则主张，无证搜查构成了对宪法第四修正案的违反。②

卡拉汉在犹他州基层法院被判贩卖冰毒罪，法院驳回了其提出的无证搜查违反宪法第四修正案的主张。犹他州上诉法院不同意基层法院的判决，驳回了关于以紧急情况和必然发现作为认可搜查中获得的证据的基础的抗辩意见。法院认为，卡拉汉邀请线人进入自己的住宅，能否推定其同意警察的搜查是不明确的。因此，上诉法院撤销了卡拉汉的有罪判决。随后，卡拉汉在联邦法庭对相关官员和机构提起了基于 1983 节的损害赔偿之诉。联邦地区法院认为该搜查是不合法的，但赋予官员有限豁免，因为官员能够合理地相信"同意转移规则"（"Consent once removed doctrine"）③ 使得搜查合法化。第十巡回法院同意"同意转移规则"与第四修正案不符的观点，但不同意官员有限豁免的意见，认为在官员侵犯原告第四修正案的权利时，法律已明确的确认：只有在同意和紧急状态两个例外情况下，才允许警察进入住宅。其他巡回法院创造的例外不会使本院限定的权利有任何不明确。而且，本案事实发生时，只有第七巡回法院适用同意转移规则于线人，只有一个巡回法院的先例不会对"明确确认"构成反驳。④

---

① 555 U. S. 223，129 S. Ct. 808（2009）.

② 柳建龙：《2009 年美国宪法学研究综述》，2014 年 8 月 31 日，http：//www. calaw. cn/article/default. asp？id＝8884（中国宪政网）。

③ Consent once removed doctrine，来自法院确立的规则：如果你邀请一个卧底警察或线人进入你的家庭，那么视为你同意警察搜查你的住宅。

④ Callahan v Millard County，494 F. 3d 891，899（10th Cir. 2007），

联邦最高法院重新检视了 *Saucier* 案确定的宪法问题优先的强制顺序，指出，有限豁免两步走的规则不应当再保留。为推翻两步走的强制顺序，联邦最高法院采纳了以下七个理由：（1）宪法问题优先通常导致当事人和法庭大量的资源支出，但该问题对案件的结果没有任何影响。（2）宪法原则的发展并不是来源于事实约束性的判例推动，这些判例对未来的案件几乎提供不了指导。（3）让下级法院决定宪法问题没有意义，因为该问题还将在高级法院或全体法官出席的审判庭处理，下级法院的判决很可能被上级法院的判决取代。（4）依赖州的不确定的解释作出判决对于推动宪法判例的发展没有价值。（5）要求在起诉阶段基于粗略的事实陈述做出宪法判决，或者在简易审判阶段基于少得可怜的要点做出判决，将导致产生低劣判决的风险。（6）当被告在宪法问题上败诉，但在明确确认的法律的方面胜诉时，强制的两步走的分析使得宪法决定难以接受上诉审查，该未受审查的判决可能产生严重的影响。（7）该分析方式要求不必要的宪法判断和背离宪法回避的一般原则。①

尽管放弃了两步走的思路，法院仍然认为该途径对于提升宪法判例的发展是有益的，尤其在有限豁免抗辩不可能成功的案件里更具价值。因此，法院留待下级法院自由裁量哪种顺序最能推动案件的公平和效率。法院也针对该判决的忧虑指出，第一，Saucier 案的分析路径并未禁止，只是不再强制。第二，宪法仍然在其他背景下发展，例如刑事案件，针对政府机构提起的案件，涉及禁令救济的案件等。第三，法院预期不会出现原告为追逐新奇的请求，导致针对政府机构提起的诉讼泛滥的情况。

针对法律是否清晰确认的问题，法院指出，本案争议事实发生在2002 年，"同意转移"规则已被下级法院接受。该规则在 20 世纪 80 年代也被三个联邦上诉法院和两个州最高法院参考。而且，第七巡回法院已同意将该规则适用于涉及私人作为线人的一致同意进入的案件。第六巡回法院也有相同的认识。没有上诉法院做出相反的判决。本案的官员有权依赖于这些案件，尽管他们自己所在的联邦巡回法院没有基于"同意转移"规则做出过判决。当官员合理的相信其行为符合法律时，有限豁免的原则保护官员免于私人责任。警察有权依赖于下级法院的案例，无须因其行为承担私人责任。本案中，关于"同意转移"规则观点的分歧是由上诉法

---

① 129 S. Ct. 808, 818 – 821 (2009).

院创建的，让请求人对其行为承担损害赔偿责任是不恰当的。①

通过赋予下级法院可以首先审查明确确认的权利问题，Pearson 案使得地区法院在诉讼的早期阶段解决有限豁免问题上可以更容易和更迅速有效，符合豁免核心保护的属性。这样就可以避免投入大量的司法资源调查违宪行为是否存在的事实指控问题，地区法院也可以直接启动明确确认的法律的分析。即使解决法律何时明确确认的问题仍然具有挑战性，分析是否官员的行为损害了明确确认的法律需要更少的事实分析和更多的法律原则的适用，使得这些问题更容易在驳回动议和简易审判阶段得到解决。②

2011 年 10 月，联邦最高法院在四起重大案件中全部推翻了上诉法院之前拒绝给予有限豁免的判决，标志着有限豁免之保护对执行政府工作的人员的广泛和慷慨的应用。此外，最高法院还驳回了 37 起与有限豁免有关的调卷令申请，搁置了 28 起上诉法院授予有限豁免的案件。③ 这充分体现了司法对有限豁免扩大应用的支持倾向，事实上加强了对政府职员履行职责的保障。但是，反之，这也意味着相对人获得救济的机会进一步减少，如何平衡二者的利益是有限豁免制度未来发展的基本考量。

第二节　有限豁免的认定

一　如何界定明确确认的权利存在？

如前所述，有限豁免的一个要件是是否侵犯了宪法权利，绝大多数有限豁免案件中并不依赖于该要件。因为，如果原告的诉请不能提出一个请求，或者简易审判的证据不能引发关于违宪行为是否发生的事实问题，就会驳回原告的诉请，而与豁免权无关。相反，有限豁免的实质仍然是关于"明确确认"的标准，即违宪行为是否违反了明确规定的法律？或者，原

---

① 129 S. Ct. 808, 821 – 823 (2009).

② Willliam S. Helfand & Ryan Cantrell, "Individual Governmental Immunities in Federal Court: The Supreme Court Strengthens an Already Potent Defense", *The Advoc.* (*Texas*), Vol. 47 (2009), p. 28.

③ Susan Bendlin, "Qualified Immunity: Protecting 'All But the Plainly Incompetent' (And Maybe Some of Them, too)", *J. Marshall L. Rev.*, Vol. 45 (Summer 2012), p. 1023.

告能证明没有任何理性的官员能合理的相信被指控的行为是合法的吗?①
因此，什么是"明确确认"的法律是有限豁免构成中最重要和最具决定
性的问题。如果没有某些司法解释，宪法修正案不构成"明确确认"的
法律，"明确确认"的审查必须基于案件的特定背景进行，不能作为一项
一般意义上的命题。同时，早期的案件可能确认一项权利，即便该案的事
实与目前正在处理的案件的争议不存在"实质上相似性"。②

　　Harlow 案确定的"明确确认"标准如何界定，引发诸多争议，至今
仍无定论。第一，原告声称被告侵犯的权利是一般性的还是特定性的? 例
如，政府官员在大多数情形下不能使用致命性武器是否被"明确确认"，
或相反，不允许被告采取特殊的方式使用致命性武器是否已"明确确
认"? 第二，法院识别权利的清晰度应以哪些法律作为基础? 第三，如果
法院就争议事项做出了相互冲突的判决，权利被明确确认是否可能? 第
四，如何确定权利何时被明确确认呢?

　　1. 权利的特定性

　　原告主张的"明确确认"的权利如何特定? 在 Anderson v. Creighton③
案中，法院做出了解答。该案是针对警察违反第四修正案的民事诉讼。因
为错误地认为银行抢劫犯在里面，警察在没有许可的情形下搜查了原告的
房间。法院认为，问题的关键不在于法律是否就"在缺乏合理根据和紧
急情况下，无证搜查不合法"做出非常清晰的规定。相反，问题在于被
告基于当时已知的事实是否能够相信存在合理的根据和紧急情况。法院认
为首要的关切不是官员是否知道法律，而是官员是否知道他正在做的事情
违反了法律。在 Hope v. Pelzer④ 案中，Hope 在骄阳下被铐在监狱的拴马
桩上数小时。第十一巡回法院赋予被告有限豁免，因为之前不存在认为
"实质性相同"的事实等同于残忍和不寻常的惩罚的判决。联邦最高法院
撤销判决，认为问题在于这些官员是否得到关于他们的行为违反第八修正

---

　　① William S. Helfand & Ryan Cantrell, "Individual Governmental Immunities in Federal Court: The Supreme Court Strengthens an Already Potent Defense", *The Advoc.* (*Texas*), Vol. 47 (2009), p. 26.

　　② Alexander A, Reinert, "Does Qualified Immunity Matter?", *U. St. Thomas L. J.*, Vol. 8 (Spring 2011), p. 483.

　　③ 483 U. S. 635.

　　④ 536 U. S. 730 (2002).

案的"合理警告"（fair warning）。反对意见认为法院应当特别关注是否之前的判决认定使用拴马桩的行为违反了第八修正案。在 Brosseau v. Haugen① 案中，原告驾驶吉普车逃脱追捕时，遭到被告警察开枪击中背部，本案涉及警察是否侵犯原告的宪法第四修正案的权利。联邦最高法院的先例明确禁止使用致命性武器，除非具有合理的根据相信嫌疑人威胁到了该官员本人或其他人的人身安全。但是，法院认为该先例并不足以证实原告声称的权利明确确认。相反，问题在于在特定的事实环境下，该官员是否应当知道对原告的射击侵犯了第四修正案的权利。因为未发现适用于本案的过度使用武力的先例，法院驳回了诉讼。法院特别强调，第四修正案过度使用武力的案件是强烈的事实问题，当官员的行为横跨位于过度和可接受的武力之间的模糊界限时，该官员享有有限豁免。反对意见认为过度使用武力的案件是特殊的事实问题，应由陪审团而不是法官来处理这些事实。当被告提出有限豁免的抗辩后，问题就变成法律是否是清晰的，而不是法院之前对与被告事实上类似的行为是否不予支持的问题。在缺少先例的情形下，有法院认为，一项权利如果满足了以下条件，就可以视为"明确确认"了：（1）法律规定具有合理的清晰性；（2）联邦最高法院或有控制力的巡回法院认可了该权利；（3）一个理性的被告会相信其行为是非法的。

2. 法律的渊源

哪些法律可以作为明确确认的权利基础？Harlow 案并未对此予以明确，至今最高法院也未确定。相反，最高法院采取了一种"以身作则"（lead by example）的路径，即其不规律地转向于不同的法律渊源，让下级法院决定这些渊源是否适合于他们审理的案件。对 Harlow 案后的判决予以简要的回顾就能解释这一点。

在 Wilson v. Layne② 案中，联邦最高法院首先要解决：警察带领记者进入私人处所是否是违宪的？法院一致认为，即便警察的进入获得授权，但其带领记者进入私人家庭的行为违反了第四修正案，因为第三人的出现并不是为了执行逮捕许可。尽管发现违宪行为的存在，法院却认定在事件发生当时法律并未清晰规定以至于一个理性的官员会知道该行为违反了第

① 543 U. S. 194（2004）.

② 526 U. S. 603（1999）.

四修正案。法院将该问题设计为是否一个理性的官员基于明确确认的法律和官员拥有的信息，会相信在执行逮捕令带领记者进入家庭是合法的客观问题。法院认为第四修正案一般原则并不是清晰确定的适用于本案的官员行为。而且，请求人也没有提交任何明确确认了他寻求依赖的规则的权威案件提请法院注意，也没有证实存在有说服力的一致性案例说明一个理性的官员不可能相信该行为是合法的。因此，在缺少相关的最高院判决、权威的巡回法院判决或来自其他巡回法院的有说服力的一致性权威意见的情形下，法院认为法律并未明确的规定，以至于一个合理的官员能够相信与记者一同进入房子违反了第四修正案。① 根据该案，似乎法院在面对有限豁免时将会采取两分法的分析思路：首先，宪法原则确立了该权利吗？其次，管辖区内的权威机构或其他有说服力的权威机构清晰的确立了该权利吗？但此后法院并未遵循该测试标准。如上所述，权利的明确是强烈的事实问题，并不能通过诉诸一般的宪法原则来实现。而且，法院自身也参考了大量的司法先例和权威案件背后的法律。在 Hope 案中，法院通过求助司法先例、亚拉巴马州管教部规章以及司法部关于将罪犯拴在拴马桩上的违宪性的报告，认定存在明确确认的第八修正案权利。在 Brosseau 案中，法院认为众多巡回法院的案例不能确立违宪行为的存在。在 Pearson v. Callahan 案中，法院在求助支持该行为的三个其他上诉法院的判决和两个州最高法院的判决后，认为在"一旦同意就转移"的搜查和扣押理论中，不存在清晰的宪法缺陷。

　　法院之间缺乏连贯性的做法导致各巡回法院在面对有限豁免问题时采取自己的方案。不是关于明确确认因素的每个判决都是案件数数游戏（case - counting game），巡回法院在使用文字描述需要的法律渊源时显现了某些不一致性。但是当他们必须数数时，绝大多数巡回法院的做法是相当有弹性的，如果没有与此有关的最高法院或巡回法院的判决，它们会求助于其他案例法。尽管第六和华盛顿特区巡回法院的标准更严格，当其管辖区内没有可用的案例时，它们也会参照其他法院的案例法。第四巡回法院通常只求助于联邦最高法院、巡回法院和案件发生地的州最高法院的先例。第二巡回法院有时用文字表明拒绝参照本法院之外的判例，但并不绝

① Karen Blum, Erwin Chemerinsky, Martin A. Schwartz, "Qualified Immunity Development: Not Much Hope Left for Plaintiffs", *Touro L. Rev.*, Vol. 29 (2013), pp. 651 - 652.

对。第十一巡回法院很少拒绝参照辖区外的判例。

3. 当法律之间产生冲突时

当法院面对相互冲突的法律渊源时，能认为一项权利已经清晰的确定了吗？答案或许是否。如果没有法院据此判决或如果法院对此产生不同的解释，一部法律是否清晰呢？Pearson 案认为其他三个巡回法院和两个州法院关于"同意转移"规则合宪的判决缺少明确性。在 Safford United School District No. 1 v. Redding① 案中，因怀疑学生散发布洛芬——一种非处方止疼药，学校管理人员对学生脱光搜身，因而被诉声称侵犯了第四修正案的权利。法院关注"无法容忍的行为"原则：因为臭名昭著的违宪是极少的，因而它们很少在司法先例中被定罪。但是，其违宪性不言而喻。之前有两个巡回法院认为第四修正案允许脱光搜身，法院对相冲突的判决损害法律明确性的程度不予理会，指出只要最高法院清晰的阐释了，下级法院的不同观点是无关紧要的。②

4. 如何判断权利何时确立

有限豁免的客观标准要求依据"明确确认的法律"评估官员的行为，一个理性的官员应当在被指控的行为发生时知道该法律确认的权利的存在。在决定法律是否明确确认时，法院需要判断是否该权利足够清晰以至于一个理性的个人能够理解他正在做的事情侵犯了该权利。除非原告能证明没有任何处于相同环境下的人能够相信其行为是合法的，否则，被告被赋予有限豁免的保护。第五巡回法院指出，不合法性必须直接从处于极端

---

① 本案于 2003 年 10 月发生在亚利桑那州的 Safford 镇。由于早先有人向副校长 Wilson 检举，他在 13 岁的女生 Savana Redding 的同学 Marissa Glines 身上发现了一些镇痛药和剃须刀；迫于压力，Glines 告诉 Wilson 说这些东西来自 Redding。翌日，Redding 被传唤到副校长办公室，Wilson 告诉她，说有人报告说她向同学销售药丸，并且出示了他从 Glines 缴获的放有违禁药品（contraband）的文具盒。Redding 承认文具盒是自己借给 Glines 的，但对于那些药品一无所知，并同意他检查自己的背包。经检查后一无所获后，Wilson 让他的行政助手 Romero 带 Redding 到学校护理室进行检查。Romero 与护理人员在对她的外套进行检查后，又让她脱下胸罩和内裤进行检查，这使她的乳房和髋部暴露在外，但仍一无所获。之后 Redding 的母亲根据 1984 年的一个法案提起了诉讼，请求法院判决这一搜查行为违反了宪法第四修正案。见柳建龙：《2009 年美国宪法学研究综述》，2014 年 8 月 31 日，http：//www. calaw. cn/article/default. asp? id = 8884（中国宪政网）。

② John C. Williams, "Qualifying Qualified Immunity", *Vand. L. Rev.*, Vol. 65（May 2012），pp. 1304 – 1314.

相似情形下的相关判例中显现出来。

那么，如何判断一部法律"明确确认"了权利？在 McClendon v. City of Columbia① 案中，第五巡回法院指出，如果最高法院或第五巡回法院已就某个问题做了判决，就可认为法律已明确确认了，即使在不同巡回法院之间仍然存在争议。在 Brady v. Fort Bend County② 案中，第五巡回法院并不允许参照其他巡回法院的观点去判断是否"明确确认"的问题。如果通过检视最高法院的判决和本院的判决，发现法律明确确认了，那么我们的调查就到此为止。在 Breen v. Texas A&M University③ 案中，法院认为，在判断一项权利是否明确确认时，我们不限于最高院或本院的先例。一项权利可以通过有约束力的案例或者基于其他管辖区一致性的权威案例被明确确认。这么做事实上是很危险的，尤其是对于不发达的州，因为在官员行为当时，他将无法判断巡回法院是否会视他们的行为不合法或违反了某些宽泛限制的或未限定的明确建立的法律。

在 Pearson 案中，联邦最高法院认为，官员有权依赖第六、第七和第九巡回法院的判决（这些判决都确认了同意转移的规则），以支持其豁免权的主张，即使他们自己的巡回法院（第十巡回法院）并未明确采取该规则。尽管 Pearson 案确认了官员的有限豁免权，但也导致无意识的后果，即官员有义务了解其他管辖区的司法判决，这些判决是否形成一致意见。该判决还引发了许多问题，例如多少判决构成巡回法院的一致性？鉴于 Pearson 案为寻求一致性参照了威斯康星州和新泽西州的判决，州法在其中扮演什么角色？判决之间达到何种程度的相似才能创建一致性？未来关于一致性的争论还会持续，除非最高法院另行给出指导意见。

总之，上述案件说明关于明确确认的标准呈现出多样性。第一，这些案件表明，在决定是否明确确立时，地区法院和审查法院可以参照最高法院和本巡回法院之外的判例。这给原告提供了机会，可以通过寻求其他辖区的判例以证实某权利已被明确确认。第二，这些判决暗示采取两分法的步骤审查是否权利被明确确认了。法院首先判断是否存在相同的诉因，其次以事件发生时一个理性官员的认识的特定背景，检视官员的行为，尤其

---

① 305 F. 3d 314, 329 (5th Cir. 2002).

② 58 F. 3d 173, 175 (5th Cir. 1995).

③ 485 F. 3d 325, 339 (5th Cir. 2007).

是基于一个理性官员对事实和特定争议的认识，判断该官员是否具有其行为不合法的合理的警示。例如，依据第四修正案，官员在实施抓捕时，不能过度使用武力，这是明确确认的。但是，在特定背景下使用特定的武力可能不是明确确认的。就像最高法院在 Brousseau v. Haugen① 指出的：毫无疑问，Graham v. Connor 案明确一般性命题，即如果依据客观的合理性标准构成过度使用武力的话，是与第四修正案相悖的。然而该命题并不充分。相反，正如我们在 Anderson v. Creighton 案强调的那样，声称被侵犯的官员的权利必须在特别的和更贴切的意义上被更明确地确认。权利的轮廓必须足够清晰以至于一个理性的官员将会理解他正在做的事情侵犯了该权利。官员可能正确意识到所有相关事实，但可能对基于那些情形特定的武力是否是正当的产生错误的理解。如果官员关于法律求的理解错误是合理的，他就享有豁免抗辩。如果法律没有让官员注意到其特定的行为是明显不合法的，基于有限豁免的驳回是恰当的。②

"明确确认"的标准是有限豁免的核心问题，上述问题的争论说明了该标准判断的复杂性。实践中每个案件的特殊性及美国判例法的特点决定了该标准是难以"明确确认"的，只能基于实践和判例推动而不断完善和发展。

二　后 Pearson 时代的有限豁免问题

Pearson 案件后，由于不再遵循两步走的强制次序，总体上出现了对宪法权利问题的回避倾向，具体体现在：

1. 联邦最高法院回避宪法权利问题

最近的两个案例反映了最高法院试图绕开有限豁免的宪法权利问题的倾向。在 Messerschmidt v. Millender③ 案中，为寻找武器和帮派会员标记而签发了搜查某个住宅的许可令，问题就是针对该搜查和令状的合宪性。尽管搜查的理由像是一个家庭纠纷（一个男青年在与其女友争论升级后开枪），警察仍视为其与帮派有关。此外，尽管纠纷中使用的是特定的枪

---

① 　543 U. S. 194, 125 S. Ct. 596 (2004).

② 　Willliam S. Helfand & Ryan Cantrell, "Individual Governmental Immunities in Federal Court: The Supreme Court Strengthens an Already Potent Defense", *The Advoc.* (*Texas*), Vol. 47, (2009), pp. 26 – 28.

③ 　132 S. Ct. 1235 (2012).

支，但搜查令授权警察搜查房间内的所有武器和与帮派有关的用品。最高法院认为基于第四修正案签发的搜查令的有效性没有争议，相反，问题是即便搜查令不应当签发，警察是否还享有豁免权？本案中，法院注意到警察的行为在许多方面都是适当的。他们寻求从高级副地区检察官那里获得搜查令申请的批准，并在法官面前拿到搜查令。尽管搜查令签发的事实本身不能提供有限豁免，本案的确表明搜查令在支持有限豁免请求方面的确发挥了重要作用，与法院决定原告的宪法权利是否被侵犯无关。虽然对基于本案特定的事实是否存在合理的根据支持搜查令范围的法理问题避而不谈，法院仍然认为警察的合理行为对于支持有限豁免的认定大有益处。在Reichle v. Howards① 案中，法院再次直接处理第二个要件。时任副总统切尼在科罗拉多州的大型购物中心公开露面时，Howards（霍华德）因为过于靠近被捕。霍华德批评切尼的政策，触摸切尼的肩膀，然后走开，随后被特工讯问。当他错误地否认曾接触副总统时，其被逮捕。他起诉特工官员侵犯了其第四和第一修正案的权利，声称其被捕是对其发表的批评言论的报复。最终，法院认定因为其对联邦官员进行了重大虚假陈述，逮捕他有合理的根据，因此不存在第四修正案的违反问题，霍华德对此没有质疑。被告寻求对与第一修正案有关的驳回有限豁免的决定进行审查。第十巡回法院认为霍华德提出了关于其是否基于不被许可的目的而被捕的重大事实争议，如果该事实成立，第十巡回法院之前已清晰的确认，即使存在合理的根据，报复性逮捕也是不合法的。最高法院基于两个原因签发调卷令：（1）尽管有支持逮捕的合理根据，第一修正案的报复性逮捕请求是否存在？（2）是否在霍华德被捕当时已有明确确认的法律这么规定？法院未处理第一个问题，而是认为因为针对第一修正案的报复性逮捕请求并没有明确确认，本案的逮捕存在合理的根据，因此官员被授予有限豁免权。

2. 下级法院对宪法问题的回避

Pearson 案关于宪法权利发展和澄清的负面效果在下级法院表现得也很明显，许多法院刻意回避宪法问题。例如，在 Doninger v. Niehoff② 案中，第二巡回法院对于是否侵犯学生第一修正案的言论自由的权利拒绝发

---

① 132 S. Ct. 2088（2012）.

② 642 F. 3d 334（2d Cir. 2011）.

表意见。本案中，原告被禁止竞选高级班级秘书，作为对其在网络上发布关于可能取消的学生运动项目和校长参与该计划的帖子的回应。法院认为没有必要决定学校官员是否侵犯原告宪法权利的问题，因为第一修正案的权利在当时并未被明确确认。第六巡回法院在 Embody v. Ward① 一案中，对于第二修正案是否规定了在州公园内持枪的权利未做表态。鉴于这样的权利并未在被捕当时明确确认，因此官员享有有限豁免权。在 Hagans v. Franklin County Sherriff② 一案中，原告拒捕时遭到电击枪的反复电击，法院回避了被告的做法是否违反了第四修正案的问题。法院认为，调整针对拒捕的嫌疑人使用电击枪的法律并未明确制定，官员因此享有有限豁免权。

当上诉法院处理宪法问题并宣布宪法权利被侵犯，但被告仍因有限豁免的抗辩胜诉时，就会出现有趣的问题。被告能否向最高法院就宪法问题要求审查？当被告的行为被认定为违宪并不承担责任后，未来基于类似情形产生的行为将受到新宣布的宪法标准的约束，有限豁免将不予提供。例如在上述 Mattos v. Agarano 案中，法院已经宣布电击枪的使用违宪，尽管该案的官员因有限豁免免于承担责任，但此后至少该辖区内的官员如果再以该案的方式使用电击枪，就属于违反了明确确认的法律，不会受到有限豁免的保护了。联邦最高法院在 Camreta v. Greene③ 案中对此给出了指导意见。该案中，一个警察和社会工作者将一个孩子带离教室以对涉嫌的家庭虐待问题进行调查。问题在于是否对孩子的控制和询问需要第四修正案的许可令，或者是否因学校环境应有适用的例外？第九巡回法院认为第四修正案的正常适用要求将孩子带离教室和询问的许可，然而因为相关法律并未明确规定，警察和社会工作者仍享有有限豁免权。尽管被告胜诉，但仍就在这种情形下需要许可令的判决内容向最高法院寻求司法审查。最高法院认为，尽管申请人是在下级法院获胜的一方，它也会在极少情况下授予调卷令。但是，法院强调只有最高法院才能受理这些请求。巡回法院不必对在地区法院获胜的被告的类似请求进行审查，即使这些判决在宪法问题的认定上是错误的，因为地区法院的判决不执行与上诉法院相同的程序

---

① 695 F. 3d 577（6th Cir. 2012）.

② 695 F. 3d 505（6th Cir. 2012）.

③ 131 S. Ct. 2020（2011）.

要求，因此不能用来确定明确存在的法律。因此，尽管法院可以经常回避宪法问题，律师应当注意到巡回法院关于宪法问题的判决构成先例，即使有限豁免最终授予。在 Camreta 案中，最高院表达了对宪法问题进行审查的意愿。①

事实上，由于许多法院回避了宪法问题，导致有限豁免的判断标准集中于权利是否"明确确认"的问题：（1）基于最高院或其他权威案例，在行为当时法律明确确认了权利了吗？（2）基于当时的情形，一个理性的称职的人应当知道其行为不合法吗？Pearson 案本来是为了解决有限豁免判断标准两步走的强制次序问题，虽然克服了强制次序的弊端，却带来了宪法回避的新课题。对于广大行政职员而言，宪法回避导致他们不能确定其行为的合宪性，这将影响其未来采取类似行为的决心和信心，进而损害行政效率。鉴于宪法权利在美国社会中的极端重要性，未来不可能放任宪法回避现象的进一步发展。宪法回避的解决必然又会促使有限豁免判断标准的进一步调整和完善。

第三节　检察官的有限豁免

如前所述，检察官只有在执行司法职能时，才享有绝对豁免权，在从事调查、行政管理等职责时，只可能享有行政人员的有限豁免权。在判断检察官的有限豁免权时，也要遵循前文行政人员豁免权的判定标准，即检察官的行为是否侵犯了原告的宪法权利，该权利是否在检察官作出行为当时已被法律明确确认，一个理性的人是否应当知道该权利的存在。

由于实践中行政管理、调查与司法职能的界限有时不易区分，导致不同的案例可能出现不同的结果，损害了检察豁免的立法目的。例如前文的 Van de Kamp 案就引发了广泛的关注。最高法院认为本案中的培训、监督和信息系统管理是行政职能，但是其与审判行为直接相关，因此享有绝对豁免权。该判决偏离了 Imbler 案的基本原理，引发了诸多批评。法院废除了 Imbler 案划定的在辩护行为和行政行为之间的界限。它认为该行为

---

① Karen Blum, Erwin Chemerinsky, Martin A. Schwartz, "Qualified Immunity Development: Not Much Hope Left for Plaintiffs", *Touro L. Rev.*, Vol. 29（2013）, pp. 642–651.

本质上的行政属性不能解决绝对豁免问题。相反，法院区分了两种类型的行政决定：行政义务，例如雇佣和工作场所的安全，以及直接与审判相关的行政关系。法院认为绝对豁免禁止 Goldstein 的请求，因为与其他与行政决定有关的请求不同，一个检察官在原告特定刑事审判中的错误构成原告请求的必要因素。而且法院指出，该案涉及行为必然要求法律知识和相关的自由裁量权的行使。法院认为之所以禁止 Goldstein 针对地区检察官的请求，是因为其权利是在审判阶段被侵犯的，也就是说该行为具有了司法属性。但是，如果地区检察官不承担责任，是因为该请求涉及 Giglio 违反发生在特定审判阶段①，我们必须要问原告针对检察官在调查阶段伪造证据提起诉讼会是什么结果呢？任何与伪造证据有关的请求必然包括在法庭上使用该证据，应当按照 Buckley 案的思路授予有限豁免权。Van de Kamp 案说明法官或陪审团对检察官行为的事后审查的根深蒂固的不信任。传统的法律解释要求法院考虑被解释的法律的目的，但本案法律没有提及 1983 节的任何目的，相反特别关注于保护检察官独立决策的需要。②

　　该案的判决还可能加大道德风险。检察官的不当行为导致众多个人被错误指控，在有些案件里还被错误定罪。如果检察官调查性和行政性的行为都纳入绝对豁免的范畴中，代价将是高昂的，最终将损害司法制度的诚信，导致人们对司法制度的不信任。不当行为还会损害公共利益，因为在无辜的人被错误定罪的背后，必然意味着真正的罪犯逍遥法外，他们仍有可能继续实施新的犯罪行为。在绝大多数案件中，州或地方政府的首席检察官是选举出来的官员。在选举期间，候选人经常宣传他们的定罪率并承诺严厉打击犯罪。尽管助理检察官不需要选举，他们也对高定罪率有着既定的利益。定罪率是评估检察官的工具，检察官可以使用定罪率获得检察院内外的职位。而且 24 小时新闻的循环播放，地方和国家媒体对犯罪的关注度，都给检察官提起指控和寻求定罪施加了压力。检察官不仅具有实质性的外部因素估计采取冒险方式获得有罪判决，他们的心态也会鼓励他们去冒险。此外，通常检察官都相信他们指控的人都有罪。几乎不变的

---

①　Giglio v. United States，405 U. S. 150，155（1972），该判决认定，未能披露对证人的许诺，侵犯了被告的正当程序权利。

②　Karen McDonald Henning，"The Failed Legacy of Absolute Immunity under IMBER：Providing a Compromise Approach to Claims of Prosecutorial Misconduct"，*Gonz. L. Rev.*，Vol. 48（2012–2013），pp. 248–249.

是，检察官总是与警察密切工作在一起，因此也容易相信警察已正确的证实了犯罪嫌疑人。最后，因为检察官依赖警察获得有罪判决，对警察的事件说法进行质疑不符合检察官的职业利益。

法院限制被告权利的做法还在检察官获得有罪判决和其职业责任之间制造了张力。例如 Brady 案要求检察官审查警察提交的文件并将所有重要的和无罪的信息都提供给被告。但该基本的责任与检查官的心态和检察官作为辩护人的身份相悖，鉴于检察官面临的压力，他们可能故意冒险决定不披露上述任何证据。此外，检察官也可能没有认识到无罪的信息或者认为这些信息无足轻重而搁置起来。这些都将是导致错误定罪的重要原因。[①]

Breyer 法官曾指出，"豁免不是为了在简单的案件中帮助检察官而存在，其存在是为了简单的案件随后带来的困难案件"。[②] 法官所说的困难案件可能是在拐弯抹角的呼吁检察官的责任适用有限豁免。检察官按照美国政府机构的划分，属于行政分支，而不是司法分支，因此，原则上应当适用行政人员的有限豁免。但是，由于历史上法院的论述将检察官等同于司法体系内的人员，且法院担心检察官受到刑事案件引发的诉讼的影响，因此，有限豁免的适用不可能容易转向，需要从理论上和实践上充分证成。

检察官与法官虽然都受制于司法程序，但二者的角色、职责有着较大的不同。司法制度假定法官和陪审团成员都是无私的，对某个程序的结果也是不关心的。比较而言，检察官受到道德规则的约束以确保公正的执法。检察官并不是无私的，他们是为政府辩护，当然希望政府能赢。将检察官等同于法官和陪审团成员显然忽视了这个重要的区别。而且，证人在法庭要接受交叉询问，给被告揭露证人偏见的机会。当时，检察官并不受制于交叉询问，因此其偏见很难被发现。正如怀特法官指出的，检察官的不当行为，例如扣留无罪证据，的确是很难通过刑事程序纠正的，因为该证据对被告来说是隐藏的。

不仅法院将检察官等同于法官和陪审员使得改变该规则产生抵抗力，

---

① Karen McDonald Henning, "The Failed Legacy of Absolute Immunity under IMBER: Providing a Compromise Approach to Claims of Prosecutorial Misconduct", *Gonz. L. Rev.*, Vol. 48 (2012 – 2013), pp. 250 – 254.

② Van De Kamp v. Goldstein, 555 U. S. 335, 349 (2009).

而且法院担心检察官因由成功驳回刑事指控的人提起的诉讼泛滥导致的恐惧也会产生抵抗力。现行司法体制接受这样的事实，即某些个人将遭受刑事司法程序的不幸。事实上，提起指控的标准（确定的诉因）和定罪的标准（合理的怀疑）已意味着某些被指控的人最终可能被宣布无罪，被证实是无辜的。在这种情形下，刑事案件的嫌疑人仍然遭受了重大损失，他们必然希望将其归咎于检察官要求赔偿。

这些潜在的原告有动力指责提起刑事指控的人，这正是法院忧虑之处。即便有限豁免发生了巨大的变化，法院仍不愿意将检察官视为其他政府官员。现在仍有相当数量的诉讼牵涉官员的有限豁免问题，如果允许对检察官提起诉讼，则将检察官包括在该类型的诉讼中。在确信法院能控制检察官被卷入诉讼前，法院似乎不愿意允许这种局面发生。为了减少法院的担心，检察官置于诉讼的可能性需要高于有限豁免的标准限制。[1]

2012 年，第七巡回法院判决的两个案件 Fields v. Wharrie[2] 以及 Whitlock v. Brueggemann[3] 跨越了传统的绝对和相对豁免的界限（即司法职能标准），引发了广泛的关注。

1986 年，Nathson Fields 被判两项谋杀罪。Fields 声称检察官提交了虚假的证据并用于法庭审理。2009 年举行了新的审判，陪审团宣布他无罪。此后，他对州检察官提起了 1983 节的诉讼，理由是检察官扣留无罪证据和胁迫证人提供虚假证据。法院审理后认为助理检察官对于在首次审判前和重审中使用伪造的证据，以及扣留无罪证据享有绝对豁免权，因为该行为最终与刑事程序的司法阶段紧密相连，检察官是在其检察职责范围内行事。法院认为，如果 Wharrie（华瑞）只是作为调查人员获得虚假的证据，然后把他交给一个助理检察官，该助理检察官没有注意到证据的性质，且该证据的使用导致错误的判决，那么华瑞可能承担责任。但是，如果在这个例子中，助理检察官知道华瑞提交的证据的虚假属性，并决定使用它，华瑞可能不承担责任。运用近因原则，如果检察官注意到证据的性质并仍然决定使用该证据，事实上创造了介入因素，这样就分割了调查人

---

① Karen McDonald Henning, "The Failed Legacy of Absolute Immunity under IMBER: Providing a Compromise Approach to Claims of Prosecutorial Misconduct", *Gonz. L. Rev.*, Vol. 48 (2012 – 2013), pp. 261 – 264.

② 672 F. 3d 505 (7th Cir. 2012).

③ 682 F. 3d 567 (7th Cir. 2012).

员的责任。这就是所谓的检察官漏洞：第一个人（或者是警察，或者是另一个检察官）可能会因故意提供虚假证据或扣押无罪证据承担责任，但当出庭检察官既是调查人员又是检察官时，他们可以故意在审判阶段制造宪法违反，并绝对豁免。

1987 年，Herbert Whitlock 因被指控在巴黎谋杀一个女人而定罪。他在监狱服刑了 21 年，2008 年原判决被州上诉法院推翻，他无罪释放。随后，Whitlock 对州检察官提起了 1983 节诉讼，理由是检察官伪造证据。法院认为，伪造证据以寻求获得错误的有罪判决是宪法侵权的近因，因此不受豁免权保护。尽管证据直到检察官通常享有绝对豁免的审判阶段才使用。

同一法院对待类似案件却出现了截然相反的判决，这也再次说明了在认定检察豁免范围上的困惑。在 McGhee v. Pottawattamie County① 案中，两个男人，McGhee 和 Harrington，被以谋杀罪定罪，25 年后，该判决被撤销。McGhee 和 Harrington 针对检察官提起了 1983 节诉讼，基于他们使用伪证的和伪造的证据，以及扣留无罪证据。郡检察官深度参与了调查，一个检察官参与了证人问询和劝诱犯罪现场附近的邻居。区法院拒绝了州检察官提出的绝对豁免和相对豁免的主张，认为如果让伪造证据并将该证据递交给未加怀疑的检察官的人承担责任，但却免除一个积极参与了剥夺他人自由的计划的作恶者的责任，这是有悖常理的侵权法和宪法原则。第八巡回法院维持了一审判决。后最高院赋予了调卷令，但因双方达成和解驳回了案件。前述 Whitlock v. Brueggemann 案最高院拒绝给予调卷令，这是否说明最高院的态度有变呢？

在 Whitlock 案中，法院堵住了所谓的检察官漏洞。法院运用 Buckley v. Fitzsimmons 的功能性标准，认为检察官对于在逮捕许可之前实施的行为只有有限豁免权。在适用有限豁免时，法院首先审查了是否有侵犯宪法权利的事实发生。法院认为，制造虚假证据以获得有罪判决是明显的违宪行为。然后法院对 Fields 案创造的漏洞进行了抨击，"认定警察对伪造证据承担责任，但却认为检察官对基于相同职责实施的相同行为没有违法，这是不协调的"。法院认为伪造剥夺他人自由的证据是违宪的近因，对于

---

① 547 F. 3d 922 (8th Cir. 2008) [cert granted, Pottawattamie Cnty v. McGhee, 556 U. S. 1181 (2009)].

调查行为，无论是由警察还是由检察官执行，都没有普通法的豁免传统。基于此，法院拒绝检察官漏洞，并指出不存在能够打断作为调查人员因虚构证据而违宪的链条的后发原因。McFatridge 是据称伪造证据的官员之一，其自己的行为不能作为足以挫败因果关系认定的介入因素。法院承认在一般情形下，如果检察官知道证据的性质但仍然决定使用它，这可以视为"代替的或事后的违法原因"。Whitlock 的判决认定检察官对于他在履行司法职责之前违反正当程序的行为承担责任，这与警察豁免的标准一致。

　　鉴于在检察官豁免问题上，尤其是在 Brady 违反问题上的矛盾，有学者建议在有限豁免问题上重新考虑植入过错因素。在 Harlow v. Fitzgerald 前，有限豁免包含主观因素，即检察官需恶意的剥夺他人宪法权利。通过应用恶意的标准，有限豁免原则将使得 Whitlock 难以逃脱责任，因为很难说一个检察官故意制作虚假证据然后提交审判并使某人以谋杀罪定罪是没有恶意的。恶意的时间判断以制作虚假证据时为准，而无须考虑受害人宪法权利实际受到侵害的时间，因为检察官在绝对豁免可能发生的阶段前就失去了有限豁免的保护。当然，这可能引发关于诉讼效率的关切，但是如果该标准提高了对检察官不当行为的惩罚，就可以阻止和预防大量的检察官不当行为的发生，维护被害人的合法权益，维护司法程序的公正信心。[1]

　　由于在检察官的有限豁免与绝对豁免之间很难划出一条清晰的界限，导致产生了众多相互矛盾的判决。近期联邦最高法院对于 Pottawattamie County v. McGhee[2] 和 Ashcroft v. al－Kidd[3] 两个涉及检察官豁免的案件签发了调卷令，这两个案件都显现了目前检察官豁免原则适用上的冲突和复杂性。在 Pottawattamie County v. McGhee 案中，涉及的问题是检察官在获得合理根据前制造虚假证据是否违反了正当程序？如果是，当检察官在随后的庭审中使用了该证据，应适用何种豁免形式？该案的事实是 Curtis W. McGhee 和 Terry Harrington 被指控谋杀某从事安保工作的退休警官。检察官通过提供伪证的证据、伪造虚假证据以及未披露无罪证据的方式获得

---

　　[1]　Nicholas R. Battey, "A Chink in the Armor? The Prosecutorial Immunity Split in the Seventh Circuit in Light of Whitlock", *U. Ill. L. Rev.* (2014), pp. 566－568, 570－571, 572－574, 593.

　　[2]　130 S. Ct. 1047 (2010).

　　[3]　131 S. Ct. 2074 (2011).

了有罪判决。McGhee 两人被判处终身监禁。2002 年，在服刑 24 年以后，爱荷华州最高法院撤销了对他们的判决。McGhee 二人对该检察官、调查人员以及他们所在的县政府提起民权诉讼。被告认为，他们在审判阶段使用证据的行为是在履行辩护职能，因此享有绝对豁免。第八巡回法院认为，无论是检察官还是警官所为，获取或伪造虚假证据都是违宪行为。让伪造证据并提供给对此未产生怀疑的检察官的人承担责任，但却令参与剥夺他人自由的作恶者无罪，这是有悖常理的侵权和宪法原则。最终，法院判定，当检察官实施了既包括伪造虚假证据也包含在庭审中使用该证据的不当行为时，豁免就不应对此提供保护了。第八巡回法院自身也承认，该判决与第二巡回法院的判决一致，但与第七巡回法院的判决存在冲突。该案件最终以和解（对受害人赔偿 1200 万美元）结案，因此，这种冲突的局面仍未解决。Ashcroft v. al‐Kidd 案涉及的问题是：当司法部长 Ashcroft（阿什克罗夫特）为调查目的使用一份重要证人的如期出庭令（material witness warrant）拘留一位被怀疑实施恐怖行为的人时，其是否有权获得绝对或有限豁免。本案的基本事实是：原告 al‐Kidd（基德）1972 年出生在堪萨斯，其父母、兄弟姐妹以及两个孩子都是在本地出生的美国公民。上大学时，他皈依伊斯兰教并将名字从 Lavoni T. Kidd 改为 Abdullah al‐Kidd。"9·11"后，联邦政府开始对原告实施调查，但调查记录未发现原告任何不法行为。2003 年 3 月，原告计划到沙特阿拉伯进修语言和宗教。当他出现在机场时，FBI 依据 Al‐Hassayen 案签发的重要证人出庭令对其实施逮捕。FBI 提供的宣誓书错误地陈述原告去沙特阿拉伯购买的是单程机票，然而事实上是往返机票。此外，FBI 的宣誓书没有披露原告之前自愿与 FBI 进行过谈话，有本土出生的孩子，未被 FBI 告知可能需要作为证人因而不能远行或者即使远行也应告知 FBI 等。被捕后，在没有律师在场的情况下，基德受到了讯问，在关押已决犯的监狱中待了 15 天。期间，其多次被裸体搜身并一直戴着脚镣。在最终释放后，其仍被要求与姻亲住在一起并定期向政府报告，并被限定在指定的区域范围内。政府从未传唤其作为证人出席 Al‐Hassayen 案，且该案是在其被捕后一年多才进入庭审程序。即使在 Al‐Hassayen 案后，政府仍然对其进行严密的监控。基德以不当被捕和没有合理根据被监禁为由提起诉讼，被告提出豁免权，认为签发重要证人出庭令的决定通常属于检察职能。地区法院驳回了被告的动议，理由是利用重要证人出庭令对个人实施拘留应被认定为警察·

的调查职能，而不是检察官的辩护职能。第九巡回法院维持了地区法院的判决。阿什克罗夫特随后向联邦最高法院申请调卷令并获得许可。2011年5月31日，联邦最高法院做出判决，认定阿什克罗夫特享有有限豁免权，理由是依据第四修正案的客观合理性标准，重要证人如期出庭令是有效的。鉴于阿什克罗夫特并未违反明确确认的法律，他享有豁免承担1983节责任的权利。法官认为，没有必要处理关于其是否享有绝对豁免权的更复杂问题。

尽管 al‐Kidd 案回避了绝对豁免的问题，但如何区分调查性和辩护性职能仍然是棘手的问题。先前的判例曾认为应依赖于检察官的主观心态进行区分。但这么做会引发以下问题：第一，Buckley 法庭反对允许检察官仅仅通过声称其调查性的职责是为了辩护目的的方式逃脱责任。第二，在涉及有限豁免的判决中，联邦最高法院曾认定主观要件的审查将导致宽泛的证据开示过程，这将使有效政府的运行陷入混乱以及拖延诉讼，挫败豁免抗辩不只是为了减少责任而且还减少诉讼的目的。基于此，法院才在 Harlow 案中以客观标准取代主观标准。有学者建议，解决该问题的最简单方式就是不考虑检察官是在履行调查职能还是辩护职责，在所有案件中一律适用有限豁免制度。①

鉴于检察官履行调查、辩护等多重职能，且这些职能之间具有一定的连续性和因果关系，准确的进行区分不仅很困难，也会在适用效果上与警察的豁免产生冲突。或许，未来检察官的豁免制度将进行适当的改革，以期在调动检察官积极履行职责与维护受害人利益之间寻求更好的平衡。

---

① Margaret Z. Johns, "Unsupportable and Unjustified: Acritique of Absolute Prosectorial Immunity", Fordham L. Rev., Vol. 80 (2011), pp. 527 – 534.

第三章

美国证券自律组织民事责任豁免的
代表性案例及评析

美国证券自律组织民事责任豁免相关制度并无明确的立法规定，而是通过一系列判例逐渐演化而来的。因此，对美国证券发展史上相关案例进行梳理，是正确认识美国证券自律组织民事责任豁免的基础。目前国内研究经常出现只引用判例中的结论而忽视判例中的基础事实和推理过程的现象，既容易形成以偏概全、断章取义的局面，给读者带来误导，又削弱了自己的立论根基。[①] 鉴于此，本章分别选取与美国证券市场上重要的自律组织美国证券商协会（NASD）、纽约证券交易所（NYSE）、美国金融行业监管局（FINRA）有关的几个代表性案例，通过全文呈现而不是个别观点引用的方式，以期更全面了解这些案例的背景和法官的论证思路，更准确把握自律组织民事责任豁免的发展脉络，从而更深入理解自律组织民事责任豁免的法理基础和变革趋势。

第一节 与 NASD 有关的代表性案例

NASD 成立于 1939 年，是美国第一个也是唯一一个场外自律管

---

① 如果只是引用判例的观点，可以选择性引用，难以理解的部分内容可以忽略，只选择容易理解的内容，表面上看似乎无伤大雅，且提高了写作速度，但这既是某种意义上对原著述的"不尊重"，也是对自己研究的不负责。虽然全文呈现费时费力，但往往对于原作者的观点更能深入理解和把握，有时还有豁然开朗的感觉，由于紧密联系前后文的语境，至少不会出现明显错误的理解。笔者在参阅国内部分著述时发现有时引用的英文文献的内容翻译明显不准确甚至南辕北辙（比如本来是法官用来驳斥的观点，却作为本案法官的基本观点），这也许就是因缺乏对全文背景的理解而匆匆下笔的结果吧。

理组织，管理着规模庞大的场外经纪人和交易商。与之相关的案例很多，例如，Austin Municipal Securities Inc. v. NASD[1]，Sparta Surgical Corp v. NASDAQ Stock Market，Inc. [2]，DL Capital Group LLC v. NASDAQ[3]，Weissman v. NASD[4]，Opulent Fund v. NASDAQ Stock Market[5]，In re Facebook，Inc. ，IPO Securities and Derivative Litigation[6] 等。本节选取 Austin Municipal Securities Inc. v. NASD，是因为其是第一起涉及自律组织官员绝对豁免权的案例，对之后的众多判例具有极大的指导意义，具有奠基性的历史地位，此后的涉及自律组织豁免权的判例大都引用了该案的观点。全面了解该案，对于理解其他后续案件以及美国证券自律组织民事责任豁免的发展具有非常重要的价值。

案例一：Austin Mun. Securities，Inc. v. National Ass'n of Securities Dealers，Inc.

本案是针对全美证券商协会及其纪律处分官员、职员，雇佣纪律处分官员的证券投资公司提出的诉讼，诉讼请求是要求经济损失、名誉损失和恶意中伤的赔偿，以及宣示权利和禁令救济（declaratory and injunctive relief）。德克萨斯州西区地区法院法官 James R. Nowlin，J. 驳回了被告要求简易判决、终止司法程序和强制仲裁的动议。被告提出上诉。上诉法院首席法官 Clark 在判决中指出：（1）对驳回基于绝对豁免提出的简易判决申请的裁决可以上诉；（2）美国证券商协会及其纪律处分官员、职员，在作为指控方时，对其职责范围内的行为享有绝对豁免权；（3）证券投资公司不享有绝对豁免权；（4）联邦反托拉斯法不适用于协会的纪律处分程序；（5）地区法院可以基于可仲裁的事由强制当事人进行仲裁。最终法院判决：撤销原判，发回重审。

---

[1] 757 F. 2d 676（5th Cir. 1985）.

[2] 159 F. 3d 1209（9th Cir. 1998）.

[3] 409 F. 3d 93（2d Cir. 2005）.

[4] Weissman，500 F. 3d 1293（11th Cir. 2007）.

[5] 2007 WL 3010573（ND Cal）.

[6] 2013 WL 6621024.

一

在本次中间上诉①一案中，我们认为 NASD 及其纪律处分官员对因执行公务而产生的要求其承担个人责任的指控，享有绝对的豁免权。立法授权 NASD 纪律处分程序本身，就已默示地废除了与反托拉斯法不一致的条款。尽管存在交织在一起的非仲裁事项，地区法院也必须中止其司法程序，直到对所有可仲裁的事项做出仲裁为止。我们撤销地区法院的判决，并基于本案中讨论的原则发回重审。

二

我们从回顾对 NASD 纪律处分程序进行规制的监管框架进行分析。NASD 是一家非营利性的特拉华州公司，依据《玛隆尼法案》（Maloney Act）在 SEC 注册登记为全国性证券商协会。

证券交易法为证券市场监管制订了一套全面的体系。作为该体系的必要构成，《玛隆尼法案》对自律组织的成立和监管规定了广泛的规则，例如 NASD，包含纽约证券交易所和美国证券交易所在内的注册交易所。国会授权这些自律组织主动地去要求"业内会员服从证券交易法规定的法律要求和超出这些要求之外的道德要求"〔Merrill Lynch, Pierce, Fenner & Smith, Inc. v. National Association of Securities Dealers, Inc., 616 F. 2d 1363, 1367 (5th Cir. 1980)〕。

为了防止自律组织滥用国会授予的权力，国会还赋予 SEC 对自律组织广泛的监管责任。只有在其章程和规则符合证券交易法的前提下，一个组织才可能注册为证券商协会〔《美国法典》第 15 编第 78o - 3 (b)〕，NASD 满足了这个要求。

注册成立的协会也要持续地受到 SEC 广泛的监督、管理和控制〔《美国法典》第 15 编第 78s (a) (3) (b)〕。除了与本案无关的有限例外，在协会的所有规则、政策、业务和解释实施前，必须经 SEC 批准（《美国

---

① 中间上诉，英文表述是"interlocutory appeal"。依据《美国民事诉讼法》，中间上诉是指在案件审理终结并做出最终判决前，当事人一方对法院的某项裁定或决定不服而提起的上诉。例如一方当事人声称其对案件享有豁免权或法院没有管辖权，因此要求驳回起诉，但法院驳回了该申请。如果此时不赋予该当事人上诉权，就意味着他将被迫参与案件的继续审理，直至案件的终结才能再提起上诉，这将侵犯他不受审判的权利。——笔者注。

法典》第 15 编第 78s）。这些规则不能对市场竞争进行任何限制，这对于促进实现证券交易法的立法目的是不必要或不恰当的［《美国法典》第 15 编第 78o－（3）（b）（9）］。而且，在与证券交易法的要求相符的前提下，如果 SEC 认为必要，其可以对这些规则进行删减或增加（《美国法典》第 15 编第 78s）。

每个自律组织都必须遵守证券交易法的条款、它自己的规则以及 SEC 和市政证券规则制定委员会的规则［《美国法典》第 15 编第 78s（q）（1）］。而且，这些组织还必须强制它的会员和会员关联人遵守上述规则［《美国法典》第 15 编第 78s（h）］。

［1］如果一个自律组织、会员或其关联人未能遵守这些要求，SEC 可行使广泛的惩戒权力。SEC 可以中止或撤销自律组织的注册，或者对自律组织、会员或关联人进行谴责，或者限制其行为，职能和经营（Merrill Lynch, 616 F. 2d 1367）。如果 SEC 发现自律组织的官员或理事故意违反规则或滥用职权，它可以将其开除或进行谴责［《美国法典》第 15 卷第 78s（q）（2）］。最后，SEC 还可以提起诉讼，禁止自律组织实施违反证券交易法和据此制定的规则的行为［《美国法典》第 15 卷第 78u（d），Merrill Lynch, 616 F. 2d 1367］。

《玛隆尼法案》对自律组织的纪律处分程序规定了某些程序保障。自律组织必须"提出明确的指控，通知被指控的会员或人员，给他们辩护的机会，并保留记录"［《美国法典》第 15 卷第 78o－3（h）（1）］。任何惩戒措施都必须包含以下内容：证券交易法关于该违法行为的表述，违反的具体条款或规则，具体惩罚措施及其原因等（同上）。SEC 对纪律处分程序进行严格监管，必须确保这些规则对纪律听证提供了公正的程序［《美国法典》第 15 卷第 78o－3（b）（8），78s（b）（1）（2）］。

在 Merrill Lynch 一案中，我们讨论了 NASD 是如何遵循关于纪律处分程序的要求：为了与这些法定条款相呼应，NASD 对于如何处理涉及会员的纪律处分事务，制定了详细的规则。无论是公众还是协会自身对 NASD 会员提出指控时，都得在某个地区商业行为委员会（共 13 个）举行听证。该地区委员会作出书面决定后，须经 NASD 商业行为委员会复查。该商业委员会可以投票要求 NASD 理事会进一步审查，该审查也可以由受损害方或理事会提起。受损害方有权提出上诉，不受 NASD 委员会投票结果的影响。理事会的书面决定应提交给 SEC，SEC 可以自主决定或者基于受损害者的申请对该事项进行审查［《美国法典》第 15 卷第 78s（d）（1）（2）］。SEC 有权维持或修改惩戒决定，或者发回 NASD 重新审查［《美国法典》第 15 卷第 78s（e）（1）（2）］。如果对 SEC 的决定不服，可以向联邦上诉法院提出上诉［《美国法典》第 15 卷第 78v（a）］。

简言之，"NASD 在国会制定的复杂的自律监管框架中扮演着重要的角色。鉴于 NASD 享有广泛的自律监管权力，因此，国会对受到 NASD 行为损害的人提供了一系列行政救济"（616 F. 2d 1368）。

本上诉案关注的是地区商业委员会（DBCC）在惩戒 NASD 会员和关联人时的行为和责任。DBCC 的官员是由 NASD 在各区的会员大会选举产生，任期三年。由于这些官员在 DBCC 工作时不拿薪水，他们可以在 DB-CC 任职期间继续从事金钱投资活动。

NASD 的职员通过承担调查性事务的方式协助 DBCC 工作，但是否对会员或其关联人提出指控由 DBCC 决定。因此，DBCC 在纪律处分程序中，既担任"指控者"的角色，也担任"裁决者"的角色。NASD 制定了完备的规范纪律处分程序的规则，具体体现在 NASD《交易实践的指控处理程序规则》中。

三

当事人明确要求，基于审查地区法院驳回被告要求简易判决的目的而言，我们假定原告提交的第一次修改过的诉请中的陈述是真实的。原告由 Austin 市政证券公司及其 5 个关联人构成。这些关联人在本案事实发生期间或者是注册的负责人，或者是授权代表，所有人都受到了 DBCC 的纪律处分（下文中原告统称"Austin"）。

23 个被告可以被划分为三组：第一组是原告起诉的 11 个 DBCC 的成员，他们指控并裁决了本案；[①] 第二组是 NASD，其地区理事长（Walker）及 NASD 调查官员（Benton）；第三组是雇佣 DBCC 成员的证券投资公司。

Austin 市政证券公司成立于 1975 年，依据证券交易法注册登记为市政证券的经纪—交易商。为了获得场外证券交易的优先权，Austin 加入

---

① DBCC 第六分区负责管辖德克萨斯的争议，通常由 8 名成员构成。但在本案中，委员会指定了三名临时市政证券专家协助审理。Austin 对这 11 名成员都提出了诉讼，我们将这 3 名临时成员视为常任成员，因为他们也被授权行使裁量权。

NASD，成为其会员。

Austin 仅从事市政债券的买卖，尤其擅长于研究德克萨斯银行和银行家的投资需求。截至 1978 年，Austin 在德克萨斯的市政债券市场占据了相当大的份额，原本这些业务可能流向其他投资公司（包括本案的被告及其雇员）。

在卷入本案之前，Austin 是一个有着良好信誉的 NASD 会员，没有一个关联人受到 NASD 的纪律惩戒，也没有客户因与 Austin 的商业交易提出指控。但是，由于 Austin 成功进军市政债券市场，被告公司和 DBCC 成员合谋强迫 Austin 退出。为此，被告对其启动了 NASD 的纪律处分程序。

在对原告活动进行调查期间，DBCC 成员违反了 NASD 纪律程序要求的绝对保密原则，将有关信息泄露给第三方。其中，一部分人员与 Austin 有商业往来，另一部分人员则是当前或潜在的关联人。DBCC 成员称呼原告及其雇员是"一群骗子"，并宣称原告很快就要退出市场。这些表述干扰了原告的业务往来关系，损害了其关联人的职业和个人声誉。

调查结束后，DBCC 针对 Austin 提起 12 项违反证券法律的指控，包含在 183 笔债券交易中存在过度加价的证券欺诈行为。但是，上述加价幅度都低于市场价格的 5%，最多在 2%—3%。[①]

四

相关指控和处理状况[②]

序号	指控	DBCC	理事会
1	证券交易法 10b－5 规则在 183 笔债券交易上，以不公正和不合理的价格卖出	有罪（183 笔中有 175 笔）	无罪
2	SEC 净资产规则 15c3－1 允许 Austin 的负债超过净资本 1500%	无罪	——
3	证券交易法 10b－5 规则"过度交易"——不按照市场价格买卖	无罪	——
4	证券交易法 10b－5 规则"存储交易"——购买债券以保护 Austin 远离市场风险	无罪	——

---

①　这些加价是指 Austin 从市场中购买证券的折扣价格之外的加价。Decision of the DBCC, March 28 1980, p.16（原告的证据 4）。

②　DBCC 对 Austin 提起以下指控，DBCC 的处理决定和 NASD 理事会对 DBCC 裁决提起上诉的处理情况见图。

（续表）

序号	指控	DBCC	理事会
5	证券交易法 10b - 5 规则 "为佣金而过度交易" ——必要的债券交换交易以获得额外佣金	有罪	无罪
6	证券交易法 10b - 5 规则发送关于债券评级的误导性确认信息	无罪	——
7	SEC 规则 17a - 3，17a - 4 对按成本价回购债券，出具没有记录的口头担保	有罪	有罪
8	证券交易法 10b - 5 规则允许一方以另一方遭受损失为代价获利，欺骗顾客	无罪	——
9	MSRB Rule G - 6 未在忠实保险里取消附加条款	有罪	未上诉
10	MSRB Rule G - 8 未将信息记在在账户卡上	有罪	未上诉
11	MSRB Rule G - 10 未能指定专人保管记录簿	有罪	未上诉
12	证券交易法 10b - 5 规则未在委托单上加盖时间戳	无罪	——

　　经过两天的听证，DBCC 驳回十二项指控中的六项。DBCC 裁定 Austin 存在两项违反证券交易法 10b - 5 规则的行为（第一和第五项），一项违反 SEC 规则 17a - 3，17a - 4 的行为（第七项），还有三项违反了 MSRB 规则（第九、十、十一项）。基于这些违法行为，DBCC 决定暂停 NASD 的会员资格三个月，罚款 1 万美元。DBCC 还对关联人处以暂停交易和罚款的处罚，累计罚款超过 41000 美元。

　　Austin 针对上述第一、五、七项的有罪认定及其处罚向 NASD 理事会提起上诉。理事会认为，尽管其相信 Austin 从第一项债券交易中实际获得的利润远远超过惯常水平，并且是不公平的，但是这种不公平并未提升到欺诈的程度。因此，理事会驳回了第一项指控。理事会还驳回了第五项指控，同时指出，尽管该行为不构成欺诈，但加价幅度是 "过分的"，或许是不公平的。最终，理事会确认了针对 Austin 的第七项有罪认定，即当顾客选择撤销交易时，Austin 却以口头担保方式让顾客按成本价回购债券。

　　基于上述认定，理事会减少了对原告的罚款数额。但是，理事会也对原告提出了警告：罚款数额的减少并不意味着对 Austin 行为的认可。相反，我们对 Austin 加价的不公平性深表关切。驳回部分指控是因为其并未上升到欺诈的层面，但这并不意味着我们在未来其他类似事项中进行罚款时不关注这些行为。本案中，我们首要的关切并非利润的百分比，而是每笔交易的实际利润和这些交易的特殊情形。我们将继续关注每个案件的具体情形，以从商业判断的角度认定消费者是否受到了公平对待。

理事会还警示：Austin 应当将理事会的决定作为对其加价交易实践的警告，如果不做调整，将可能导致更严厉的罚款。

Austin 并未依据《美国法典》第 15 编第 78s（d）（2）的规定，就理事会的裁决向 SEC 提起上诉。相反，原告针对被告提起了诉讼，要求其承担经济损失、恶意中伤和名誉损失赔偿。他们还要求宣示权利和禁令救济，消除不良记录并停止进一步的指控。

五

原告特别指控被告剥夺了其以下宪法权利：

（1）剥夺了正当程序权利，未能为其提供一个公正的法庭；

（2）合谋剥夺了原告的程序性正当程序；

（3）未经正当程序剥夺了他们不受随意的和不合理限制而执业的自由；

（4）未经正当程序剥夺了其财产权（声誉）；

（5）恶意指控和程序滥用；

（6）诽谤；

（7）干扰公司业务关系；

（8）反垄断法上的权利。

被告在答辩中否认了原告的实质性指控，并同时要求进入简易判决程序，理由是他们对因执行公务的行为而引发的案件享有绝对豁免的权利。被告还要求停止司法程序，并对原告提出的针对其履行职责以外的行为的指控，应强制进行仲裁。①

地区法院在没有任何说明的情况下，驳回了被告所有的动议。被告于是提起上诉，并要求地区法院确认其裁定属于可上诉的中间命令。地区法院引用 Williams v. Collins，728 F. 2d 721（5th Cir. 1984）案的观点，以

---

① 被告还提出要求驳回案件，理由是未能穷尽行政救济，或者备选方案是，在原告将诉请提交 SEC 前暂停司法程序。地区法院暂停了司法程序，直到 SEC 处理完 Austin 提交的争议。作为回应，SEC 称"并未发现案件处理过程中存在任何结构性偏见或不公"，"本案中被指控的加价行为并不能明显的说明 DBCC 错误的以特别的偏见的方式进行了干预"。地区法院随后自行撤销了关于暂停司法程序的决定。之后，被告再次提出要求简易判决和仲裁前暂停司法程序的禁令。

"对充分的事实问题仍然禁止进行中间性审查"为由予以拒绝。1984 年 5 月 29 日，该法院的行政法庭做出决定，拒绝暂停司法程序。经过口头辩论，1985 年 2 月 5 日，法院自愿决定中止司法程序。①

六

[2] 我们必须首先判断对该中间性上诉是否享有管辖权。被告声称：法院裁定驳回原告基于绝对豁免提出的简易判决的申请，对该裁定可以立即提起上诉。

一般来说，对于一个非终局的裁定，是不允许提起上诉的。但在 Cohen v. Beneficial Industrial Loan Corp. , 337 U. S. 541, 69 S. Ct. 1221, 93 L. Ed. 1528 (1949) 案中，允许对有限类型的"旁系裁定"提出中间性上诉。

关于中间性上诉是否可行，Cohen 案确立了三个标准。上诉必须对争议问题做出毋庸置疑的决定；必须解决与诉讼争议完全分离的重要的问题；对某个事项做出决定，而该事项如果基于对终局判决的上诉是不可审查的 [同上，546 - 47, 69 S. Ct. 1225 - 26. Nixon v. Fitzgerald, 457 U. S. 731, 102 S. Ct. 2690, 72 L. Ed. 2d 349 (1982)]。

Nixon 案认为，至少在上诉引发严重的和未解决的法律问题时，对拒绝绝对豁免的裁定可以立即提起上诉 (同上，102 S. Ct. 2698)。该案中的裁定满足了 Cohen 案确定标准，因为争议焦点在于被告是否将受到进一步的指控。不受审判的权利是一个完全独立于诉讼是非曲直的重要的问题。只允许审判后提出上诉，这个问题值得探讨。②

就驳回基于绝对豁免要求简易判决的裁定可否上诉问题，本院近期在 Williams 案中进行了讨论。Williams 对九个联邦雇员提起诉讼，指控他们参与了导致其被解雇的人事和行政程序。地区法院拒绝依据绝对豁免驳回诉讼。我们在上诉判决中认为，联邦官员对其职权范围内的行为，绝对豁免承担普通法上的侵权责任 [Williams v. Collins, 728 F. 2d 727 (5th Cir. 1984)]。

关于上诉管辖权，我们认为，如果"赋予豁免权呈现的是法律问题，

---

① 同时，地区法院的证据开示程序只在有限范围内进行。6 月，原告提出动议要求强制证据开示并进行处罚。被告于 7 月份进行了答辩。由于暂停司法程序的禁令生效，地区法院没有理会这些动议。

② Nixon 案并未分析 Cohen 案的第一个标准，即上诉法庭的决定能否完全解决问题，因为当事人并未对此提出异议。法院假定已符合该标准 (102 S. Ct. 2698)。

而与事实问题无任何关联"，那么，针对拒绝绝对豁免的决定是可立即上诉的（同上，726 n. 7）。

　　但是，我们也提出警示：许多在审前程序中申请豁免遭驳回的案件，不能提起上诉审查，因为那些豁免权关注的是事实争议问题或者与诉请的法律依据紧密相关。上诉的权利仅仅适用于"授予免受审判的保护的豁免"，而不是为可能的责任辩护的豁免（同上）。

　　一审中，地区法院依据 Williams 案驳回了被告要求简易判决的动议。法官认为仍有充分的事实问题阻止立刻提起关于豁免的上诉。我们对此并不认同。

　　［3］我们有权决定被告是否享有作为法律问题的绝对豁免权，因为在本案笔录中，当事人对与此有关的主要事实问题并不存在争议，包括DBCC、理事会和 SEC 实施的纪律处分程序记录。而且，NASD 的组织和结构及法律、规则及其实施细则都是公开可查的。

　　原告认为被告启动纪律处分程序的目的对于他们是否享有绝对豁免是至关重要的。因为这个目的是有争议的事实，Austin 强烈要求我们拒绝受理本次上诉。我们将在下文中详尽分析，被告实施这些行为的目的与绝对豁免无关。因此，由于没有实质性问题存在，我们依据 Williams 案的判决，对本案享有管辖权。①

---

　　①　关于 Nixon 案中要求的上诉应在管辖前呈现一个"严重的和未解决的法律问题"的判断是否正确，巡回法院存在分歧［对比 Bever v. Gilbertson, 724 F. 2d 1083（4th Cir. 1984）（驳回绝对豁免可自动上诉的请求），Evans v. Dillahunty, 711 F. 2d 828, 830（8th Cir. 1983）（如果没有任何事实争议，豁免被认定为法律问题，这种情况是可以上诉的），Chavez v. Singer, 698 F. 2d 420, 421（10th Cir. 1983）（只有在发现一个"严重的未解决的问题"后，法院才认可豁免的价值）以及 McSurely v. McClellan, 697 F. 2d 309, 315 – 16（D. C. Cir. 1982）（驳回绝对豁免可以立即上诉）］。我们在 Williams 案中已经认定，对驳回绝对豁免请求的裁定通常是可以上诉的，只要不提出事实问题，与是否涉及严重的和未解决的法律问题无关［同上，726 n. 7. Elliott v. Perez, 751 F. 2d 1472, 1476 n. 9（5th Cir. 1985）；Kenyatta v. Moore, 744 F. 2d 1179, 1183（5th Cir. 1984）；Metlin v. Palastra, 729 F. 2d 353, 355（5th Cir. 1984）］。我们并未偏离该原则，但是强调如果必须满足严重和未解决的法律问题的要求，本上诉案符合这一点。这些严重的和未解决的问题包括：决定自律体制下纪律处分官员豁免的范围，NASD 及其职员、会员公司的豁免范围，决定反垄断法是否不适用于 NASD 的纪律处分程序。我们进一步指出，本案满足了 Cohen 案"旁系裁定"的原则。我们的裁定明确地认定，部分被告对宣称的诉由，享有绝对豁免被进一步指控的权利。在Williams 案中，绝对豁免引发了完全独立于案件法律依据的重要的问题。最后，如果其必须等到最终判决后再提起上诉，那么，不受审判的权利就变得不可审查了。

七

截至目前为止，还没有任何一家法院认定国会授权的自律组织的纪律处分官员享有豁免权的程度。我们的分析受联邦最高法院关于法官、检察官和行政纪律处分官员豁免权的判决的指导。我们首先总体上分析这些案件和豁免问题，然后将这些原则应用于手头的事实。

A

[4] 联邦最高法院一直认为，"政府官员对损害赔偿案件享有某种形式的豁免权" [Harlow v. Fitzgerald, 457 U. S. 800, 102 S. Ct. 2727, 2732, 72 L. Ed. 2d 396 (1982)]。原则上，这些官员仅享有有限豁免权，如果他们的行为没有违反"一个理性人应该知道的明显确立的法律和宪法权利"，那么有限豁免权将保护他们免于承担民事损害赔偿责任（同上，102 S. Ct. 2738）。

[5] [6] 有限豁免保护官员免于承担责任，但并不提供免于审判及其附随程序的全面保护，例如证据开示程序。尽管证据开示程序直到法院认定争议的法律在官员实施行为时就已经明确存在，才能在一个豁免案件中启动（同上，2739），享有有限豁免权的官员通常需一直等到审判结束，才能主张豁免权的保护。①

[7] 在保护官员免受令人烦扰和通常无任何意义的法律诉讼和需要对那些因权力滥用受到损害的提供救济之间，有限豁免试图进行平衡（同上，2736）。要求官员通过诉讼证明其行为无辜，不仅增加被告官员的负担，也加剧了整个社会成本，分散了官员履职的注意力，妨碍市民接受公共服务，并使本已拥挤不堪和高成本的司法体制雪上加霜。

相比之下，对于滥用权力的受害人，对侵权官员提出私人损害赔偿诉讼是维护宪法保障的唯一现实的措施 [Butz v. Economou, 438 U. S. 478, 506, 98 S. Ct. 2894, 2910, 57 L. Ed. 2d 895 (1978)。Bivens v. Six Unknown Fed. Narcotics Agents, 403 U. S. 388, 410, 91 S. Ct. 1999, 2011, 29 L. Ed. 2d

---

① 但是，Harlow 案认为，在可能的情况下，享有绝对豁免或有限豁免的官员应当被提供免于证据开示程序和适用严格的简易处理程序（summary disposition procedures）的保护。（102 S. Ct. 2738 - 39）。我们近期在 Elliott v. Perez, 751 F. 2d 1472 (5th Cir. 1985) 案中对该原则进行了补充，要求原告提供特定的事实以解释为什么被诉官员没有被授予豁免权。这些判决表明在绝对豁免和有限豁免保护之间存在着细微的区别。

619（1971）]。

禁令救济或宣示救济对于已受到伤害的人只是提供了微不足道的救济（438 U. S. 504, 98 S. Ct. 2910），排除受害人起诉的能力将加大政府官员行为非法性的潜在风险（同上，506, 98 S. Ct. 2910）。

[8] 我们的司法制度认为，所有人，无论担任什么职务，都受法律的制约（同上）。

在这个国家，没有人高于法律，没有司法官员可以设置违法却不受惩罚的规则。所有的政府官员，从最高级到最底层，都是法律的创造物，都有义务遵守法律 [United States v. Lee, 106 U. S.（16 Otto）196, 220, 1 S. Ct. 240, 261, 27 L. Ed. 171（1882）; Butz, 438 U. S. 506, 98 S. Ct. 2910]。只有在官员故意侵犯他人的宪法权利时，该官员才承担责任，有限豁免通过这种方式调和了这些相互矛盾的因素。

B

但是，一些职务要求比有限豁免提供更充分的保护。鉴于这些官员履行的特殊职责，对其履行职责范围内的行为，法院赋予绝对豁免诉讼的权利（Nixon, 102 S. Ct. 2699, 2705）。

[9] 毫无疑问，赋予绝对豁免权意味着滥用权力的受害人对其受到的伤害将得不到任何补偿。但是，取消这种救济是因为允许该民事诉由的存在将带来潜在的破坏。Learned Hand 法官在 Gregoire v. Biddle [177 F. 2d 579, 581（2 Cir. 1949）调卷令被驳回，339 U. S. 949, 70 S. Ct. 803, 94 L. Ed. 1363（1950）] 案中说道：

一个官员，事实上利用权力对他人发泄不满，或者基于其他与公共利益无关的个人动机行使权力，不应逃避对由此导致的伤害承担责任，这一点不言自明。如果实践中有可能限制对违法者提出指控，那么，此种拒绝救济形式是极不公正的。这么做（赋予豁免权）的正当性在于我们不可能在案件审理前就知道某个请求是否成立，并且令所有官员，无论是有罪的还是无辜的，都要承受审判及其不可避免的风险，将抑制除了那些最果敢和最没责任感的官员以外的人坚定履行职责的热情。就像通常展现的那样，答案就是必须在两种方案中寻求平衡。本案中，我们最终认为，与让那些试图履行职责的人持续陷入遭到报复的梦魇相比，对那些不诚实的官员所犯的错误不予追究可能效果更好。

受到绝对豁免保护的官员不必因全面的证据开示程序而高度紧张，也无须应对因履行职责引发的案件审判。但是，这些官员并非不受任何证据开示程序的约束。至少在判断其行为是否属于履行职责范围之内这个问题上，他们应受相应的证据开示程序的约束。这种调查应当在有限程度上进行。

[10] 因为绝对豁免免除了官员的个人责任，那些主张豁免的人应承担证明公共政策要求对他们的行为进行广泛保护的举证责任（Butz, 438 U. S. 506, 98 S. Ct. 2911）。

并非官员的所有行为都是豁免的。在寻求划定官员行为的边界时，只有在正确发挥监管体制功能的必要限度内，法院才适用不寻常的"取消救济"措施（Nixon, 102 S. Ct. 2705; Butz, 438 U. S. 489 - 91, 98 S. Ct. 2902 - 03）。

[11] 如果豁免官员实施了职责范围之外的侵犯他人宪法或法定权利的行为，显然对监管体制没有任何益处。在此类案件中，官员面对令人烦扰的诉讼的威胁，应当让位于不当剥夺权利可能带来的潜在风险。通过严格适用即决处理程序祛除掉那些无法律意义的诉请，而不是授予豁免权的方式，可以降低对监管体制破坏的可能性（Butz 507 - 08, 98 S. Ct. 2911）。困难不在于描述行为的界限，而是确定被诉行为的位置。

广义上说，任何职务滥用或故意侵权的行为都不在公务职责范围之内。我们在 Williams（728 F. 2d 727）案中驳斥了此种观点。Gregoire（177 F. 2d 581）认为：稍加思考就会明白，该观点不能理解为没有破坏整体原则下的限制。官员必须在权力范围内行动，这个说法的意思是如果他基于授权的任何目的使用权力，必须有证实行为正当性的理由存在 [Nixon, 102 S. Ct. 2705; Barr v. Matteo, 360 U. S. 564, 572, 79 S. Ct. 1335, 1340, 3 L. Ed. 2d 1434（1959）]。

[12] 按照这种分析思路，法庭必须对官员的行为进行审查，以观察其是否在享有的自由裁量权范围内行事。如果争议中的诉讼在许可的范围之内，绝对豁免保护官员免于承担民事责任。但是，如果官员未能履行其有效职责，那么，该行为将在其权力范围之外，他必须对指控进行抗辩（Williams 727）。

[13] 在决定官员是否享有绝对豁免权时，法庭必须首先查找宪法的、国会的和历史的先例，然后，法庭再考察普通法历史上授予类似官员豁免权的情况（Nixon, 102 S. Ct. 2701）。按照这一程序，法庭将绝对豁免适用

于大量政府职务，包括总统（同上，2705）；法官［Stump v. Sparkman，435 U. S. 349，98 S. Ct. 1099，55 L. Ed. 2d 331（1978）］；检察官［Imbler v. Pachtman，424 U. S. 409，96 S. Ct. 984，47 L. Ed. 2d 128（1976）］；立法者［Eastland v. United States Servicemen's Fund，421 U. S. 491，95 S. Ct. 1813，44 L. Ed. 2d 324（1975）］以及行使立法职能的立法助理［Gravel v. United States，408 U. S. 606，92 S. Ct. 2614，33 L. Ed. 2d 583（1972）］。

在 Butz 案中，法院授予农业部行政官员绝对豁免权，这些官员行使着类似法官和检察官的职责。法院确立了一个三维标准，以评估是否需要给官员绝对豁免。基于这个标准，如果：a）官员的行为具有司法程序的特征；b）官员的行为极易因当事人的不满引发诉讼；c）在监管体系中存在足够的能制约违宪行为的保障措施，那么，该官员的行为将绝对豁免承担民事责任（438 U. S. 510 - 13，102 S. Ct. 2913 - 14）。

基于 Butz 案的事实，听证官员、行政法官和指控官员都满足了这些标准，因此被赋予绝对豁免。首先，尽管是在一个行政场所而不是司法场所，他们像法官和检察官一样行事，因为他们的角色与对应的司法人员有着"职能可比性"。其次，他们可能成为被指控人员的反控诉的目标。最后，包括行政程序法在内的相关的法律和规章，对于控制不合宪行为提供了充分的保障，所以职务滥用行为不可能得不到纠正。

C

在 B 部分讨论的案例包含了授予政府官员绝对豁免权。但是，没有任何案例表明该豁免是否可以延伸适用于私人以及如同本案被告一样行使准政府职能的组织。为了确定这个问题，我们将应用 Butz 案的三维标准，分析巡回法院对每组被告作出的类似判决。

1. DBCC 纪律处分官员

［14］DBCC 成员满足 Butz 案的要求。他们对其履行职责范围内的行为，享有绝对豁免进一步民事责任指控的权利。在对 Austin 实施纪律处分时，DBCC 成员担当的是检察官或裁审员的角色，这满足了 Butz 案的第

一项标准。① DBCC 决定对 Austin 提起哪些指控是传统的检察职能，接着对 Austin 进行裁决，这明显相当于法官的职能。对于 DBCC 执行检察和裁决职能而言，不存在任何宪法上意义上的不足 [Withrow v. Larkin, 421 U. S. 35, 56 – 57, 95 S. Ct. 1456, 1469, 43 L. Ed. 2d 712 (1975)]。因此，Butz 案的第一项标准得到满足。

我们也发现 DBCC 官员很可能成为诉讼的目标，因为他们必须对违反证券法律和规章制度的会员实施处罚。联邦最高法院指出，受到纪律处罚的人倾向于在法庭上证明自己的无辜 [Butz, 438 U. S. 515, 98 S. Ct. 2915]。如同相应的行政官员和司法官员一样，DBCC 官员也同样面临诉讼制约的可能性。

最后，NASD 纪律处分程序的法定框架对于控制不合宪的行为提供了充分的保障。Austin 强烈反对这种认识，声称 Butz 案和本案的法定体系不同排除了被告适用绝对豁免。我们对此不予认同。

Austin 声称，DBCC 成员没有受到《行政程序法》（APA）的严格约束。依据 APA，行政法法官不可执行与其作为听证官职责不符的行为；他们隔离于外在的影响；他们不可以进行单方会谈；案件依次分配；只能基于正当理由才能将他们免职；他们的薪水受到文官委员会的监督（参见《行政程序法》，5 U. 5 U. S. C. § 551, S. C. § 551）。《行政程序法》的要求有助于保障听证官进行独立的判断（Butz, 512 – 514, 98 S. Ct. 2914 – 2915）。

---

①　在原告第一次修改诉状时，他们认为被告在指控 Austin 前进行了恶意的调查。在上诉陈述中，Austin 坚称 DBCC 成员和 NASD 参与了这次调查。如果事实如此，Austin 认为这样的行为不属于被告检察和裁决的职责，因此不应获得豁免 [Imbler, 424 U. S. 430 – 31 & n. 33, 96 S. Ct. 994 – 95 & n. 33]。但是，Imbler 案并未认定启动和实施控告的哪些附属行为能够享有豁免（Harlow, 102 S. Ct. 2735 n. 16—）。本院曾经指出，检察官豁免扩展适用于那些属于"司法体制内检察官角色必要组成部分"的行为 [Henzel v. Gerstein, 608 F. 2d 654, 657 (5th Cir. 1979)]。因此，我们认为，对启动、寻求指控并提交指控案件的行为有必要给予检察豁免 [同上；Prince v. Wallace, 568 F. 2d 1176, 1178 (5th Cir. 1978)]。豁免也扩展适用于提出控诉，着手逮捕或搜查程序，起草公诉书或控告文件 [Henzel, 657, *citing*, *Sykes v. California*, 497 F. 2d 197, 200 (9th Cir. 1974)]。Austin 没有举出任何事实以证明 DBCC 成员或 NASD 是怎样以上述提到的行为之外的方式参与此次恶意调查的。事实上，Austin 是主张"恶意调查"，或者仅仅是"恶意指控"还是"程序滥用"，是不明确的。我们倾向于认为，Austin 并未提出诉因，我们将案件发回重审以进行行进一步的审查，我们指导地区法院评估这个观点，尤其要考虑 Elliott v. Perez, 751 F. 2d 1472 (5th Cir. 1985) 案规定的更严格的起诉要求。

　　Austin 反对 NASD 程序的理由是由行业内的私人竞争者对案件进行了裁决。因为 DBCC 成员不拿薪水，他们可以在任职期间继续从事证券投资工作。Austin 认为这些成员并未完全隔离于外部影响，因此他们不可能做到公正，所以不应享有绝对豁免权。

　　Austin 的观点触及国会建立的自律体制的核心问题，因为在该体制下，监管人是行业竞争者就不用说了。但是，国会明确地建立了这个体制，是为了会员能够利用专家的专业知识对该复杂的行业进行监管。自律体制是否具有充分的防止职务滥用的措施，在缺少民事责任绝对豁免制度下该体制是否还能有效运转，二者间呈现了紧张关系。

　　第二部分已简要描述了 NASD 和 DBCC 的程序，这些规定使我们相信监管体制能够充分的防止职务滥用。SEC 对 NASD 颁布、执行规则和纪律处分程序的监督权力无处不在。SEC 也有权对违反规则和职务滥用的任何 DBCC 的官员进行处罚。

　　《玛隆尼法案》，SEC 和 NASD 规则对于 NASD 纪律处分程序规定的程序保障，足以制止权力滥用。这些程序包括三级上诉审查，包括向本院提起上诉。

　　Austin 坚称，即使上诉中被证实无罪，也不能改变因必须抵御不实指控而遭受的费用支出和个人名誉伤害。在绝对豁免的推演中，该风险与在任何其他具有监管属性的司法和行政程序面临的风险是完全一致的。

　　强加给纪律处分官员个人责任并不意味着极力为私人权利进行辩护。尽管针对 DBCC 官员的民事诉由取消了，但仍可提起禁令救济或宣示救济。对于违反联邦或州法律的纪律处分官员，仍可提起刑事指控 [Dennis v. Sparks, 449 U. S. 24, 31, 101 S. Ct. 183, 188, 66 L. Ed. 2d 185（1980）；OShea v. Littleton, 414 U. S. 488, 503, 94 S. Ct. 669, 679, 38 L. Ed. 2d 674（1974）]。同行的压力、惩罚的威胁以及业内对诚信和令人尊重的体系的需要，这些都能对官员的行为进行制约。

　　本案判决得到了类似赋予律师协会纪律处分官员绝对豁免权的案例的支持 [Simons v. Bellinger, 643 F. 2d 774（D. C. Cir. 1980）；Slavin v. Curry, 574 F. 2d 1256（5th Cir. 1978）]。律师协会纪律处分委员会与 DBCC 有着极大的相似性。他们都是由私人竞争者构成，都为执行自律纪律处分程序而行使着指控和裁决的职能（Simons, 780；Slavin, 1266）。律师协会的纪律处分委员会接受法院监督，而 NASD 受到 SEC 直接监管和国会、法院的间接监督。而且，律师协会的纪律处分委员会和 DBCC 成员都受到其从事的职业道德标准的约束（对比 ABA 职业责任模范守则和 NASD 手册）。

法院指出，律师协会委员会成员代行法官的职责，并且仅仅出于司法体制的便利和效率需要提供服务（Simons，781；Slavin，1266）。因此，委员会成员同样享有如果法官直接审理案件时拥有的豁免权（Slavin，1266）［比较 Gravel, supra, 408 U. S. 616 - 17, 92 S. Ct. 2622 - 23（立法助理享有豁免权，因为他们是作为国会议员的代理人行事）］。同理，NASD 的纪律处分官员也是以 SEC 的代理人身份行事，应当享有他们的领导拥有的相同豁免权［Trama v. New York Stock Exchange, Fed. Sec. L. Rptr. (1979 Transfer Binder) 94, 919 (S. D. N. Y. 1978)（纽约证券交易所是 SEC 的手臂）］。

授予仲裁员豁免权的案例进一步支持了我们的判决［Corey v. New York Stock Exchange, 691 F. 2d 1205, 1208 - 11 (6th Cir. 1982)；Tamari v. Conrad, 552 F. 2d 778, 780 (7th Cir. 1977)；Cahn v. International Ladies' Garmet Union, 311 F. 2d 113 (3rd Cir. 1962)］。仲裁员并不受雇于政府，也不受《行政程序法》条款的约束。相反，他们是受聘于当事人以解决其纠纷的私人。

Corey 案的推理认为仲裁员满足了 Butz 案的标准。第一，仲裁员与法官和政府听证官行使着相似的职责，尽管仲裁不是法定的，且仲裁员也不由法庭任命（691 F. 2d 1209）。第二，仲裁员也可能成为对案件不满的当事人反控诉的目标。第三，有控制不合宪行为的充分保障。特别是仲裁是对抗性的程序，给当事人提供了听证的机会，当事人在听证中有权聘请律师，提交证据，对证人交叉询问，得到仲裁庭的书面裁决。当事人自愿协商一致将纠纷提交给公正的仲裁员仲裁。最后，"保障措施中最重要的是司法审查的权利"（同上，Butz, 438 U. S. 512 - 14, 98 S. Ct. 2913 - 14）。这些授予仲裁员绝对豁免权的判决证实了应对处于同样地位的 DBCC 成员给予保护。

Austin 依据两个案例主张，对自律体系内的自律处分官员仅授予有限豁免权［Bruan, Gordon & Co. v. Hellmers, 502 F. Supp. 897 (S. D. N. Y. 1980) (NASD)；and Trama, 前引 (NYSE)］。但这两个案件都明确地对这些官员是否能够享有绝对豁免的问题不予探讨。Trama 案指出，"授予某些裁决机构绝对豁免权的理论根据非常适用于本案，并强化了我们判决驳回原告的诉请的依据"。

虽然没有就绝对豁免问题做出判断，但 Bruan 和 Gordon 案认为 NASD 章程可能已经放弃了 NASD 的豁免权。该观点是基于章程第一章，第4（a）（3）节，该节要求在申请成为 NASD 会员时，申请人必须同意，除了恶意渎职外，NASD 及其职员和委员会成员不应对申请人承担责任。Bruan 和 Gordon 案认为该规定至少确认了 NASD 是否放弃了豁免权是一个事实问题，因此拒绝授予绝对豁免权（502 F. Supp. 903）。我们对此并不认同。

［15］放弃豁免权必须是有意的［Wells Fargo Business Credit v. Ben Kozloff, Inc. , 695 F. 2d 940, 947（5th Cir. ）, cert. denied, 464 U. S. 818, 104 S. Ct. 77, 78 L. Ed. 2d 89（1983）］，清楚的说明［Capital Rental Equipment Co. v. Pacific Indemnity Co. , 193 F. Supp. 897, 900（W. D. Tex. 1961）］，明确的表示［B － M － G Investment Co. v. Continental Moss － Gordin, Inc. , 320 F. Supp. 968, 972（N. D. Tex. 1969）, aff'd on issue cited and remanded in part on other issue（维持了引用的部分事项，其他事项部分发回重审）, 437 F. 2d 892, 893（5th Cir. ）, cert. denied, 402 U. S. 989, 91 S. Ct. 1668, 29 L. Ed. 2d 154（1971）］。NASD 的章程并未满足这些要求。

该同意不是由 NASD 做出的，而是申请人为了申请会员资格做出的表态。虽然会员可被认为是明确放弃了对 NASD 的诉讼权利，但完全不清楚 NASD 是否因此放弃了豁免权。

［16］如果结合申请人弃权所涵盖的 NASD 的行动范围考虑，将该条款视为 NASD 明显的放弃豁免权的规定，其不足之处就更加明显。在 NASD 从事的大量活动中，它和它的官员并未扮演裁决者的角色。这些包括一般的行政职能和运营 NASDAQ 自动报价系统，该系统应用于场外交易证券市场。被告对这些活动没有豁免权。将上述这些职能延伸适用于绝对豁免覆盖下的裁决者的责任领域，对申请人的弃权做这样的理解是不现实的。为了保障裁决体制有效发挥作用，我们认为该条款并未放弃绝对豁免。从法律问题的角度分析，第一章，第4（a）（3）节并未清晰地、有意地和直接地放弃了被告的绝对豁免权。

DBCC 成员满足了 Butz 案测试的所有标准。他们对于履行纪律职责范围内的行为享有民事责任的绝对豁免权。

2. NASD 及其雇员

Austin 主张，NASD 作为一个实体不享有豁免权，这与其官员或委员会成员的豁免权问题无关。原告依据 Owen v. City of Independence, Missouri, 445 U. S. 622, 100 S. Ct. 1398, 63 L. Ed. 2d 673（1980）寻求支持。Owen 案拒绝豁免市政部门依据《美国法典》第 42 编第 1983 节的规定应承担的侵犯民权的责任。法院担心如果赋予其豁免权，将使《民权法案》失去力量。法院认为，城市的豁免范围取决于《美国法典》第 42 编第 1983 节的正确解释（445 U. S. 635, 100 S. Ct. 1407）我们必须查看《玛隆尼法案》关于 NASD 豁免的最初规定，而不是检验 1983 节规定下的市政责任豁免。

[17] 而且，Owen 案牵涉传统的地方政府部门的主权豁免适用问题。NASD 依据国家主权制定的立法体系，行使准政府的权力。与市政部门的活动相比，NASD 的行为更接近于 SEC，后者对损失赔偿案件享有主权豁免权 [Sprecher v. Graber, 716 F. 2d 968, 973 - 74（2d Cir. 1983）]，尽管 NASD 不享有主权豁免权，我们认为，基于 Butz 案的原理，其对会员实施纪律处分的相关行为绝对豁免承担民事责任。

本案中，NASD 因其授权代表的行为被诉，并基于 DBCC 成员的行为对其提出请求。原告声称，NASD 合谋参与了本次活动，但并未说明除了享有豁免权官员的行为之外，该组织是如何参与的。基于我们最近在 Elliott v. Perez, 751 F. 2d 1472（5th Cir. 1985）案的观点，这种指控并不足以支持简易判决的动议。

既然除了 DBCC 的行为之外，未确认 NASD 与原告有任何联系，那么，NASD 执行的就是裁决者和指控者的职能。法律要求 NASD 执行证券法律。我们已经阐明，DBCC 成员采取的纪律处分行为在其权力范围之内。当母组织的会员和官员的行为构成对母组织起诉的唯一基础，如果仅授予这些会员和官员豁免权，却拒绝给予母组织绝对豁免权，这么做是不恰当的。

NASD 也可能成为反控诉案件的目标，因为作为创建和监管 DBCC 的实体，它是一个更明显的目标。最后，监管体制提供的无处不在的 SEC、国会和法院的监管对于 NASD 违法行为的控制，与对 DBCC 成员的控制在程度上没什么不同。因此，我们得出结论，NASD 在履行对会员及其关联人的纪律处分职责时，享有绝对豁免权 [对比 Clark v. Washington, 366

F. 2d 678，681（9th Cir. 1966）（作为实体，律师协会纪律处分委员会享有绝对豁免权）］。

[18] 我们不必讨论 NASD 雇员、Walker 和 Benton 的豁免问题。被告承认 Walker 和 Benton 在从事 Austin 的调查活动及作为行政管理人员时，没有绝对豁免权。

这一点体现在 mbler v. Pachtman 案和其他探讨检察官和调查者豁免的案件中。我们不需决定是否这些雇员享有有限豁免权［Barr v. Matteo，360 U. S. 564，79 S. Ct. 1335，3 L. Ed. 2d 1434（1959）］。但是，对于雇员执行检控职能时实施的任何行为，基于与 DBCC 成员相同的分析，他们可以享有绝对豁免权。我们将案件发回地区法院重审，以决定是否 Walker 和 Benton 的任何行为都能绝对豁免。

3. 作为被告的公司

雇佣 DBCC 成员的被告公司认为也享有绝对豁免权，因为对他们提出指控的违法行为只与 DBCC 成员关联人滥用 NASD 纪律处分程序有关。他们辩称，拒绝给予其豁免权将冲击 NASD 的纪律处分制度。会员公司将不愿意允许他们的关联人担任 DBCC 的成员，因为即使这些关联人绝对豁免诉讼，公司也可能面临着承担民事责任的风险。招募有能力的和公正的成员服务于 DBCC 可能变得极为困难。

在证实上述潜在的妨碍不仅仅只是可能性之前，就授予这些公司绝对豁免权非常牵强。事实上，仅仅因为某个关联人在纪律处分委员会工作时，公司才会享有全部豁免权。原告声称这些公司与包括其关联人的其他被告共谋破坏纪律处分程序。

在前述 Dennis 案中，当某个私主体时，联邦最高法院驳回了与享有豁免权的当事人合谋侵犯他人权利的私主体要求衍生豁免权的请求。该案判决结论是：驳回私人合谋者的豁免权可能导致的对公众的潜在损害，远远不如对受害人提供救济所带来的利益，这些受害人因那些私人参与破坏司法程序而遭受损害（449 U. S. 31 - 32；101 S. Ct. 188）。这个先例有着令人信服的力量。基于目前的请求和证据，公司不享有绝对豁免指控的权利。我们将案件发回地区法院重审，以对这些请求进行进一步的审理。

如果有证据显示：公司合谋的行为涉及其单方鼓励纪律处分官员不要公正处理，那么，隔离这些独立的过错行为并不能实现绝对豁免的目的。另一方面，如果证据显示，纪律处分官员的行为在其职权范围内，他们的公司仅仅基于衍生的基础被视为当事人，案件的处理将会不同。我们现在处于起诉的环节，必须存在更宽广的推测。

D

基于这些豁免问题的决定，我们将案件发回地区法院重审，将这些原则应用于 Austin 诉请中特定的指控。法院应当驳回针对 DBCC 成员、NASD 或者 NASD 雇员在执行指控的职能时，基于职务权限范围内行为提出的任何请求。

[20] 违宪、恶意的指控，及程序滥用的请求看起来受制于豁免的抗辩。而且，部分对商业关系的中伤和干预的请求看起来有必要进行豁免保护。例如，Austin 认为，DBCC 和 NASD 通过公布针对 Austin 的指控的方式恶意中伤原告。但是，这些行为是国会要求的［见《美国法典》第 15 编第 78o－3（h）（1）节］，因此是受保护的行为。相比较而言，其他中伤的请求，例如那些被告称原告是"一群骗子"，放言 Austin 将很快退出市场的行为超出了被告纪律处分职权的范围。这些行为，一经证实，将不再享有豁免权。但是，地区法院可更好地对不同的请求进行筛选，以决定哪些请求能被上诉法院支持，因此，我们将本案发回重审。

我们发回重审的判决与事实问题可以阻却中间性上诉的管辖要求并不矛盾。没有事实争议的情形下，记录显示：NASD 和 DBCC 成员对其职权范围内的行为享有绝对豁免权。留给地区法院决定的事实问题是：特定的行为和指控是否在履行职责范围之内。

八

Austin 指控被告违反了《谢尔曼法》规定的反垄断规则，因为被告合谋利用 NASD 的纪律程序强迫原告退出市场。依据原告的陈述，被告还实施了非裁决性行动计划，通过对 Austin 进行诽谤及干预其商业关系的方式，推进上述目标的实现。

SEC，作为法庭之友，认为国会在制定证券业自律纪律处分程序时，就已经默示的废止了反垄断法的适用。在对相似的先例进行审查后，我们同意国会必然废止反垄断法适用的观点，前提是反垄断法欲调整的行为处于实施 NASD 纪律处分程序的范围之内。

[21] [22] 默示废止反垄断法的规则仅在反垄断法和监管制度之间出现冲突时才具有适用的正当性，在其他情形并未获得认可［United

States v. National Association of Securities Dealers, Inc. , 422 U. S. 694, 719, 95 S. Ct. 2427, 2443, 45 L. Ed. 2d 486（1975）]。默示废止的规则仅仅在"证券交易法实施必要的范围之内，甚至是必要的最小范围之内"才可适用①。

Silver 首先考察了反垄断法能否适用于 NYSE 关于会员和非会员的证券公司之间通信服务中断的调整规则。法院拒绝做出反垄断法废止适用的推论，理由是 SEC 缺少对交易所行为进行审查的权力。因此，在反垄断法和证券监管制度之间不存在任何冲突（373 U. S. 358, 83 S. Ct. 1257）。但是，法院也将 Silver 案的事实与《玛隆尼法案》确立的自律监管纪律处分程序进行了比较，认为：如果 SEC 享有管辖权，继而对特定的证券交易所规则进行司法审查，就像《玛隆尼法案》规定的对经注册的证券商协会（例如 NASD）的纪律处分行为进行检查，……关于为阻止反竞争行为而执行法律的豁免问题，将会引发另类案件，今天我们不对此进行断定（同上，358 n. 12, 83 S. Ct. 1257 n. 12）。

在前述 NASD 案中，法院认为关于 NASD 对证券法的解释问题，反垄断法停止适用（422 U. S. 721 - 22, 95 S. Ct. 2444）。法院依据 SEC 对 NASD 广泛的监管，法院认为这种无处不在的监督权力表明，"国会有意解除《谢尔曼法》对 NASD 实施的经 SEC 批准的行为的适用"[422 U. S. 733, 95 S. Ct. 2449. Gordon v. New York Stock Exchange, Inc. , 422 U. S. 659, 95 S. Ct. 2598, 45 L. Ed. 2d 463（1975）（在交易所固定佣金费率的问题上，默示的废止反垄断法的适用）]。

而且，NASD 认为如果对其行为适用《谢尔曼法》，将会使其面临接受相互冲突的双重标准的约束的巨大风险，这不可能是国会意图达到的结果（同上，422 U. S. 734, 95 S. Ct. 2450）。因此，有必要终止反垄断法的适用，以确保监管机构能够在不抵触法院依据反垄断法作出的判决的情况下，履行其职责（同上）。

依据这些案例，我们对 Harding v. American Stock Exchange, Inc. , 527 F. 2d 1366（5th Cir. 1976）案进行了判决。我们认为，基于《证券交易法》关于交易所股票退市程序的规定，反垄断法已被默示终止适用。SEC

---

① Silver v. New York Stock Exchange, 373 U. S. 341, 357, 83 S. Ct. 1246, 1257, 10 L. Ed. 2d 389（1963）.

的广泛监管权力决定了这样的认识（同上，1370）。

　　这个先例明确的表明，对于被告在 NASD 纪律处分程序中采取的行为，反垄断法被默示的终止适用。正如我们在第二部分探讨的那样，SEC 对该程序执行着广泛的监管权力。将反垄断法叠加于证券法之上，将不当干预 SEC 的管辖权。法院可能制定双重的或与证券法和 SEC 规则相冲突的标准，这将使国会在证券交易法中确立的利益平衡机制落空。

　　此外，尽管 NASD 的纪律处分体系与反垄断法无关，但不影响《谢尔曼法》立法目的的实现。国会已要求 SEC 在其规则、条例和行动实施前，对其反竞争效果进行评估。

　　但是，国会指出，考察反竞争的影响的指令可能有着混合效果，但这不应被视为要求 SEC 证明，对于实现监管目的而言，这些行为已是最小程度上的反竞争方式。相反，SEC 的义务是在做出监管决定时，权衡竞争的影响。因此，对于《证券交易法》的众多目的来说，竞争不应成为首选，相反，为了实现这些目的而采取的监管行动效果，必须权衡任何可能对竞争产生不利的影响 [S. Rep. No. 75, 94th Cong., 1st Sess. 13 - 14 (1975), U. S. Code Cong. & Admin. News 1975, pp. 191 - 192]。因此，国会表明了其观点，即证券法的目的与反垄断法并不一致，并决定当二者不可调和时，证券法应优先适用。

　　[23] 将反垄断法适用于被告在 NASD 纪律处分程序中采取的行为，妨碍《证券交易法》的国会意图实现 [NASD, 422 U. S. 732 - 735, 95 S. Ct. 2449 - 2450; Gordon, 422 U. S. 691, 95 S. Ct. 2615; Harding, 527 F. 2d 1370]。因此，联邦反垄断法不适用于 NASD 的纪律处分程序。

　　[24] 我们指令地区法院驳回原告关于被告在 NASD 纪律处分程序中的行为违反反垄断法的所有指控。"《谢尔曼法》已经被《玛隆尼法案》和《证券交易法》确立的无所不在的监管框架代替"（NASD, 422 U. S. 735, 95 S. Ct. 2450）。因被告实施的对 Austin 处罚的行为导致的任何反竞争损害指控，必须基于证券法的规定，依据 SEC 的监督和监管权力提供救济。

　　但是，我们提示，本判决没有完全解决 Austin 提出的违反反垄断法的指控。任何驳回的裁定仅限于被告纪律处分权力范围内，正如前文限定的那样。在被告权力范围之外任何对反垄断行为，不存在默示的废止问题，因为在反垄断法和不受绝对豁免权保护的被告行为之间不存在冲突。

允许反垄断法在这个范围内运行，不会不当干预 NASD 或者 SEC 有效行使职责。因此，当被告对诸如中伤和干涉商业关系的指控不享有绝对豁免权时，被告也不享有对反垄断指控的豁免权，只要这些指控的反竞争行为不属于其公务范围之内。地区法院必须将这些原则应用于本案事实。

九

最后，我们将注意力转移到地区法院拒绝在 Austin 的部分请求仲裁前，暂停司法程序的问题。被告承认 Austin 提起的恶意指控，正当程序和反垄断请求是不可仲裁的。但是，被告声称 Austin 提出的关于中伤和干预商业关系的请求，基于包含在会员入会协议中的 NASD 仲裁条款是可以仲裁的。

该协议规定："任何产生于会员业务或与会员的业务有关的纠纷，请求或者争议，（1）会员之间；（2）会员与公众客户或他人之间"，都应提交仲裁解决（NASD 手册，第 3701 条款）。仲裁条款还适用于会员关联人（同上，第 3708 条款）。

Austin 主张，不应对其请求进行仲裁，因为该纠纷存在于会员（Austin）与 NASD 之间，而不是会员之间。而且，原告认为，该行为与纪律处分程序有关，并不是 Austin 或其他会员的业务。

[25] 对于仲裁条款是否涵盖本案争议，是不明确的和存有争议的。纠纷涉及诉讼双方的 NASD 会员及其关联人。此外，争议产生于 Austin 的行为。启用纪律处分程序的正当性最终取决于 Austin 与其客户的业务行为的合法性。仲裁协议没有清楚地解决对涉及 NASD 自身的请求，或者产生于其官员行为的请求是否进行仲裁的问题。但是，基于鼓励仲裁的联邦政策，将纠纷提交仲裁的书面协议应当被宽泛的解释，任何关于某事项是否具有可仲裁性的争议都应在有利于仲裁的原则下解决 [Moses H. Cohen Memorial Hospital v. Mercury Construction Corp. , 460 U. S. 1, 24 – 25, 103 S. Ct. 927, 941, 74 L. Ed. 2d 765 （1983）; Wick v. Atlantic Marine, Inc. , 605 F. 2d 166, 168 （5th Cir. 1979）（除非能被明确的保证，仲裁条款不受关于是否涵盖争论中的纠纷的解释的影响，那么，在仲裁前停止司法程序的禁令应被赋予）]。

但是，Austin 认为，即使中伤和干预商业关系的请求可能是可仲裁的，他们也不能轻易地从其余不适宜仲裁的请求中分离开来。例如，既存的反垄断的请求涉及被告中伤 Austin 和干预其商业关系的指控，意图强迫 Austin 退出市场。因此，它认为地区法院正确的驳回了仲裁前暂停诉讼的请求。

巡回法院曾经认为，当可仲裁的请求事项与非仲裁性的请求事实紧密交织在一起时，对前者，地区法院可以适当驳回为了仲裁而停止诉讼程序的请求①

联邦最高法院近期在 Dean Witter Reynolds, Inc. v. Byrd, 470 U. S. 213, 105 S. Ct. 1238, 84 L. Ed. 2d 158 (1985) 一案推翻了上述"交织性"理论。当 Byrd 投资 Dean Witter 的基金时，他签署了客户协议，该协议要求发生于当事人之间的任何争议都应提交仲裁。Byrd 随后向联邦地区法院提起诉讼，指控 Dean Witter 违反了《证券交易法》和州法。依据仲裁条款，Dean Witter 寻求法院裁定在对悬而未决的州法上的请求进行仲裁前暂停司法程序。

当事人和地区法院认为，基于联邦证券法提出的请求都是不可仲裁的。地区法院驳回了中止司法程序的请求，理由是这些悬而未决的请求与不可仲裁的联邦指控交织在一起。第九巡回法院在上诉审理中维持了地区法院的判决。

联邦最高法院撤销了该判决，并明确表示拒绝适用被第五、第九和第十一巡回法院采取的"交织性"理论。

《联邦仲裁法》第二条规定，对于因既存的涉及商业交易合同产生的纠纷达成的书面仲裁协议是有效的，不可撤销的和具有强制执行力的，除非存在法律或衡平法上的合同撤销的理由。法院认为该法没有给地区法院留下任何自由裁量的空间（105 S. Ct. 1239 - 40）。法院必须"在当事人一方提出强制仲裁的请求时，强制对悬而未决的可仲裁请求进行仲裁，即使结局可能是徒劳的各自维持不同场所的程序而已"　［同上，Moses H. Cohen, supra, 460 U. S. 20, 103 S. Ct. 939（当有必要赋予仲裁协议效力时，联邦法律要求逐个的解决方案）］。为了执行私人仲裁协议，这个结论被国会授权执行。

---

① Smoky Greenhaw Cotton Co. , Inc. v. Merrill Lynch, Pierce, Fenner & Smith, Inc. , 720 F. 2d 1446, 1448 (5th Cir. 1983)；Miley v. Oppenheimer & Co. , Inc. , 637 F. 2d 318, 334 - 37 (5th Cir. 1981)；697 Sibley v. Tandy Corp. , 543 F. 2d 540, 543 (5th Cir. 1976), cert. denied, 434 U. S. 824, 98 S. Ct. 71, 54 L. Ed. 2d 82 (1977) . Belke v. Merrill Lynch, Pierce, Fenner & Smith, 693 F. 2d 1023 (11th Cir. 1982) .

[26] NASD 仲裁条款"表明了商业交易的存在"[Prima Paint Corp. v. Flood & Conklin Manufacturing Co., 388 U. S. 395, 401 n. 7, 87 S. Ct. 1801, 1805 n. 7, 18 L. Ed. 2d 1270 (1967); Corey v. New York Stock Exchange, supra, 1210 (证券交易中体现了商业条款联系); Dickstein v. DuPont, 443 F. 2d 783, 785 (1st Cir. 1971) (NYSE 与雇员之间的仲裁协议包含了商业内容); Shearson Hayden Stone, Inc. v. Liang, 493 F. Supp. 104, 106 (N. D. Ill. 1980); Macchiavelli v. Shearson, Hammill & Co., Inc., 384 F. Supp. 21 (E. D. Cal. 1974); Legg, Mason & Co., Inc. v. Mackall & Coe, Inc., 351 F. Supp. 1367, 1370 (D. D. C. 1972)]。

因此,无论是否存在任何交织的非仲裁性请求,地区法院都无权决定是否中止程序,地区法院被指令对包括中伤和故意干预商业联系在内的任何可仲裁事项进行强制仲裁。

十

总之,我们认为 NASD,DBCC 成员和雇员,在其担当检察官的角色时,对履行纪律职责范围内的行为,绝对豁免于进一步的指控,但他们对职责范围以外的行为并不享有豁免权。我们也决定,对于 NASD 的纪律处分程序,反垄断法被默示废止,但仍适用于对被告公务范围以外的行为引发的请求。最后,我们指令地区法院对任何可仲裁的诉因都要强制仲裁。

我们将案件发回地区法院重审,要求基于本判决和我们近期在前述 Elliott v. Perez 案中的观点,重新评估对于其他请求授予简易判决的正当性。Elliott v. Perez 案要求在反驳个人享有绝对豁免权时,其抗辩请求应更加具体明确。撤销地区法院的禁令,基于相同的理由发回重审。

撤销原判,发回重审。

点评:

本案是首例针对自律组织纪律处分官员的豁免权的案件。鉴于没有直接的先例,法院以联邦最高法院关于法官、检察官和行政纪律处分官员豁免权的判决为指导,考察了法官、检察官、立法者等的绝对豁免权,特别关注了 Butz 案中法院将绝对豁免权授予履行类似法官和检察官职能的农业部行政官员的做法。最高法院在 Butz 案中确立了一个三维标准,以评估是否需要给官员绝对豁免。基于这个标准,如果:a) 官员的行为具有司法程序的特征;b) 官员的行为极易因当事人的不满引发诉讼;c) 在监管体系中存在足够的能制约违宪行为的保障措施，那么，该官员的行为将绝对豁免承担民事责任。

之前没有任何案例表明该豁免是否可以延伸适用于私人以及如同本案被告一样行使准政府职能的私组织。为了确定这个问题，法院应用 Butz 案的三维标准，分析巡回法院对每组被告作出的类似判决。

对于 DBCC 成员，其在对 Austin 实施纪律处分时，担当的是检察官或裁审员的角色，这满足了 Butz 案的第一项标准。DBCC 官员很可能成为诉讼的目标，这满足了 Butz 案的第二项标准。NASD 纪律处分程序的法定框架对于控制不合宪的行为提供了充分的保障，这满足了第三项标准。法院还从律师协会纪律处分官员和仲裁员绝对豁免的案例中寻求支持。

对于 NASD 及其雇员，法院认为，NASD 依据国家主权制定的立法体系，行使准政府的权力，NASD 的行为更接近于 SEC，后者对损失赔偿案件享有主权豁免权。但法院明确否认 NASD 享有主权豁免权。法院从 NASD 与原告的关联角度出发，认为除了 DBCC 的行为之外，未确认 NASD 与原告有任何联系，由此推论，NASD 执行的就是裁决者和指控者的职能。法院推理，当母组织的会员和官员的行为构成对母组织起诉的唯一基础，如果仅授予这些会员和官员（DBCC 成员）豁免权，却拒绝给予母组织绝对豁免权，这么做是不恰当的。NASD 也可能成为反控诉案件的目标，无处不在的 SEC、国会和法院的监管对于 NASD 违法行为予以控制。综上所述，法院仍然是基于 Butz 案确立的三维标准，逐一验证，并因此得出结论：NASD 在履行对会员及其关联人的纪律处分职责时，享有绝对豁免权。

对于雇佣 DBCC 成员的被告公司，法院认为应根据被告公司参与的程度决定豁免权问题，仅仅因为某个关联人在纪律处分委员会工作时，公司才会享有全部豁免权。基于目前的证据，被告公司不享有豁免权，相关事实需要发回重审。

就 DBCC 成员的民事责任豁免而言，法院采用功能性相似的标准进行推理，这在逻辑上没有问题。但对于 NASD 而言，法院仍然采取 Butz 案确立的三维标准进行推理，则逻辑上似显混乱。Butz 案的标准是为了将法官、检察官的绝对豁免扩展适用于行使准司法职能的行政官员而确定的，其主体是由一个自然人扩展到另一个自然人。而本案中将自然人适用的绝对豁免扩展到自律组织，显然超出了 Butz 案的推理范畴，属于扩张解释，能否成立，不无疑问。本案中，法院注意到了 NASD 是准政府职能的组织，但却认为其不享有主权豁免权，因而没能沿着主权豁免的这条线索继续推理，是为遗憾。如果法院能按照主权豁免的思路解决 NASD 的责任豁免问题，本案就更符合逻辑推理，而且还会给之后的其他法院的判例树立好的示范，就会在很大程度上避免之后法院在自律组织民事责任绝对豁免权问题上的混乱了。

第二节　与 NYSE 有关的代表性案例

NYSE 是美国历史最为悠久的证券交易所之一，也是世界上最具影响力的证券交易所之一，与其相关的案例很多，例如 Barbara v. NYSE[1]，D'Alessio v. NYSE[2]，OCallaghan v. NYSE[3] 等。本章选取 In re NYSE Specialists Securities Litigation[4] 案作为代表性案例，主要考虑到该案的背景是 NYSE 专家系列违规案，这是美国证券发展史上极具影响力的事件，曾引发了社会各界广泛关注，并促成了对 NYSE 传统专家交易制度的改革。

案例二：In re NYSE Specialists Securities Litigation

以 California Public Employees'Retirement System（"CalPERS"）和 Empire Programs, Inc.（"Empire"）为代表人的原告——上诉人（二者在集团诉讼中担任原告方的"代表人"，为行文方便，下文以"原告"指称）对纽约州南区地区法院的判决 In re NYSE Specialists Secs. Litig.，405 F. Supp. 2d 281（S. D. N. Y. 2005）（In re NYSE Specialists）不服提起上诉，该判决支持被告——被上诉人纽约证券交易所（以下简称 NYSE）要求驳回起诉的动议。原告在起诉中声称 NYSE 未能履行监管责任，未提供公平和有序的市场，原告还基于《美国联邦行政法典》第 17 编第 240 节 10b－5 的规定认为 NYSE 对市场诚信进行了虚假陈述，原告因为相信该陈述才在 NYSE 进行了交易。原告认为地区法院认定 NYSE 享有绝对豁免

---

① 99 F. 3d 49（2d Cir. 1996）.

② 258 F. 3d 93（2d Cir. 2001）.

③ 2012 WL 3955968.

④ 503 F. 3d 89，C. A. 2（N. Y.），2007.

权是错误的，因为当它允许和鼓励在交易大厅内实施不当行为和欺诈时，NYSE 的行为就与授予其行使的准政府权力不符，其已经放弃了维护公平和有序市场的监管目标。原告进一步认为地区法院认定他们没有资格基于规则 10b－5 对交易所提起诉讼是错误的，该诉讼是针对交易所所谓的关于市场诚信和内部运行的虚假陈述，原告依赖于此在交易所从事了交易。基于以下将要讨论的原因，我们确认地区法院关于 NYSE 对被指控的监管失职享有绝对豁免的判决，但撤销地区法院关于原告没有规则 10b－5 下的资格的判决，将案件发回原审法院按照本判决进行重审。

背景

因为本次上诉针对的是授予驳回起诉的决定，我们必须视起诉状中陈述的事实为真，并得出所有有利于原告的合理的推论［Port Washington Teachers Ass'n v. Bd. of Educ. of Port Washington Union Free Sch. Dist.，478 F. 3d 494，498（2d Cir. 2007）］。据此，事实如下：

NYSE 依据证券交易法第 6 章在 SEC 注册为全国性证券交易所。作为注册的交易所，NYSE 被证券交易法认定为自律组织［《美国法典》第 15 编第 78C（a）（26）］，这意味着交易所"有义务制定并执行管理其会员行为的规则"［Barbara v. N. Y. Stock Exch.，Inc.，99 F. 3d 49，51（2d Cir. 1996）］。我们之前曾指出，SEC 已赋予 NYSE"监管自身和会员行为的大量权力"［MFS Secs. Corp. v. N. Y. Stock Exch.，277 F. 3d 613，615（2d Cir. 2002）］。

NYSE 和专家公司

根据诉状，NYSE 在集团诉讼期间一直是非营利性的公司，负责监管世界上最大的股票交易所，超过 2800 家公开交易的公司在交易所上市。① NYSE 按照以下原则组织运行，在大厅交易的公司的投资者，无论是个人还是机构，都有权获得交互报价并接受对其交易最好报价的平等的机会。因为交易所自身不能从事上述 2800 家公司的实际交易，其通过七家专家公司集合交易的方式推进竞价市场的运行，这些专家公司有责任管理"委托给他们的股票，创建公平的、有竞争力的、有序的和有效率的市场"。

在 NYSE 上市交易的每只股票都委托给一家特定的公司。为了完成某

---

① 本案提起后，交易所进行了并购，自此 NYSE 不再是非营利性公司。现在，NYSE 以 NYSE LLC 的名称作为一家营利性公司在运营。NYSE LLC 依据证券交易法在 SEC 注册登记为自律组织。

只特定股票的交易，买方和卖方必须向受托管理该股票的特定专家公司出示其买卖的报价。在交易所交易的基本方式是通过 NYSE 的超级订单转送及成交回报系统完成的，买卖订单通过该系统以电子化的形式传送给专家公司。这些订单显示在一个特别的电子工作平台上，通常被称为"显示簿"。每家专家公司在其交易台上都有电脑化的"显示簿"，以执行市场订单。

通过以投资者的代理人身份，或者为自己的利益买卖其受托管理的股票的方式，专家公司被要求制作和显示能正确反映主要市场环境的持续的双向行情，以维持流动的和持续的双向公共拍卖。在担任代理人时，专家公司将出现在显示簿册中的买卖的订单进行匹配，并确保以最可行的价格及时促成交易。在从事自营业务时，如果出于维持公平和有序的市场的需要，专家公司被允许在某些特定的情形下，基于"委托人"或"交易商"的身份完成交易。在这种情形下，例如当不存在相匹配的买卖订单时，专家被许可通过卖出专家公司自有账户或"储备"中的股票的方式以促成某个投资者的购买订单成交。此外，专家还被许可通过购买股票和持有投资者储备股票的方式促成投资者卖出股票的订单的成交（In re NYSE Specialists，405 F. Supp. 2d 290）。

专家公司对在 NYSE 交易的特定的股票的实质性权力以及近乎全面的控制为其操纵市场寻求自利创造了机会。起诉状指控"在掌握关于某只特定股票供需的重要的非公开信息时（这些信息某种程度上是通过既存的尚未执行的订单了解到的），专家公司持续的为自有账户进行交易"。[①]在认识到此种风险后，交易所已制定了内部规则以制约专家公司的行为，包括要求专家"遵守良好的商业惯例原则"（NYSE 规则 401），禁止任何专家为自己账户进行交易，除非是出于维护公平和有序市场的合理需要。例如 NYSE 规则 104（a）规定，"任何专家都不应为其直接或间接受益的任何账户，对其注册其中的交易所的某只股票的买卖施加影响，除非这么做对于维护公正和有序的市场有着合理的必要性。"因此，原告主张这些

①　例如，从诉状中举例说明：如果专家公司知道某只股票委托给其管理，10000 股卖价89.06 美元，同时有 10000 股卖价 89.00 美元，依据合理的监管制度，专家公司应允许交易以89.03 美元成交，促成双方在公开市场上公平和有序的成交。但是，依据原告的陈述，专家公司经常在这种情形下作为自己的委托以 89.01 美元价格买入 10000 股股票，并在 89.05 美元价位卖出。对比其原始的报价，最初的买方和卖方都获得 0.1 美元的价差利益，专家公司作为委托人而不是代理人，能够利用非公开的买卖价格信息在几秒钟之内就获得每股 0.4 美元的利润。

要求专家以委托人身份交易的规则只能在特定的环境下适用，即这么做是出于维护公平和有序的市场的必然需要。

原告声称在集团诉讼期间，专家公司积极地利用他们独特的地位进行自我交易，NYSE 疏于或放弃了其监管责任和对专家公司的监督，允许甚至在某些案件中鼓励明目张胆的自我交易。通过"广泛的操纵性，自我交易，欺骗性和误导性的行为"，专家公司和交易所被指控违反了《证券交易法》、SEC 规则和 NYSE 自己的规则和条例的部分规定。原告在诉状中指控五种类型的不当行为，前四种涉及 NYSE 对专家公司的自我交易视而不见，或者积极鼓励：

"插队"，专家公司阻止匹配的公众订单中的正常的代理交易，相反，插进匹配的订单中为自己获得利润。

"提前交易"，专家公司在为公众投资者执行交易前，为自己的账户执行交易。因为专家公司知道公众投资者的订单将会如何影响股票价格，其为自身的商业利益使用该秘密信息。

"冻结订单簿"，指专家公司冻结某只特定股票的显示簿，以在执行公众投资者订单前，首先为自己账户从事交易。

"操纵即时信息"，专家公司改变股票的价格以影响委托人的交易。

原告声称的第五种类型的不当行为涉及试图隐匿专家公司不当行为的证据，其中 NYSE 积极地寻求帮助专家避开或违反证券法，尤其是通过篡改报告，对即将进行的调查通风报信，秘密地鼓励不当行为的方式。据称，这些广泛的欺骗性图谋给专家公司和 NYSE 带来了数以亿计的非法利润。

SEC 报告以及针对 NYSE 和专家公司的执法行动

根据起诉状，2003 年 11 月 3 日出版的《华尔街日报》文章描述了一份 SEC 秘密报告的内容，该内容是 SEC 自 2003 年年初对 NYSE 和专家公司官方调查的一部分，其中"详尽报道了 NYSE 在集团诉讼期间对专家公司完全和彻底的监管失败"。文章对报告关于交易所监管失败的结论进行了总结，包括 NYSE 未能对作为其精英的大厅交易公司有效监督，对公然违反"禁止自我交易"规则的行为视而不见；交易所是"装备不良的或过于担忧增加监管工作量的内部监管者"；交易所没有"有意义的监管"，因而导致不当行为持续存在并给客户带来数以亿计的重大损失。SEC 报告从未公开发表过。

该报纸文章发表几个月后，SEC 于 2004 年 3 月 30 日宣布与每个专家公司达成和解协议，专家公司承认其未能按照法律要求维护受托管理股票市场的公平和有序性。专家公司同意和解方案，但既未认可也未否认指控其通过欺诈和操纵违反证券交易法的调查结论。专家公司还同意为其违法行为向 SEC 支付约 2.5 亿元。

2005 年 4 月 12 日，SEC 宣布了对 NYSE 同步提起的执法行动及和解情况，表明"NYSE 同意接受给予谴责和要求 NYSE 今后不再违反联邦证券法的禁令"［见 SEC 指控 NYSE 未能对专家进行监管的新闻稿（2005年 4 月 12 日），http：// www. sec. gov/ news/ press/ 2005 - 53. htm］。该公告进一步指出：证监会还明确发现自 1999 年到 2003 年，许多 NYSE 专家反复从事非法的自有账户交易，给客户造成了超过 1.58 亿美元的损失。不当交易采取了不同的形式，包括在客户订单中插入专家公司的自有账户，在同方（指卖方或买方）的可成交的代理订单前为自有账户提前进行交易。自 1999 年一直到整个 2002 年，NYSE 未能充分监管专家的交易行为，使得大多数非法行为得以持续进行。这些非法的交易行为基本未被发现，因为 NYSE 的监管计划在监督、调查和约束专家违法交易行为上存在缺陷。作为和解的成果之一，交易所同意施行新的监管方式，并为此提供两千万美元的经费。

被指控的虚假陈述

在整个集团诉讼期间，NYSE 反复发布关于专家公司运行及其对专家公司日常职责监管的公开声明。例如，在 2001 年 1 月 8 日发布的新闻稿中，交易所声称"我们的代理 - 竞卖模式用最有效率的价格发现方式将最好的流动性与透明性结合在一起，由此为客户带来最低的执行成本和最好的价格"。NYSE 投放广告重点推介了伯克希尔·哈撒韦公司的沃伦巴菲特，他为其公司招揽交易费用中的储蓄金，并通过在交易所上市达到了预期目的，他进一步认为"我们想要为股东获得最好的市场，NYSE 就是这个市场"。而且，交易所的高层次雇员，包括时任主席格拉索，发布了公开声明，使公众确信 NYSE 的诚实和其对于一个公开和公正市场的持久承诺。原告主张这些陈述故意制造了"交易所依据法律、规则和条例监管和运行其竞卖市场的错误印象，并使得投资者相信 NYSE 是一个诚实和公正的市场"，投资者依赖这些虚假陈述在集团诉讼期间对在 NYSE 上市的股票进行了交易。

当前的诉讼

2003 年 10 月 17 日，针对专家公司和 NYSE 的集团诉讼在纽约州南区法院提起。随后相关的几起集团诉讼在同一法院提起。2004 年 5 月 27 日，地区法院颁布命令将相关案件合并审理，并选择 CalPERS 和 Empire 作为诉讼代表人并指定了首席律师。原告提出了修改过的合并诉状，包括 NYSE 在内的被告依据规则 9（b）和《联邦民事诉讼法》第 12（b）（6）条款要求驳回起诉。在公布的判决中，地区法院驳回了各个专家公司的驳回起诉动议，但确认了 NYSE 的动议，理由是作为自律组织，其对于原告主张的交易所怠于履行监管职责享有绝对豁免权，且原告缺少《美国联邦行政法典》第 17 编第 240 节 10b－5 的规定的对交易所提起虚假陈述指控的资格（In re NYSE Specialists, 405 F. Supp. 2d 302－306，2006 年 2 月 9 日）。地区法院确认了原告依据《民事诉讼法》第 54（b）条提出的寻求关于 NYSE 的终局判决证明和记录的动议。随后原告及时提出了上诉。

讨论

地区法院准许基于未能依据规则 12（b）（6）提出诉请，要求驳回起诉的动议，我们对此进行重新审查［Nicholas v. Goord, 430 F. 3d 652, 657（2d Cir. 2005）］。

法院不应当基于这样的动议驳回案件，"除非，诉状中未能提出任何原告有权获得救济的事实"［Miller v. Wolpoff & Abramson, L. L. P., 321 F. 3d 292, 300（2d Cir. 2003）］。基于这个目的，我们必须接受诉状中的所有陈述为真，并按最有利于未提出动议一方当事人的原则得出所有推论（Port Washington Teachers'Ass'n, 478 F. 3d 498），但我们不必将"合法的结论、推理或观点作为事实陈述……真实性推定"［United States v. Bonanno Organized Crime Family of La Cosa Nostra, 879 F. 2d 20, 27（2d Cir. 1989）］。

我们首先考察 NYSE 对其积极或消极的共同参与专家公司不当行为的指控是否享有绝对豁免权，然后处理原告是否有资格依据规则 10b－5 对交易所与其监管活动和市场诚信有关的不当行为提起指控。

一　绝对豁免

绝对豁免提供了"免于诉讼的全面保护"［Harlow v. Fitzgerald, 457 U. S. 800, 807, 102 S. Ct. 2727, 73 L. Ed. 2d 396（1982）］，因为其给予"受托从事敏感工作的公职人员为履行职责所需的受保障的自由裁量权"［Barr v. Abrams, 810 F. 2d 358, 361（2d Cir. 1987）］，从而他们不会感觉

"受到根据在损害赔偿诉讼中他们自己潜在的责任结果作出每个决定的制约"〔Imbler v. Pachtman, 424 U. S. 409, 424 - 25, 96 S. Ct. 984, 47 L. Ed. 2d 128 (1976)〕。该原则的本质"是其'给予对官员行为的动机和合理性免受任何司法审查的保护'"〔Shmueli v. City of New York, 424 F. 3d 231, 237 (2d Cir. 2005) (引用 Robison v. Via, 821 F. 2d, 913, 918 (2d Cir. 1987))〕，即使被指控的行为基于错误的动机甚至恶意产生〔Bernard v. County of Suffolk, 356 F. 3d 495, 503 (2d Cir. 2004) (引用 Cleavinger v. Saxner, 474 U. S. 193, 199 - 200, 106 S. Ct. 496, 88 L. Ed. 2d 507 (1985))〕。鉴于这种重大的保护，我们曾经警示过该原则"具有不寻常的和独特的特征"〔Barrett v. United States, 798 F. 2d 565, 571 (2d Cir. 1986)〕。基于此，法院必须基于个案对绝对豁免的乞求进行审查〔DL Capital Group v. Nasdaq Stock Mkt. Inc., 409 F. 3d 93, 97 (2d Cir. 2005)〕，声称豁免权的当事人承担享有该权利的举证责任〔D'Alessio v. N. Y. Stock Exch., Inc., 258 F. 3d 93, 104 (2d Cir. 2001)〕。

[1] 尽管 NYSE 不是政府实体，我们仍然认可在特定情形下，NYSE 对其依据在证券市场监管中的准政府地位而采取的行为享有绝对豁免权〔Barbara, 99 F. 3d 58 (尽管交易所是私人的而不是政府实体，当私人行为者履行重要的政府职能时，他们受到豁免原则的保护)〕。事实上，就像在其他绝对豁免语境下一样，为了判断类似交易所这样的自律组织是否享有豁免权〔D'Alessio, 258 F. 3d 104 - 06 (应用职能性方法判断 NYSE 是否享有豁免权)〕，我们关注的是"被履行职能的性质，而不是履行者的身份"〔Forrester v. White, 484 U. S. 219, 229, 108 S. Ct. 538, 98 L. Ed. 2d 555 (1988)〕。运用这种分析思路，我们已经发现交易所自律组织对于以下被指控的不当行为绝对豁免诉讼：(1) 针对交易所会员的纪律惩戒程序 (Barbara, 99 F. 3d 59)；(2) 执行证券规则和条例，以及对交易所会员的一般性监管 (D'Alessio, 258 F. 3d 106)；(3) 对证券法律和规则适用于交易所或其会员的解释 (同上)；(4) 为执行证券法规定的民事责任或刑事指控，将交易所会员移送给 SEC 和其他政府机构 (同上)；(5) 公开宣布监管决定，DL Capital Group, 409 F. 3d 98 这些案件中的共同脉络是：绝对豁免附随于与监管制度的适当功能有关的活动 (D'Alessio, 258 F. 3d 106)。事实上，因为作为自律组织，NYSE 在向其会员解释证券法和监督对这些法律的遵守情况时，处于 SEC 的位置，由此得出结论，

NYSE 在 SEC 的广泛监督权力下履行授予其的职责时，应当获得与 SEC 同样的豁免权（同上，105）。因此，只要"被指控的不当行为属于授予 NYSE 的准政府权力范围"，绝对豁免就相伴而生（同上，106）。

原告辩称基于我们的先例，绝对豁免原则仅仅适用于自律组织积极的且一贯的行使授予的权力，按照其准政府角色行事的情形。因为这些陈述说明了 NYSE 不仅未能监管，而且有时还实际参与了欺诈和不当行为，原告还认为绝对豁免原则并未禁止他们的请求。我们对此不予认同。

[2] 原告首先认为我们先前的与此有关的判决仅仅保护自律组织监管权力的积极行使，当 NYSE 不作为，并且，用他们的话说，已在本质上放弃了监管的权力时，豁免就不存在了。但是，在 D'Alessio 案中，我们明确认为，对于原告指控的 NYSE 未能对 D'Alessio 和其他大厅会员遵守证券法律和规则的情况进行监管的行为，NYSE 享有绝对豁免权，因为这些行为"明显属于授予 NYSE 的准政府职责范围"（258 F. 3d 106）。鉴于在 D'Alessio 案中的讨论有些粗略，本案聚焦于 NYSE 其他不当行为的指控，我们不接受这样的观点，即绝对豁免应当保护决定作为的自律组织，但不保护决定不作为的自律组织。行使监管职权的权力必然包含了不采取积极行为的权力。毕竟，豁免的目的是给予政府官员，或那些像自律组织一样依据政府明确授权行事的人，行使权力的呼吸空间，使得他们不必担心其自由裁量的决定可能引发无休止的诉讼 [Barbara, 99 F. 3d 59（指出，"允许针对交易所因其行使准政府职能而提起诉讼，将明显为国会制定证券交易法的目的和目标的执行与达成设置障碍"]。豁免赋予的必需的呼吸空间只能给予作为的决定，这种限制没有任何逻辑性。绝对豁免就其本质上而言必然产生应受谴责的行为（无论是积极的还是消极的）不受惩罚的风险，接受这样的风险是为了让自律组织不会在做出监管决定时（包括不作为的监管决定）畏手畏脚。因此，我们认为绝对豁免仅适用于积极的行为的说法既未得到案例法的确认，也与绝对豁免的目的不符。

我们对豁免的理解在本巡回法院其他绝对豁免语境下的先前判例中得到进一步支持。例如，检察官，既对于起诉某人的决定受到绝对豁免的保护，同样也对不起诉的决定享有豁免 [Schloss v. Bouse, 876 F. 2d 287, 290（2d Cir. 1989）（作为逻辑问题，绝对豁免也必须保护检察官对其做出的不起诉决定免于损害赔偿诉讼）；Mangiafico v. Blumenthal, 471 F. 3d 391, 396（2d Cir. 2006）（在司法部长在本案中做出的不为州政府雇员进行辩护的决定，与检察官和政府律师启动或不启动民事或行政程序的决定之间，我们可以推测出不存在任何有意义的不同之处）；accord Harrington v. Almy, 977 F. 2d 37, 40（1st Cir. 1992）（认为豁免适用于"这个行为，或者更准确地说这个拒绝作为的行为"）]。相应的，鉴于这个概念在我们之前的判例中并不明确，我们于此进行明确的确认：如果自律组织行使授予其行使的政府权力时有权获得绝对豁免，那么，自律组织对于其不行使该权力同样享有豁免权。

在其第二项理由中，原告依据 D'Alessio 案主张自律组织只有在"作为自律组织的身份行事时"，并且只有在其实施的行为与其监管权力相符的限度内，才享有绝对豁免权，当自律组织的行为与 SEC 的监管目标不一致时，不存在绝对豁免。该观点从表面上看的确构成上诉理由，但如果认真审视，其缺陷非常明显。首先：我们不能将 D'Alessio、Barbara 或 DL Capital 的判决适用于本案原告的请求。在这三个案件中，被指控的作为自律组织的证券交易所的不当行为包含的行为或决定表现为以下两个方面：或者该行为或决定能够很容易地被界定为与授予其行使的权力或职责不相符，或者界定为自律组织的职责范围之外，因为该组织违反了其本应执行的规则 [D'Alessio, 258 F. 3d 98（原告指控 NYSE 向政府调查人员提供了关于他的"错误的、误导的和不准确的信息"，而且 NYSE 没有向 SEC 披露其"批准和鼓励"了原告被指控的行为）；Barbara, 99 F. 3d 52（原告声称 NYSE 不当的禁止其从事交易所大厅工作，导致其离开证券业）；DL Capital, 409 F. 3d 96（原告声称 NASDQ 通过未能及时披露其取消特定股票交易决定的方式实施了欺诈）]。很明显，每个案件中的请求都是被告自律组织滥用其监管权力。但是，基于我们的功能性方法对这些实体进行分析，我们决定在每个案件中，自律组织都享有绝对豁免权，因为他们都在授予其行使的监管权力范围之内行事。原告试图将这些案件标识为仅涉及政府权力的积极行使，但正如前面讨论的那样，这并非是 D'Alessio 案或其他类似 Schloss 案的豁免案件的观点。在这些案件中，法院反复认为，不行使政府权力有权获得与行使政府权力同样的豁免。相应的，只有拒绝原告的该项理由，才能与案例法保持一致。

[3] 第二，更为重要的是，我们关于自律组织豁免的案例中要求的中心问题不是自律组织的作为或不作为是否与其应适用的法律相符，而是原告关于权力行使的指控是否属于授予自律组织行使的政府职能的范围之内。

基于我们的先例，豁免保护的是监管的权力，而不是强制以某种方式履行监管职能。因此，豁免只取决于特定的行为和容忍是否附随于监管权力的行使，并不是这些行为或不行为的正当性问题。事实上，如果"一致性"和"身份"意味着豁免只对那些遵守法律的人适用，豁免原则将事实上遭到破坏。毕竟，个人一般不会因声称自律组织遵守了其宪法和法律义务而提起诉讼；他们提起诉讼是指控自律组织违反了法律或与未按其法律义务行事。本案原告要求我们创造一个例外，这将会全面吞噬该原则，我们拒绝这么做。①

总之，理解 D'Alessio 案中使用"一致性"和"身份"词语的正确的方式是聚焦于争议中的不当行为的特定职能，以判断该行为是否与授予自律组织行使的权力"相一致"，以及是否法庭因此授予绝对豁免。如果该行为属于自律组织授权的范围之内，就可以推定豁免相伴而生了，即使自律组织不当地行使了该权力。

A. 应用

[4] 考虑到我们案例法的此种理解，很明显，原告指控的不当行为很容易列入 SEC 授予 NYSE 行使的准政府职责的范围之内。事实上，原告在诉状中指控的五种不当行为中（插队、提前交易、冻结订单簿、操纵即时信息和掩盖不法行为的证据），前四种涉及原告自己描述的不履行或放弃履行交易所的监管义务。例如，原告声称 NYSE 在故意的，明知的，或疏忽大意的漠视的主观心态下，允许专家公司从事以下行为：

（1）违反交易所自身的规则插队交易；（2）利用他们掌握的大量金

---

① 我们也观察到原告的诉状充斥着这样的言辞，即暗示当自律组织轻率的许可或故意鼓励不法行为和欺诈时，适用绝对豁免是不恰当的［见诉状第188—191页（指出："交易所被证实的未能充分的监督和持续监管，以及未能强迫服从其会员公司的操作规则"，是因为"NYSE 及其高级管理人员对该计划的成功延续有着直接的经济利益"）］。但是，这种说法将破坏今天我们适用的豁免原则，因为其预示着要给绝对豁免添加"恶意"或"不良动机"元素，这与豁免原则的目的不相符［Shmueli, 424 F. 3d 237（绝对豁免是这样的，其给予对官员行为的动机和合理性的免受任何司法审查的保护）；Bernard, 356 F. 3d 503（即使被指控的行为基于错误的动机，或者无关的目的引发，绝对豁免仍然适用）］。事实上，就像第九巡回法院曾于肯评述的，"任何豁免规则的结果可能是残酷的"，但国会仍然认为授予自律组织某些监管权力是合适的，"当他们在其监管职责范围内行事时，他们享有免于民事责任的自由，即便当自律组织采取了反复无常甚至伪善的方式并造成了巨大损失"［Sparta Surgical Corp. v. Nat'l Ass'n of Secs. Dealers, Inc. , 159 F. 3d 1209, 1215（9th Cir. 1998）］。

融信息优势，提前交易和超前交易，违反了证券法律和规则。原告也声称 NYSE 对于操纵股票即时价格信息的行为视而不见；关于专家公司能够从事该行为的时间长度问题在 SEC 和交易所之间存在争议，冻结订单簿的行为就处在争议点上。很明显，所有这些指控都涉及 NYSE 对于交易所进行的交易的作为或不作为，这些毫无争议的属于 NYSE 的监管权力范围。而且，原告自己关于上述指控的描述间接地承认了 NYSE 是在 SEC 授予其行使的监管权力范围内行事〔见起诉状第 5 页（声称 NYSE 的"故意的不适当的监督、管理或监管其证券交易所"，"NYSE 故意的、未在必要的阻止或预防的范围内，中止、揭露或约束会员公司的非法交易行为"）〕。这是对 NYSE 做出的对专家公司行为的作为或不作为的决定与 SEC 授予的权力一致性的默示认可。①因为这些指控都与"监管制度的适当功能"有关（D'Alessio, 258 F. 3d 106），地区法院对 NYSE 与这些指控相关的作为或不作为授予豁免权的做法是正确的。

　　〔5〕在评价下述指控时，我们面临着有点棘手的问题。该指控声称 NYSE 故意地允许（甚至是积极的鼓励）专家公司向 NYSE 提交篡改过的监管报告。NYSE 还警示专家公司将要进行内部调查，以致专家公司能够掩饰违法的证据。此处原告的指控聚焦于 NYSE 的 Form 81 报告，每个专家公司在从事自营业务时都要提交该报告。原告声称，NYSE 的大厅职员允许在准备错误的 Form 81 报告时使用它们的名字和印章，本质上是在为他们明知是不当的或错误的，甚至当 NYSE 看出很可能是伪造的交易进行担保。相关的 Form 81 报告将会返回专家公司，并被允许加以"正确的"信息后重新提交。交易所的职员据称在正式宣布前，至少向一家专家公司暗中透漏即将进行调查的信息，使得该公司因为获得事先告知而修改记录以掩饰其不当行为。初看上去，这些行为都不属于授予交易所的权

---

　　①　而且，纵观整个诉状，原告声称 NYSE 违反了其内部规则，例如允许提前交易〔见诉状第 87 页（指出 NYSE 规则 105 和 476 禁止该类型的行为）〕，或者在不需要维护公平和有序的市场时，充当委托人（同上，71—74）。他们看起来承认被指控的作为或不作为涉及 NYSE 的监管权力，我们自己对 NYSE 内部规则的审查导致不容变更的结论，即交易所对这些规则的执行或非执行行为明显牵涉 SEC 授予 NYSE 行使的准政府职能〔例如 NYSE 规则 104（a）（禁止专家公司为自己的账户进行交易，除非是出于维护公平和有序市场的合理需要）；NYSE 规则 92（a）（如果 NYSE 已经认识到存在"任何特定的未执行的客户的买卖某证券的订单可能以同样价格成交"，那么，禁止其任何会员或会员组织为自有账户进行交易）；NYSE 规则 401（a）（要求会员和会员组织"在处理其商业事务时，坚持良好的商业惯例原则"）〕。

力范围之内。但是，原告的控诉要旨关注于 NYSE 为实现监管目标所履行
的职能：宣布调查，在关于交易所大厅的监管报告上签字，对 Form81 报
告的内容和合法性进行检查。虽然这些行为看起来不能构成授予 NYSE 作
为自律组织的监管职能的核心，但他们仍然对于实施 NYSE 的监管决策而
言是重要的。事实上，在 DL Capital Group 案中，法院指出，如果没有实
施与其核心监管职能相关的行为的能力，自律组织"将被剥夺决定性和
必要的部分监管权力"（409 F. 3d 98）。检查和批准 Form81 报告和其他监
管文件对于 NYSE 实现监管目标和监管义务是决定性的和必要的，地区法
院基于这点赋予了交易所豁免权。类似的，官方调查宣布的时间点和方式
也同样有权获得绝对豁免。因为"机构官员采取的调查行动先于宣布官
方调查的正式通知属于 SEC 职责的范围之内"［Sprecher v. Graber, 716
F. 2d 968, 975（2d Cir. 1983）］，当 NYSE 处于 SEC 的位置对遵守证券法的
情况进行监督，当 NYSE 在 SEC 的广泛监督权力下履行授权的职能时，
享有与 SEC 相同的豁免权（D'Alessio, 258 F. 3d 105）。很明显，NYSE 对
于这些与监管职能相关的指控享有绝对豁免权。

B. 欺诈例外

［6］原告还辩称被指控的 NYSE 许可或实施的广泛的不当行为和欺
诈应当作为绝对豁免阻碍的例外。他们引用我们在 DL Capital Group 案中
的判决，在该案中，我们指出：且不说常识性问题，先例强烈地反对对自
律组织豁免创造例外规定。依据先例，本院已毫不怀疑地认为自律组织对
于欺诈的指控绝对豁免。毕竟，在 D'Alessio 案中，我们支持驳回原告的
所有请求，尽管某项请求涉及"欺诈和隐瞒"。不仅如此，本院还在其他
情形下清晰地表明，不诚实、恶意甚至欺诈，所有这些可能与有限豁免分
析有关的指控，除非在极不寻常的情况下，不能对抗绝对豁免（409 F. 3d
98）。

原告认为本案出现了"极不寻常的情况"，因此使他们有权对抗本院
可能给予的任何形式的绝对豁免权。虽然我们同意专家公司和交易所在整
个集团诉讼期间滥用信托的欺骗行为看起来异乎寻常的观点，我们仍然认
为欺诈性例外不应当适用于本案，即便是一次"极不寻常的情况"的例
外。事实上，法院在适用绝对豁免原则时并未创建欺诈的例外，即使在刑
事背景下那些直接牵涉宪法保护的个人自由利益的欺诈指控的案件，包括
一起指控检察官在对一起极其严重的谋杀罪提起指控时在法庭上实施了欺

诈的案件［Imbler, 424 U. S. 416, 96 S. Ct. 984（被指控的检察官的不当行为包括在庭审中故意许可虚假的证据，将篡改过的证据提交给陪审团）］，或者据称是对试图调查官员的不当行为的大陪审团施加了违宪限制［Fields v. Soloff, 920 F. 2d 1114, 1119（2d Cir. 1990）］。如果在个人自由处于危险之中的那些情形下欺诈性例外都未获得许可，我们认为本案中适用这样的例外也是不合适的。而且，尽管原告将本案描述成"极不寻常的情形"的代表性案例，这样的一个例外仍可能打开潘多拉之盒，将破坏豁免原则背后的整个目的［DL Capital Group, 409 F. 3d 99（因此，拒绝欺诈的例外不仅仅是逻辑问题，更是强烈的实践问题，否则，自律组织行使准政府职能将会不当的被令人烦扰的和控诉性的案件所阻碍）］。

最后，我们之前曾经警示过，正在处理绝对豁免请求的法院应当考虑，如果绝对豁免适用的话，"对于针对官员提起的损害赔偿案件是否存在替代的选择作为对不当行为的补救"［Barrett, 798 F. 2d 571（引用Mitchell v. Forsyth, 472 U. S. 511, 521 – 23, 105 S. Ct. 2806, 86 L. Ed. 2d 411（1985））］。本案中的替代措施有很多。毕竟，SEC 保留着强大的监管权力对 NYSE 任何可能的不当行为或监管失误进行监督、调查和惩戒［DL Capital Group, 409 F. 3d 95（如果自律组织违反或者不能遵守证券交易法的条款，其自身的规则，或者 SEC 的规则，SEC 有权中止甚至撤销自律组织的登记，此外也可以处以较轻的处罚）］。就像本案的事实清晰的阐释的，SEC 确实对交易所和专家公司进行了干预、调查，并达成了重要的和解，不仅获得了广泛的公众关注，也包含了巨额的金钱赔偿及实施了新的市场监管方式。

基于上述所有理由，我们认为 NYSE 有权获得绝对豁免，并维持地区法院关于这一议题的判决。

二　原告起诉 NYSE 所谓的虚假陈述的资格

地区法院认为原告欠缺针对 NYSE 提起虚假陈述请求的法定的资格。但是，地区法院驳回原告请求的理由存在缺陷。地区法院引用我们在 Ontario Public Service Employees Union Pension Trust Fund v. Nortel Networks Corp. , 369 F. 3d 27（2d Cir. 2004）的观点，判决认为"一个证券非发行人（诉讼的主体）关于另一个非发行人的陈述"，不产生基于规则 10b – 5 的任何责任（In re NYSE Specialists, 405 F. Supp. 2d 305）。我们确认 Nortel Networks 案包含的文字可以被解读为提出购买证券的人可以基于规则 10b-5 提起针对所购买的证券的发行人的欺诈之诉〔369 F. 3d 28（提出"当个人购买的证券不是作出虚假陈述的公司发行的，这个人就欠缺起诉公司做出重大虚假陈述的资格"）〕；〔同上，34（当股东购买的公司股票受到另一家公司（股东并未购买该公司股票）的重大虚假陈述的负面影响时，股东没有基于 10（b）章节和规则 10b-5 起诉的资格）〕。但是，这样的解读超出了承销商、经纪商、庄家和非发行人的卖方做出的规则 10b-5 规定的虚假陈述的范围。

这并不是 Nortel Networks 案的观点。在 Nortel Networks 案中，原告购买 JDS Uniphase 公司的股票。原告声称另一个公司，即 Nortel Networks 公司，故意发布了关于其财务前景的虚假的乐观的公报。基于 JDS Uniphase 公司和 Nortel Networks 公司之间的商业联系，原告声称他们购买 JDS Uniphase 公司股票时的价格因受到了 Nortel Networks 公司自己虚假陈述的影响而上涨，在该案的特定情形下，Nortel Networks 公司对自身的虚假陈述和原告购买 JDS Uniphase 公司股票之间的关联太小，不足以支持基于规则 10b-5 提出的诉讼。

〔7〕简言之，地区法院不恰当地对 Nortel Networks 案进行了解读，从而认为基于规则 10b-5，只能针对证券的发行人提起关于原告购买的证券的虚假陈述之诉，或者只有关于证券发行人的陈述才具可诉性。因此，我们撤销地区法院关于法定资格的判决。

我们对于 NYSE 提到其他关于驳回的理由不发表任何观点，因为我们未得到关于这些问题的恰当的简要情况介绍。但是，发回重审后，地区法院可以酌情对这些争议进行处理。我们特别提示当事人和地区法院关注于与 NYSE 对被断言的虚假陈述是否享有自律组织豁免权有关的争论〔Weissman v. Nat'l Ass'n of Sec. Dealers, Inc., 468 F. 3d 1306 (11th Cir. 2006)，全体法官出席，重新审理，481 F. 3d 1295 (11th Cir. 2007)；But DL Capital Group, 409 F. 3d 93；Weissman, 468 F. 3d 1313 (Tjoflat, J.，持不同意见)〕。而且，地区法院可以判断，是否原告主张基于对被断言的虚假陈述的信赖给他们带来了损失。原告的信赖理论是什么，他们是否声称对被断言的虚假陈述产生了直接信赖，或者是否要求法院基于市场欺诈理论原理推定信赖的存在，如果不能对以上问题有一个清晰的理解，我们认为此时决定这些辩论意见是否足以提出诉请是不适宜的。但是，我们指出，原告的规则

10b‐5 请求看起来并非是应用市场欺诈理论，以及虚假陈述自身影响所购买股票的市场价格的本质问题［Basic Inc. v. Levinson, 485 U. S. 224, 241‐42, 108 S. Ct. 978, 99 L. Ed. 2d 194 (1988)］。

结论

基于上述理由，我们部分维持地区法院的判决，部分撤销并发回地区法院依据本判决进行重审。

点评：

本案首先对绝对豁免进行了界定，通过对历史上众多判例（不限于自律组织，包括检察官、行政人员）的引用，确定了绝对豁免保护的范围，总结了交易所自律组织对于以下被指控的不当行为绝对豁免诉讼：(1) 针对交易所会员的纪律惩戒程序；(2) 执行证券规则和条例，以及对交易所会员的一般性监管；(3) 对证券法律和规则适用于交易所或其会员的解释；(4) 为执行证券法规定的民事责任或刑事指控，将交易所会员移送给 SEC 和其他政府机构；(5) 公开宣布监管决定。指出这些案件中的共同脉络是：绝对豁免附随于与监管制度的适当功能有关的活动。

针对原告主张绝对豁免仅限于交易所积极行使监管权力的主张，法院予以驳斥。法院认为，行使监管职权的权力必然包含了不采取积极行为的权力，无论是积极的还是消极的行为都受绝对豁免的调整。法院认为，关于自律组织豁免的案例中要求的中心问题不是自律组织的作为或不作为是否与其应适用的法律相符的问题，而是原告关于权力行使的指控是否属于授予自律组织行使的政府职能的范围之内。原告指控的不当行为很容易列入 SEC 授予 NYSE 行使的准政府职责的范围之内。事实上，原告在诉状中指控的五种不当行为中（插队、提前交易、冻结订单簿、操纵即时信息和掩盖不法行为的证据），前四种涉及原告自己描述的不履行或放弃履行交易所的监管义务。关于 NYSE 故意的允许专家公司向 NYSE 提交篡改过的监管报告的指控，法院认为这对于实施 NYSE 的监管决策而言是重要的，仍属于监管职能的范围。法院反对将欺诈作为绝对豁免适用的例外的观点。最后，法院认为，SEC 保留着强大的监管权力对 NYSE 任何可能的不当行为或监管失误进行监督、调查和惩戒，这符合绝对豁免适用的条件，即对于针对官员提起的损害赔偿案件存在替代的选择作为对不当行为的补救。

本案进一步扩大了自律组织绝对豁免的范围，体现在：(1) 交易所的绝对豁免扩展适用于其监管权力的不作为；(2) 交易所对于因未能对会员公司的行为采取行动而产生的责任，享有绝对豁免权；（3）对交易所故意允许会员公司提交篡改的监管报告的指控，交易所享有绝对豁免。该判决与以往判决的区别之处，在于明确地将交易所的不作为纳入绝对豁免的范围，使得相对人寻求令自律组织承担民事责任的机会和空间进一步压缩。法院的思路是将 NYSE 作为准政府组织，从而可以享有政府机构的豁免权。然后以检察官对不作为的绝对豁免等先例作为基础，推论出交易所也因此对不作为绝对豁免，逻辑上存在一定的混乱。因为如前所述，政府机构享有的是主权豁免，个人（无论是法官、检察官还是行使司法职能的行政人员）才享有绝对豁免。法院将两种完全不同的豁免形式类比推理，是否恰当值得思考。根据《联邦侵权赔偿法》，政府可以以政府职员的豁免权作为自己的免责抗辩，如果本案具体履行职责的职员享有豁免权，那么政府机构享有豁免权也就顺理成章了。按照这种思路处理自律组织的豁免问题，似乎更符合逻辑。

当然，法院这种逻辑适用上的混乱不局限于本案，本书引用的相当多的案件都存在这个问题，笔者将在第四章对此进一步分析。

第三节　与 FINRA 有关的代表性案例

2006 年 11 月 28 日，NYSE 和 NASD 宣布，将双方的会员监管业务进行合并。2007 年 7 月 30 日 NASD 与 NYSE 的会员监管、执行和仲裁部门合并，成立了一个单一的自律监管组织——金融行业监管局（The Financial Industry Regulatory Authority，FINRA）。FINRA 的成立是数十年来美国证券市场自律监管体系最为重要的一次变化，是美国自律监管历史的里程碑。FINRA 是目前全美最大的监管在美国境内经营的证券公司的非营利性组织，不是政府部门。截至 2013 年年底，FINRA 监管着 4100 家证券经纪公司及 161000 分支机构，大约 63600 名注册证券代表。雇员有 3400 名。[①]
2013 年，FINRA 对 1535 个注册经纪人和公司实施了纪律处分，罚款累计额超过 6500 万美元，用于投资者的损失赔偿达到 950 万美元，并向 SEC

---

① FINRA 2013 Year in Review and Annual Financial Report, 2014 年 8 月 20 日, http://www.finra.org/web/groups/corporate/@corp/@about/@ar/documents/corporate/p534386.pdf。

和其他政府机构移送了 660 件涉及欺诈和内幕交易的案件。①

　　FINRA 的业务范围几乎涉及证券行业所有方面：会员及其代表的注册；证券从业人员的注册与教育；证券公司的合规性检查；监督资本市场中的欺诈和操纵交易的行为；制定规则并执行联邦法律及规则；投资者教育；管理投资者与会员公司间的争议解决平台（仲裁）。根据其 2013 年年报披露的信息显示：根据协议，FINRA 负责对 NYSE、NYSE Arca、NYSE MKT LLC、NASDAQ OMX Group、NASDAQ OMX BX、NASDAQ OMX PHLX LLC 和其他交易所进行监管。此外，FINRA 还监管 OTC 市场。FINRA 的监管手段包括对证券公司的现场检查，对市场的持续自动监管和对证券公司和登记代表的纪律约束等。FINRA 监管的股票交易份额占整个市场份额的 90%。2013 年，FINRA 取消了 24 家公司从事证券业务的资格；暂停 38 家公司和 670 名经纪人、禁止 429 名个人与受 FINRA 监管的公司发生业务联系。②

　　FINRA 成立后，在公司治理、规则制定、规则执行和会员惩戒上做出了重大改变，引发了学界和实务界的深切关注。会员对于 FINRA 规则制定和规则解释没有任何决定权。FINRA 监管政策委员会的成员大部分由非业内会员构成。FINRA 管理人员可以将遭到会员公司反对的规则建议和解释提交给理事会。在执法程序上，管理人员拥有独立的自由裁量权以决定对哪项事务启动调查和指控程序。纪律处分程序，原本主要由会员公司的代表主持进行，现在几乎都由 FINRA 的管理人员控制。纪律听证会由职业听证官员参照准司法的方式进行，对纪律处分的上诉由裁决委员会受理，该委员会的由证券业人士和非证券业代表构成，人数基本平衡。③ 这些变动说明了 FINRA 的会员属性逐步减弱，独立性进一步增强。这虽然有助于维持 FINRA 在自律监管中的超然地位和公平、公正，切实维护公众投资者的利益，但也引发了会员及投资者对其"政府行为"属性的质疑，所以，FINRA 成立后，是否仍享有绝对豁免权一度备受关注。

---

① About FINRA, 2014 年 8 月 20 日，http：//www. finra. org/AboutFINRA/。

② FINRA 2013 Year in Review and Annual Financial Report, 2014 年 8 月 20 日，http：//www. finra. org/web/groups/corporate/@ corp/@ about/@ ar/documents/corporate/p534386. pdf。

③ Kenneth B. Orenbach. A New Twist to an On – going Debate about Securities Self – Regulation：It's Time to End FINRA's Federal Income Tax Exemption, *Va. Tax Rev.*, Vol. 31（2011），pp. 157 – 158.

本节选取与之相关的几个案例，是为了从司法实践的角度判断 FINRA 的民事责任豁免是否有所变化，是否延续了其前身 NASD、NYSE 的绝对豁免权。

案例三： Bancorp Intern. Group v. Financial Industry Regulatory Authority①

一　事实以及程序历程

原告 Bancorp 国际集团公司（以下简称 Bancorp）和 Douglas R. Caron（Bancorp 的股东之一）指控 FINRA 及其他四个实体存在渎职和不作为。在 2005 年 5 月到 8 月期间，据称某个（些）人发行了 2.45 亿股仿制的 Bancorp 股票。这些虚假股票的引进与未予解释的超过 20 亿份额的交易量的增长一致，该交易量是全部股票面值的 424 倍，是全部合法股票面值的 1892 倍。结果是，被告全美托管和结算公司（以下简称 DTCC）于 2005 年 8 月 11 日暂停了对 Bancorp 股票的结算服务。SEC 于 2005 年 8 月 31 日宣布临时性暂停 Bancorp 股票的交易，直至 2005 年 9 月 15 日。在另一个未决的独立案件中，俄克拉荷马州地区法院的法官命令 Bancorp 发行 2.45 亿股票以替代伪造的股票，作为和解协议的一部分，众多当事人可以用现金赔偿金的方式对 Bancorp 进行补偿。Bancorp 被要求修改其公司章程以符合内华达州州务卿的要求，它这么做了。但是，FINRA 并未向全美托管和结算公司及其会员进行通报关于 Bancorp 股票 CUSIP SNAFU 号码（CUSIP numbers）的变更，导致全国的经纪人也没有变更该号码。Bancorp 的股票于 2006 年 11 月 7 日再次开始公开交易，但 SEC 在 30 分钟后，就以在库斯普号码上的"文书错误"为由暂停了交易。4 天后，SEC 将 Bancorp 的股票从场外柜台交易市场（OTCBB）退市。原告声称 FINRA 未能解决 CUSIP 的混乱，构成具有可诉性的渎职和不作为。

原告基于十三项所谓的诉因，在州法院对 FINRA、DTCC、存托公司，全美证券结算公司以及固定收入结算公司提起诉讼：（1）禁令救济;②

---

① 2014 WL 134282（D. Nev.），审理法院：内华达州地区法院，判决时间：2014 年 1 月 10 日。

② 这不是一个独立的诉因，而是一个救济的请求。

（2）欺诈；（3）法定虚假陈述；①（4）疏忽；②（5）普通法上的虚假陈述；③（6）违反诚信和公平交易的默示义务；（7）侵占；（8）欺骗性交易；（9）诈骗；（10）干预合同关系；（11）介入预期的经济利益；（12）宣告式判决；④（13）民事共谋。被告移送案件并要求驳回起诉。

二　法律标准

《联邦民事诉讼规则》第8（a）2条要求，为了"公平的通知被告该请求是什么以及请求依据的理由"，只需要有"表明请求人有权获得救济的简短的和明晰的诉状"［Conley v. Gibson，355 U. S. 41，47（1957）］。《联邦民事诉讼规则》第12（b）（6）条款授权法院驳回未能提出可赋予救济的请求的诉因。基于第12（b）（6）条款提出的驳回的动议对诉状的充分性是一种检验［N. Star Int'l v. Ariz. Corp. Comm'n，720 F. 2d 578，581（9th Cir. 1983）］。当对基于第12（b）（6）条款未能提出请求而申请驳回的动议进行审查时，只有当诉状没有给予被告合法的可识别的请求及其依据的理由的公平通知时，驳回才是恰当的［Bell Atl. Corp. v. Twombly，550 U. S. 544，555（2007）］。在审查诉状是否足以提出某个请求时，法院会视所有的重要断言为真，并按照最有利于原告的方式对其进行解释［NL Indus. , Inc. v. Kaplan，792 F. 2d 896，898（9th Cir. 1986）］。但是，法院并未被要求将仅仅是没有证据的、没有根据的事实推论，或者不合理的推论视为真实的断言。［Sprewell v. Golden State Warriors，266 F. 3d 979，988（9th Cir. 2001）］对于没有证据的断言的诉因的刻板复述是不充分的；原告必须提出与其自己的案件有关的事实，以说明违反是合理的，而不仅仅是可能的［Ashcroft v. Iqbal，556 U. S. 662，677 - 79（2009）（引用 Twombly，550 U. S. 556）（当原告提出事实内容使得法院得出被告应对据称的不当行为负责的合理的推论时，一项请求就具有表面的合理性）］。换言之，基于规则8（a）的现代解释，原告必须不仅明确提出可识别的法律理论，而且还应提出本案的事实，以便法院能够在假定这些事实如其

---

① 原告确认没有法律规定，于是法院将此诉因解释为普通法欺诈请求的重复。

② 法院将该诉因解释为由义务疏忽导致的经济损害，因为没有提出个人的伤害或死亡的主张。

③ 本诉因等同于欺诈请求，因为下文被指控的主观状态是意图。

④ 这不是独立的诉因，而是救济的请求。

指控所言的情形下，依据其提出的理论，判断原告是否具有任何合理的救济基础。

"通常，地区法院在对规则 12（b）（6）的动议裁决时，不可以对诉状之外的任何材料进行审查。但是，作为诉状的一部分恰当提交的材料可以在对驳回的动议裁决时予以考虑" [Hal Roach Studios, Inc. v. Richard Feiner & Co., 896 F. 2d 1542, 1555 n. 19 (9th Cir. 1990)]。同理，"在诉状中内容被断言的文件，以及任何当事人都不怀疑其真实性的文件，但这些文件从外观上看并不附属于诉状，可以在裁决规则 12（b）（6）规定的驳回动议时予以考虑"，无须将驳回的动议转化为简易判决的动议 [Branch v. Tunnell, 14 F. 3d 449, 454 (9th Cir. 1994)]。而且，基于《联邦证据规则》第 201 条款，法院可以采取"公共记录事项"的司法通知的形式 [Mack v. S. Bay Beer Distribs., Inc., 798 F. 2d 1279, 1282 (9th Cir. 1986)]。否则，如果地区法院对诉状之外的材料进行审查的话，驳回的动议就转化为简易判决的动议 [Arpin v. Santa Clara Valley Transp. Agency, 261 F. 3d 912, 925 (9th Cir. 2001)]。

三　分析

A. 绝对豁免

第一，FINRA 首先正确地指出，作为一个自律组织，换言之，NASD 的承继者，其对与监管职责有关的作为或不作为绝对豁免承担金钱损害赔偿 [P'ship Exch. Sec. Co. v. Nat'l Assn. of Sec. Dealers, Inc., 169 F. 3d 606, 608 (9th Cir. 2009); *Sparta Surgical Corp. v. Nat'l Assn. of Sec. Dealers, Inc.*, 159 F. 3d 1209, 1213 (9th Cir. 1998)（我们认为自律组织在履行《证券交易法》规定的职责时，豁免承担责任）]。与此相反，原告辩称本案的事实比引用的案件的事实更加异乎寻常。但是，案件的各自法律价值对于分析 FINRA 是否在上述两个案件中履行其监管职能是不恰当的，很明显 FINRA 是在履行监管职责。

B. 没有私人的诉因

第二，FINRA 是正确的，即使不受绝对豁免的调整，也不存在私人的诉因以强制或阻止 FINRA 行使与其监管权力有关的行为 [Sparta Surgical Corp., 159 F. 3d 1213（即使是原告也对以下说法没有争议，即当事人针对交易所违反其自己制定的规则或者对于其依据证券交易

法履行自律职责的行为，没有任何私人诉权。因此，就原告针对
NASD 和 NASDQ 违反其自身规则的行为寻求私力救济而言来说，其请
求被禁止）]。本案所有的请求都来源于 FINRA 履行其自律监管职责
的行为。原告辩称本案的事实比引用的案件的事实更加异乎寻常是徒
劳的。

C. 限制法案

第三，所有的被告基于时效法案要求法院驳回案件。法院亦基于此支
持这些动议。被指控的最后的作为或不作为发生在 2006 年 11 月 7 日，即
FINRA 决定 Bancorp 的股票退市时，距离原告于 2013 年 3 月 7 日在州法
院提起目前的诉讼超过 6 年。在本案中，当事人看起来对内华达州调整时
效制度的法律没有争议。侵占、欺诈、违反信托责任以及干预请求有着三
年的时效限制 [Nev. Rev. Stat. §11. 190 (3) (c) (财产侵权，例如侵占，
干预合同关系，干预预期的经济利益)；同上，§ 11. 190 (3) (d) (基
于欺诈的侵权，包括违反信托责任)；Stalk v. Mushkin, 199 P. 3d 838,
841 - 42 (Nev. 2009) (认为从时效法的立法目的而言，商业干预型请求
是一种财产侵权)；Nev. State Bank v. Jamison Family P'ship, 801 P. 2d
1377, 1382 (Nev. 1990) (认为从时效法案的立法目的来说，违反信托责
任属于欺诈的一种)]。关于疏忽的请求 (可能是业务疏忽的请求)，因为
没有身体伤害或死亡，只是主张经济损害，必须被视为财产侵权的类型，
受三年时效的限制 [Nev. Rev. Stat. § 11. 190 (3) (c)]。普通法上的民
事共谋和欺骗性商业交易请求有 4 年的时效限制 [Nev. Rev. Stat. §
11. 220；§ 11. 190 (2) (d)]。关于诈骗的请求有 5 年的时效 (同上，
§ 207. 520)。关于诚信和公平交易的默示条款请求，因为没有提出合同，
并不能在任何案件中都充分提起，有 4 年或 6 年的时效期限，取决于潜在
的合同是口头的或是书面的 [同上，§ 11. 190 (1) (b), (2) (c)]。引
发时效法案的这些事实从诉状的表面就能判断，被告没有必要证明该法案
的实施 [Jablon v. Dean Witter & Co. , 614 F. 2d 677, 682 (9th Cir. 1980)
(如果法案的运行很明显可以从诉状的表面判断，驳回案件的动议可以之
作为抗辩)]。

作为最后的问题，本院指出，俄克拉荷马州地区法院可能保留执行之
前命令的管辖权，该命令被原告在要点摘录中广泛引用。这是原告对因违
反该命令导致的持续的伤害寻求救济的既定途径。

结论

裁决支持驳回的动议。

案例四：Buscetto v. Financial Industry Regulatory Authority①

一　背景②

本案起源于 15 年前针对原告的纪律处分行动。1996 年 8 月 16 日，NASD③对原告（当时是注册的证券负责人和代理人）提起指控，声称其违反了《证券交易法》和 NASD 行为规则的多处规定。特别是，原告被指控漠视其与客户公平交易的义务，未能进行充分的研究，通过做出重大虚假陈述误导客户，以及在卖出证券时存在疏忽。

2000 年 7 月 11 日，NASD 签署命令接受原告的和解要约以解决纪律程序。基于要约的条款，仅出于纪律处分程序的目的，在没有对指控表示认可或否认的前提下，原告同意诉状中的事实和违法行为的描述，承认其完全理解该命令将成为其永久纪律处分记录的一部分。通过命令的方式，原告被终身禁止不得以任何形式与 NASD 的会员发生关联。

自该命令签署后，原告开始从事保健行业。目前，其在 SXC 保健公司工作，该公司提供药品福利管理服务。2009 年，SXC 开始在佛罗里达州地域内寻求业务创新。作为创新的一部分，其寻求获得作为第三方管理人的许可，因此申请授权许可证书。但是，佛罗里达州保险监管办公室告知 SXC，基于对原告的背景和禁止从事证券业的关切，其不能批准该申请。结果是，原告从 SXC 的公司高管人员被降职调整到较低的高级销售副总裁岗位上。原告声称该降职导致较低的报酬和更少的职责，严重削弱了其到其他同类公司求职的声誉和潜能。

---

① 案件索引：2012 WL 1623874（D. N. J.），审理法院：新泽西地区法院，判决时间：2012 年 5 月 9 日。

② 在处理要求驳回起诉的动议时，法院必须视诉状中的断言为真［Toys "R" US, Inc. v. Step Two, S. A.，318 F. 3d 446, 457（3d Cir. 2003）；Dayhoff, Inc. v. H. J. Heinz Co.，86 F. 3d 1287, 1301（3d Cir. 1996）］。因此，除非另有说明，此处引用的事实取自于原告的诉状；他们不能代表本院的事实认定。

③ 2007 年 7 月 30 日，NASD 将其名字变更为 FINRA。

2011 年 4 月 13 日，原告向 FINRA（NASD 的继承者）提起请求，寻求将与其有关的纪律处分信息从中央登记数据库中删除，该数据库由 FINRA 建立，包含会员公司，及其目前的和曾经的注册代表和关联人员的众多信息。2011 年 4 月 20 日，FINRA 拒绝了原告的请求。9 月 14 日，原告针对 FINRA 提起诉讼，该案于 10 月 27 日移送至本院。

在诉状中，原告寻求判决删除对其证券业禁入的信息，并撤销 2000 年 7 月 11 日创设该禁令的命令。他声称其提出的救济请求是恰当的，理由是该请求不会对公共利益造成任何风险，他已经因该禁令持续遭受了间接损害，自该禁令于 2000 年发布后已过了相当长的时间。2011 年 11 月 3 日，FINRA 提起目前的动议要求驳回原告的起诉。FINRA 辩称，原告没有主张其声称的救济的法定权利，本院缺乏对原告诉讼的事项管辖权，基于《证券交易法》不存在针对 FINRA 的私人诉权，FINRA 作为监管者享有绝对豁免权。

二　审查标准

《联邦民事诉讼规则》第 12（b）（1）条款许可当事人可以基于缺乏事项管辖权提出驳回诉讼。基于规则 12（b）（1）对管辖权提出异议或者表面的，或者是事实性的［Petruska v. Gannon Univ.，462 F. 3d 294，302 n. 3（3d Cir. 2006）］。表面上的抨击针对的是诉状的充分性，法庭"必须视诉状的所有断言为真"。同上。但是，在事实性抨击中，原告的任何断言都不能被推定为真实，同上，法院可以审查诉状之外的证据［Gould Electronics Inc. v. United States，220 F. 3d 169，176（3d Cir. 2000）］。原告承担管辖权存在的举证责任［Petruska，462 F. 3d 302 n. 3］。

基于《联邦民事诉讼规则》第 12（b）（6）条款，如果诉状未能提出可以赋予救济的请求，法院可以支持驳回的动议。联邦最高法院在 Bell Atl. Corp. v. Twombly，550 U. S. 544，127 S. Ct. 1955，167 L. Ed. 2d 929（2007）案中确立了如何处理规则 12（b）（6）项下的驳回动议的标准。Twombly 案的法院指出，"尽管受到依据规则 12（b）（6）提出的驳回动议抨击的诉状，不需要详细的事实性断言，但是，原告有义务提供其有权获得救济的理由要求的远不止是标签和结论，诉因要素的刻板引用并不可行"（同上，555）。因此，为了对抗基于规则 12（b）（6）提出的驳回动议，对于诉状而言，"在假定诉状中所有的断言都是真实的基础上（即使事实上是有疑义），事实性的断言必须足以引发超越合理怀疑的水平的救济权利"（同上）。

最近，联邦最高法院强调指出，在评估民事诉状的充分性时，法院必须对事实性的内容与"仅仅由没有证据支持的陈述支持的诉因元素的老套复述"加以区分 [Ashcroft v. Iqbal, 556 U. S. 662, 129 S. Ct. 1937, 1949, 173 L. Ed. 2d 868 (2009)]。除非诉状包含充分的事实，在视这些事实为真时，能够提出从表面上看是合理的救济请求，否则，该诉状应当被驳回（同上）。"合理性"的判断是具有"特定语境的工作，要求法院基于司法经验和常识得出结论"（同上，第 1950 页）。为有助于指导地区法院评估驳回的动议，第三巡回法院建立了三分法的分析思路：

首先，法院必须"注意原告请求必须提出的元素"。其次，法院应当识别出不能推定为真实性的指控，因为它们仅仅是结论。最后，"当存在充分的事实性断言时，法院应当假定其为真实，然后判断其是否合理的产生救济权利" [Santiago v. Warminster Twp., 629 F. 3d 121, 130 (3d Cir. 2010) （引用 Iqbal, 129 S. Ct. 1947 – 50）]。

三　讨论

FINRA 是在 SEC 注册的自律组织。基于《证券交易法》，FINRA 的一项责任是建立和维护一套系统，以收集和保存会员及其目前和先前的注册代表的"注册信息" [15 U. S. C. § 78o – 2 (i) (1) (A)]，信息限定为"纪律行动、监管、司法和仲裁程序方面" [15 U. S. C. § 78o – 3 (i) (5)]。FINRA 被要求应让公众通过电子程序获得这些信息 [15 U. S. C. § 78o – 3 (i) (1) (B)]。为履行该法定义务，FINRA 建立了中央登记数据库和 Broker Check（网络资源），公众可以利用该资源获得目前和之前代表的信息。

本案中，原告未能提出删除或撤销其纪律处分记录的合法请求。作为入门问题，FINRA 被要求持续维护并向公众公开原告正寻求删除的信息。事实上，如上所述，FINRA 依据《证券交易法》有义务报告现有和先前的证券代表的注册信息，包括与原告纪律处分记录有关的信息 [15 U. S. C. § 78o – 3 (i) (1) (A) – (B)]。相应的，经 SEC 批准的 FIN-

RA 规则第 8312 条要求 FINRA 长期发布类似针对原告的纪律处分行动的"最终的监管行动"［见对于 FINRA Broker Check 披露的修改建议的批准令，75 Fed. Reg. 41254 - 41257（2010. 7. 8）（Broker Check 允许公众获得关于之前关联人的某些有限的信息，不管其成为会员的关联人的时间过去多久，只要他们是任何最终监管行动的主体）］。在和解要约与接收该要约的命令中，原告明确认可签署和解协议的持续义务和后果，声称其理解"该命令可通过 NASD 公众披露计划获得，以回应公众对其纪律处分记录信息的调查或需求"，其"完全理解该命令将成为原告永久纪律处分记录的一部分"［Farley Cert. Ex. B；Compl. , Ex. A］。①在要约中，原告还放弃了"对发布的命令的有效性进行质疑或辩驳"的任何权利［Farley Cert. Ex. B］。

而且，原告没有陈述任何可以使法院做出删除其证券业禁入信息或撤销 2000 年 7 月 11 日做出该禁令的命令的判决的法律基础。事实上，在回应 FINRA 的驳回动议时，原告没有引用任何支持其请求的救济的过分要求的权威著作，甚至"承认没有任何案例法直接规定，联邦地区法院曾经判决其有权审查和命令从中央登记数据库中删除一项终局的纪律处分令"（Pl. 's Opp. Br. 15）。相反，他辩称尽管没有支持，但 FINRA 规则 2080，即"获得从中央登记数据库中删除客户争议信息的命令"，明确关注着本诉讼。但是，正如在其标题、内容和立法史中明确表明的那样，规则 2080 局限于"客户争议信息"和"与客户产生的纠纷"（FINRA Rule 2080）；关于从中央登记数据库中删除客户争议信息的规则建议［68 Fed. Reg. 11435，11437（2003. 3. 10）（将"客户争议信息"限定在"客户诉讼、仲裁请求、客户建立的法庭档案，以及可能基于那些请求或档案中产生的仲裁裁决或者法院判决"）］；从中央登记数据库中删除客户争议信息的规则建议的批准令［68 Fed. Reg. 74667（2003. 12. 16）］。该规定不是，也从未适用于删除 FINRA 纪律处分

---

① 法院指出，在处理 FINRA 驳回动议时，其能够正确审查这些文件［Mayer v. Belichick，605 F. 3d 223，230（3d Cir. 2010）（在处理驳回动议时，法院可以审查"诉状、诉状的附件、公开记录事项，以及没有争议的作为诉状请求基础的可靠文件"）；Pension Benefit Guar. Corp. v. White Consol. Indus. , 998 F. 2d 1192，1196（3d Cir. 1993）（在适当的情形下，法院可以审查"没有争议的可靠文件，该文件作为被告驳回动议的附件存在"）］。

行动和记录，原告未能证明任何能够提供相反或支持其观点的权威存在。因此，支持 FINRA 的驳回动议。[Dobbins v. NASD, 2007 WL 2407081, 3 (N. D. Ohio 2007)（支持 NASD 驳回动议，是因为原告"对于依据 NASD 规则删除中央登记数据库中的记录而言，未能提出作为法律问题的合法请求"）]。

四　结论

基于以上原因，确认 FINRA 的驳回动议。

案例五：Xu v. Financial Industry Regulatory Authority Inc. ②

原告 Youwei P. Xu, Cathy Huan 以及 Perpetual 证券公司，针对 FINRA 提起诉讼，要求 800 万美元的损害赔偿以及恢复他们 FINRA 的会员地位，理由是 FINRA 违反了和解协议，恶意指控以及错误地掩盖违法行为。原告因不服一审法院基于《联邦民事诉讼规则》第 12 (b)(6) 条款规定驳回起诉而提起上诉，我们将重新进行审查 [Galiano v. Fid. Nat'l Title Ins. Co. , 684 F. 3d 309, 313 (2d Cir. 2012)]。为了使驳回的动议不被法院支持，原告的诉状必须包含充分地被视为真实的事实问题，以提出从表面上看是合理的救济的请求 [Ashcroft v. Iqbal, 556 U. S. 662, 678, 129 S. Ct. 1937, 173 L. Ed. 2d 868 (2009)]。我们假定当事人熟悉先前程序的事实和记录，我们基于地区法院记录中载明的大体上相同的原因，仅在解释我们维持判决的必要的范围内引用。

FINRA 是在 SEC 注册的全国性证券业协会的自律组织，其负有对

---

① 驳回原告的诉请同样具有正当性，因为该诉讼起源于 FINRA 监管职责的履行，FINRA 享有对于该诉讼的豁免权 [Lucido v. Mueler, 2009 WL 3190368, 7 (E. D. Mich. Sept. 29, 2009), *aff'd*, 427 F. App'x 497 (6th Cir. 2011)（因为 FINRA "在 BrokerCheck 上维护和报告与原告的起诉历程有关的信息"，是规则 8312 所要求的，并且，FINRA 享有绝对监管豁免权，所以，驳回原告的诉请）; Dobbins, 2007 WL 2407081, 3（支持 NASD 驳回动议，是因为除了其他因素之外，"NASD 享有对其监管行为和过失绝对豁免的权利，因此，不存在针对 NASD 的私人诉权"）; In re Olick, 2000 WL 354191, 3 - 5 (E. D. Pa. Apr. 4, 2000)]。

② 案件索引：503 Fed. Appx. 7, 联邦第二巡回上诉法院。

FINRA 会员公司及其关联会员代表遵守联邦证券法律和法规情况，实施调查和启动纪律处分行动的职责。

作为自律组织，FINRA 及其官员"对于与履行其监管责任有关的私人损害赔偿案件享有绝对豁免的权力"［Standard Inv. Chartered, Inc. v. Nat'l Ass'n of Sec. Dealers, Inc.，637 F. 3d 112, 115 (2d Cir. 2011)；DL Capital Grp.，LLC v. Nasdaq Stock Mkt.，Inc.，409 F. 3d 93, 97 (2d Cir. 2005)］。原告指控的不当行为属于 FINRA 的监管职责。原告对此没有异议。但是，他们敦促我们承认自律组织绝对豁免"恶意"的例外。该辩论意见已在 DL Capital Group 案件的判决中被排除，该判决认为"恶意、预谋，甚至是欺诈的指控——所有这些可能与有限豁免分析有关——不能对抗绝对豁免，除非在极端不寻常的情形下"(409 F. 3d 98)。因此，"法院不对自律组织的绝对豁免划出恶意的例外是理所当然的，这不是简单的逻辑问题，而是有着深刻的实践性，因为，（否则）自律组织的准政府职责将受到破坏性的和反诉的案件的不当阻碍"(同上，99)。[①]因此，原告主张损害赔偿的请求被驳回。

在绝对豁免并不能庇护 FINRA 免于寻求非金钱救济的诉讼的范围内，原告的请求已被 SEC 针对他们作出的不利裁决预先排除了［15 U. S. C. § 78s (h)］。原告有权对这些裁决向联邦上诉法院提起上诉［同上，§ 78y (a)］，但却没有这么做。

我们审查了原告的其他辩论意见，认为其没有法律意义。维持地区法院的判决。

评析：

FINRA 的成立是美国证券市场自律监管体系最为重要的一次变化，在公司治理、规则制定、会员惩戒上做出了重大改变，尤其是在治理结构上提高独立理事的比例，弱化会员属性，强化独立性，改变了传统的自律组织的属性，因而引发证券业对其是否还是自律组织的质疑。上述几个判例体现了法院对待 FINRA 的态度，即 FINRA 仍是自律组织，仍对其监管

---

① Brawer v. Options Clearing Corp.，807 F. 2d 297, 302 (2d Cir. 1986)，这是一个我们曾质疑的有着更宽泛应用的案件［Feins v. Am. Stock. Exch.，Inc.，81 F. 3d 1215, 1224 (2d Cir. 1996)］，并非反例。在那个案件中，对于针对交易所的某些行为的必要的恶意的认可，是在不涉及绝对豁免主张的语境下讨论的。因此，法院没有机会处理绝对豁免是否存在恶意的例外问题。

行为享有绝对豁免的权利。这种处理，说明了法院态度上的一致性和连续性，但鉴于 FINRA 成立后，其政府行为属性引发广泛质疑，未来 FINRA 民事责任豁免权的基础或许会发生调整。

第四章

证券自律组织民事责任豁免的法理基础

长期以来，美国联邦法院并未授予自律组织及其雇员绝对豁免权。但是，考虑到许多组织对其会员进行纪律制裁并且采用了类似传统法院和行政机构的裁决程序，部分低级法院开始运用 Butz 案的逻辑处理要求在行使准公共职能的裁决权和指控权的私人实体处工作的高管承担民事赔偿的案件。Butz 案判决后七年，联邦第五巡回法院在 Austin Municipal Securi-ties, Inc v NASD① 案中确认了 NASD 高管人员的"司法性行为"应受绝对豁免的保护。后来，法院开始采取并扩展 Butz 案和 Austin 案的推理，将自律组织的非司法性行为都包括在绝对豁免权范畴内。法院认为，自律组织的特殊地位及其与监管机构之间的特殊联系，使其应当获得后者享有的主权豁免。但是，无论是国会还是联邦最高法院从未明确自律组织应当获得主权豁免，更令人疑惑的是，法院将主权豁免应用于自律组织混淆了绝对豁免与主权豁免的差异。② 本章首先回顾美国证券自律组织民事责任豁免的发展脉络，然后基于正当程序和政府行为的视角界定证券自律组织的属性，探讨绝对豁免抑或主权豁免作为其责任豁免基础的正当性。Weiss-man、Facebook 案体现了法院在适用自律组织民事责任绝对豁免上的严格解释倾向，未来自律组织民事责任豁免制度的发展趋势值得关注。

第一节　美国证券自律组织民事责任豁免的发展脉络

如前所述，Austin 案确立了证券自律组织的民事责任绝对豁免权，鉴

---

①　757 F. 2d 676（5th. Cir 1985）。该案内容详见本书第三章第一节。

②　Rohit A. Nafday, "From Sense to Nonsense and Back Again: SRO Immunity, Doctrinal Bait - and Switch, And a Call for Coherence", *U. Chi. L. Rev.*, Vol. 77（Spring 2010）, pp. 858 – 859, 862.

于本书第三章已就该案进行详细的描述，于此不赘。本节选取不同历史时期的典型案例，这些案例大致勾勒了美国证券自律组织民事责任豁免制度的发展脉络，对于我们理解证券自律组织民事责任豁免权而言极其重要。

1. Barbara v. NYSE①

本案的基本事实是：从 1975 年到 1991 年，Barbara（巴巴拉）被交易所许多会员聘为大厅职员，因此有机会进入交易所大厅。1990 年 8 月，交易所执行部门开始调查巴巴拉及其雇主 Mabon 的不当行为，11 月，在调查未结束前，Mabon 就解聘了巴巴拉。后来，巴巴拉接到纪律处分指控的通知，执法部门决定在交易所"接受委员会"（Acceptability Committee）做出听证结论前，禁止其进入交易所大厅。"接受委员会"举行听证后，建议将本案移交交易所听证小组决定。巴巴拉向交易所理事会提出请求，要求暂停执行执法部门的禁令。理事会推翻了所有针对巴巴拉的指控，理由是其被拒绝了解相关指控材料。尽管理事会做出了裁决，但执法部门仍然继续禁止其进入大厅交易。巴巴拉因此放弃了证券业的职业。于是，巴巴拉提出了针对纽约证券交易所的诉讼，认为被告错误地禁止其在大厅交易，损坏了其名誉，导致其失去工作机会，最终不得不离开证券业。因此，要求被告赔偿损失。

法院认为，本案被告的职能与 Austin 案的 NASD 相同，完全具备绝对豁免"三要素"特征，因此应获得绝对豁免权。法院认为，绝对豁免尤其适用于国家证券交易所自律这一独特情形。依据证券交易法，交易所履行着众多监管职责，这些职责原本应由政府机构承担。当然，包括 SEC 在内的政府机构享有主权豁免。作为私人实体，交易所并不能享有主权豁免，但其特殊的地位及其与 SEC 的联系影响了我们的判断，应当承认交易所在履行纪律处分职责时享有民事责任绝对豁免权。而且，允许针对交易所执行纪律处分职责行为提起诉讼将明显妨碍执行和完成国会立法的目的和目标，即鼓励实施强有力的自律。基于此，法院判决驳回原告要求民事赔偿的请求。

2. Sparta Surgical Corp v. NASDAQ Stock Market, Inc②

本案的基本事实是：Sparta Surgical Corporation（以下简称 Sparta）是

---

① 99 F. 3d 49 (2d Cir. 1996).

② 159 F. 3d 1209 (9th Cir. 1998).

医疗产品的制造商和经销商，其股票从 1991 年开始就在 NASDAQ 小盘股市场上市和交易。小盘股市场是 NASDAQ 市场的独特板块，主要由规模小但具有成长性的公司构成。每一个市场板块都有自己的财务状况要求，一个公司要想在其中上市必须满足这些要求。为了实现第二次公开发行的愿望，1995 年 2 月 15 日，Sparta 向 NASDAQ 提出申请，同年 3 月 21 日，SEC 宣布 Sparta 的发行有效，并提示 Sparta 和承销商可以卖出股票。但随后，NASDAQ 在没有任何解释的情况下，就宣布 Sparta 的股票退市并暂停已发行的股票交易。第二天，股票交易恢复。

尽管暂停时间很短暂，Sparta 认为在这样一个公开发行和投资者信心易动摇的时代，被告的监管行为和交易间断使得本次发行严重滞销。因此，Sparta 在加利福尼亚州高等法院提起诉讼，提出多项州普通法上的请求，包括违反明示的和默示的协议，违反诚信和公平交易原则，重大过失、故意虚假陈述、过失性虚假陈述、干预经济关系等。被告将案件移送到联邦地区法院。地区法院首先驳回了原告 Sparta 要求发回重审的动议，在确认其拥有管辖权后，地区法院驳回了 Sparta 的请求，除了缺乏私人诉权外，原告的请求受到 NASD 成功的豁免权抗辩的制约。

法院认为自律组织对于其依据证券交易法履行职责的行为豁免承担责任。当私行为者履行重要的政府职能时，豁免原则给他们提供保护。相应的，当自律组织执行纪律惩戒程序时，也予以豁免。

将豁免延伸适用于行使准政府权力的自律组织，符合国会构建的证券市场框架。当国会考虑 20 世纪 30 年代迅猛发展的柜台交易市场时，其面临两种选择：一种是大大扩张 SEC 的权力，另一种是确立行业自律与 SEC 严格监管并行的体制。国会最终选择了后者，随着《玛隆尼法案》（Maloney Act）的出台，一种对柜台证券市场"合作监管"的体制得以确立。在这种模式下，自律组织履行首要的监管职责，并最终受 SEC 的控制。①

1975 年，国会修改了《证券交易法》，赋予 SEC 更多的监管权力，支持其在证券市场监管中发挥必要和持续的作用。1975 年修正案的立法

---

① 这与时任证监会主席道格拉斯的监管理论一脉相承。道格拉斯将他的理念描述为"让交易所发挥领导者作用，政府扮演剩余的角色。换言之，政府将手持猎枪，躲在门后，子弹上膛，上好油，擦亮枪支，随时准备开枪，但却希望永不开枪"。W. Douglas, Democracy and Finance 82 (1940)。

史已强调指出，自律组织被确定为受制于 SEC 的控制，没有任何独立于 SEC 监管的政府性衍生权力。

因此，柜台市场的框架赋予自律组织对于特定事项的监管权力，但受制于 SEC 的监督。NASD 制定的关于规范股票上市和退市的规则并不是独立于证券交易法案的，相反必须与该法案一致。就像法院此前在 Jablon 案中指出的："股票交易所规则并不是由国会制定，而是由基于国会授权的交易所制定。"NASD 制定的经 SEC 批准的规则不仅确立了上市指引，而且还赋予了 NASD 关于股票上市和退市的广泛自由裁量权。就像 NASD 的章程所言，"除了适用列举的标准外，协会还对 NASDAQ 市场上首次发行和再次发行的证券行使广泛的自由裁量权，以维护市场的质量和公众信息"。

自律组织在行使准政府职能时被赋予诉讼豁免权，以与其在证券市场监管中的角色相符。就像第二巡回法院在 Barbara 案中指出的，法院认为，绝对豁免尤其适用于国家证券交易所自律这一独特情形。Sparta 承认当 NASD 在执行裁决、指控、仲裁或监管性职能时享有豁免权。但是，他辩称在本案中 NASD 是作为一个市场供应商的角色出现，因此不符合豁免的条件。

的确，自律组织并不是对所有案件都享有豁免权，只有在其基于证券交易法授权范围内行动时，才享有豁免资格。当从事私的商业行为时，自律组织仍将受到法律责任的约束。但是，几乎没有比中止交易更典型的监管行为了。在证券交易法合作监管的理念下，NASD 被赋予维护和强化市场质量和公众信心的权力。对股票在 NASDAQ 市场上再次发行，社会公众会产生这样的预期，即该公司既达到最低财务指标的要求，也符合诚信和道德的商业实践要求。基于这些原因，NASD 于 1994 年寻求对在 NAS-DAQ 市场首次发行和再次发行的股票行使广泛的自由裁量权，并获得 SEC 批准。

因此，与 Sparta 认为 NASD 只是一个代表股票发行公司实施推销术的市场供应商观点相反，NASD 被赋予认真监管市场以保护投资者利益的义务和责任。当 NASD 做出中止交易的行为时，它正在执行一项披着豁免外衣的监管职能。Sparta 主张的所有损失都来源于被告暂停交易和临时退市的决定，因此，被告对此请求享有豁免权。

正在审理的案件强调了监管豁免的重要性。Sparta 的普通法理论假定

NASD 可以做出一项与其规则无关的可执行的私人承诺，如果违反该承诺将导致普通法上的损失诉讼。Sparta 辩称协会的规则不能取代在交易所和申请者之间存在的承诺或默示协议。允许依据该理论寻求救济的规则将赋予政府根据普通法限制自律组织的监管，这样的结果与国会关于《证券交易法》中监管权力授权的规划难以共存。

Sparta 还依据 Brawer v. The Options Clearing Corp.，807 F. 2d 297，301（2d Cir. 1986）主张豁免原则的"恶意"例外。Brawer 案并不是一个关于豁免的案例。它关注的是证券交易法规定的禁止私人诉权这个一般原则的例外。即使在这种背景下，第二巡回法院在 Feins v. American Stock Exchange，81 F. 3d 1215，1223 – 24（2d Cir. 1996）对该例外的可行性仍存有异议。更重要的是，即使私人诉权类推是绝对的，该院也不认可这样一个例外。在 Jablon 案中，并不存在违反交易所规则的私人诉权行为。

任何豁免规则适用的结果都可能是残酷的。如果必须采纳 Sparta 诉请的表面意思，被告采取了反复无常甚至伪善的方式给 Sparta 造成了巨大损失。然而，当国会选择了"合作监管"作为场外交易市场监管的主要模式时，自律组织就获得了对其监管行为的民事责任绝对豁免权。

基于此，维持一审判决。

3. D'Alessio v. NYSE①

本案源于 SEC 和美国司法部针对独立大厅经纪人的调查。政府怀疑部分经纪人违反了《证券交易法》第 11 章、SEC 规则第 11 章的内容以及 NYSE 的规则，从事了非法交易，该交易包含经纪人共同分享利润、分担损失的内容。作为调查的一部分，政府部门检查了原告 D'Alessio（达雷西欧）的交易活动，重点关注了达雷西欧与 Oakford 公司的利润分享安排，后者是 NASD 以及美国证券交易所的前会员。该交易方案的运行机制并不复杂：达雷西欧代表某个客户购买特定股票然后再以较高价格出卖，由此为客户带来净利润。达雷西欧根据买卖的价差幅度从中获得一定比例佣金，具体数额根据其与客户之间的协议确定。尽管不能保证这种交易肯定获得利润，但达雷西欧相比较其他市场参与者具有明显的优势，因为其拥有获取某只特定股票表现及其价格走势的信息。1998 年 2 月，司法部指控达雷西欧故意违反禁止经纪人为自己账户以及其有自由投资决策权的

---

① 258 F. 3d 93（2d Cir. 2001）．

账户进行交易的众多法律规定。SEC 和 NYSE 随后提出了类似指控。政府特别指控达雷西欧违法分享其代表 Oakford 在纽约证券交易所从事的交易中获得利润的行为，根据双方之间的协议安排，前者可以获取 70% 的利润。虽然刑事指控基于双方之间的暂缓起诉协议被驳回，但 NYSE 的指控最终导致达雷西欧被暂停在 NYSE 大厅进行经纪活动，并给其带来了损失。

1999 年 12 月，原告提起诉讼，认为被告违反了联邦法律及交易所规则，故意编造对这些条款虚假的解释，并散布给原告和其他经纪人。达雷西欧认为他正是基于被告的解释从事了后来被认定为非法的交易活动。他指控被告采取秘密的、讨好执法部门的形式，通过提供虚假的、误导性的和不准确的信息，帮助司法部和 SEC 从事对原告的调查和指控。达雷西欧进一步声称，被告并未向上述政府机构披露其批准和鼓励原告从事交易的事实。达雷西欧将纽交所的不作为归因于纽约所及其结算会员由违规交易获得的巨大费用以及出于提高日交易量的愿望。达雷西欧认为，正是由于被告的错误行为，导致其不能作为大厅经纪人在纽交所工作，于是提出赔偿请求。

针对地区法院依据 Barbara 案原理赋予被告绝对豁免权的判决，原告认为这是对 Barbara 案判决的错误扩张，因为 Barbara 案限于纪律处分程序，而本案却是因为被告不当解释联邦法律法规以及欺骗性的向司法部和 SEC 提供信息的行为。第二巡回法院同意地区法院的判决理由，认为被告上述行为是在履行与纪律处分职责相似的准政府职责，因此应当赋予绝对豁免。法院还进一步解释，尽管 Barbara 案限于纪律处分程序，但该案蕴含一个更广泛的命题假设：像纽交所这样的自律组织，可以在自律监管范围内有权获得豁免权。相应的，法院拒绝了原告将绝对豁免仅应用于纪律处分程序，从而把自律组织依据《证券交易法》授权执行准政府职能的行为排除在外的企图。

4. DL Capital Group LLC v. NASDAQ[①]

本案由 Nasdaq 取消 Corinthian 学院集团公司（以下简称 COCO）股票的特定交易行为引发。2003 年 12 月 5 日，大约 10 点 46 分到 58 分之间 COCO 的股票价格出人意料地从 57.45 美元降到 38.97 美元，而 COCO 并

①　409 F. 3d 93（2d Cir. 2005）.

没有发布任何声明对此进行解释。Nasdaq 认定，该异乎寻常的市场行为是由于同一客户向众多市场中心和电子交易网络发送众多指令引发的，于是造成众多 COCO 股票卖单的假象，引发市场的震动。10 点 58 分，Nasdaq 终止了 COCO 股票的交易，并声明这次股票跳水行为是由于电子交易系统使用不当或故障引发的。11 点 55 分，Nasdaq 决定恢复该股票的交易。12 点 30 分左右，Nasdaq 宣布取消在 10 点 46 分到 58 分之间所有 COCO 股票的交易。

　　DL Capital Group（以下简称 DL）声称其在 10 点 46 分到 58 分之间购买了 COCO 股票。但是，在该股票恢复交易至 Nasdaq 宣布取消交易期间，其卖出了股票并获得了利润。由于 Nasdaq 最终决定取消 10 点 46 分到 58 分之间的股票交易，但并未取消 DL 出卖股票的交易，DL 认为 Nasdaq 使其陷入了无担保的卖空之中，DL 不得不以高于卖出股票时的价格购买 COCO 股票，以满足 Nasdaq 对卖空的要求。由此给原告造成了损失。于是，2003 年 12 月，原告提起诉讼，要求 Nasdaq 及其总裁和首席执行官承担赔偿责任。理由是 Nasdaq 进行了误导性声明或遗漏，实施了欺诈行为，没有及时披露其取消上述时间段交易的目的或最终决定。被告以绝对豁免为由拒绝承担责任。

　　法院认为，本案被告宣布暂停及取消交易的行为构成其监管职责的一部分内容，向公众报告监管行为，与被告享有的准政府权力是相符的，因为维护市场信息的真实是证券监管的首要目的。本案的另一个焦点在于绝对豁免是否适用"欺诈性例外"。法院认为，从先例来看，绝对豁免一直拒绝适用"欺诈性例外"，不守信用、恶意、欺诈这些因素可能影响有限豁免，但除非极特殊的情形，否则不会对适用绝对豁免产生影响。法院指出，拒绝欺诈性例外，不是简单的逻辑问题，而是更紧密的实践问题，如果不这么做，自律组织执行准政府职能将会受到破坏性和反控性诉讼案件的不当妨碍。

　　5. Standard Inv. Chartered, Inc. v. National Ass'n of Securities [1]

　　上诉人标准特许投资公司注册地在加利福尼亚州，是 NASD 的会员。被上诉人是 NASD、NYSE 集团和几名 NASD 的官员。上诉人诉称，NASD 和其官员在 2006 年的股东表决权征集活动中进行了虚假陈述，意图寻求

---

　　[1]　637 F. 3d 112, C. A. 2 (N. Y.)，2011.

修改规则以达到与 NYSE 集团的规则保持一致，从而实现二者监管业务的合并。在 FINRA 成立前，NASD 和 NYSE 各自监管自己的市场，这意味着，有 170 个经纪/交易商同时受制于两个不同监管体系的监管，有时规则之间相互矛盾和令人困惑。

合并通过资产并购协议的方式实施，NASD 将获得 NYSE 集团特定的资产。作为交易完成的条件，NASD 必须修改其章程，包括建立新的投票制度，原每个会员一个投票权的规则将被一个新的投票制度体系取代，新制度根据会员公司的大小分配投票权。投票权征集还对特定会员一次性支付 35000 美元。上诉人称被上诉人虚假陈述说 35000 美元是其可能提供的最大数额。

2007 年 1 月 9 日，NASD 会员投票支持章程修改，并依据《证券交易法》第 19 章相关规定将修改建议送 SEC 批准。SEC 于 2007 年 3 月 20 日印发了规则供公众评论，并最终于 7 月 26 日批准。四天后，合并实施，FINRA 成立。

在 SEC 公开章程修正案前夕，Standard 就启动了诉讼。初审法院以被告享有绝对豁免权为由驳回了 Standard 的诉请。

法院认为，毫无疑问，自律组织及其官员在履行自律监管职责时对私人损失案件享有绝对豁免权。该权利既适用于积极的行为也适用于自律组织的疏忽或不作为。绝对豁免规则具有不寻常和独特的属性，法院必须就个案逐一审视适用。主张享有豁免权的当事人必须承担举证责任，根据摆在面前的事实，法院采用功能性的测试标准以决定某个自律组织是否被授予了豁免权，这要求关注行为的性质而不是实施该行为的行为者的身份。就像在 NYSE Specialists 案中认定的那样，法院发现股票交易自律组织在以下情形享有绝对的豁免：（1）对会员的纪律惩戒程序；（2）执行证券规章和制度的行为，对交易所会员的常规监管；（3）对交易所及其会员适用证券法律法规的解释；（4）依据证券法，将交易所会员移交给 SEC 和其他政府机构，以提起民事或刑事指控；（5）向社会公开监管决定。除此之外，法院增加一条，即将自律组织修改其章程的行为列入清单，因为章程的修改与自律组织作为一个监管者的目标是不可分割的。

法院指出，就像地区法院在案件中阐释的那样，很显然，本次合并将导致 NASD 和 NYSE 的监管权力转移给 FINRA，从表面上看，这是一次监管权力的指定转移，因此应受绝对豁免权的保护。但是，法院面临的问题是判断关于章程修正案的股东投票权征集是否从属于本次监管权力合并事宜，同时也是 NASD 履行监管职责的一部分。在这一点上，地区法院分析指出，尽管股东按照委托书陈述的内容投票并不能视为关于监管业务合并自身的投票，但是批准公司章程修正案不仅是完成合并的必要前提，也是委托书的基本内容和目的。地区法院进一步阐述，章程的修订也是 NASD 法定的规则制定权限范围内的事情。相应的，就像地区法院正确判断的那样，股东投票权征集，是 NASD 修改章程的唯一可行途径，明显是"从属于监管权力的行使"。因此，这样的行为就与豁免权联系在一起。

　　法院也相信未经 SEC 批准，NASD 不能修改其章程，这样的规定具有重要意义。SEC 被授权通过完善其内部程序从而能接收到那些因新规则变化受到影响的人士的反馈信息［见《美国法典》第 15 编第 78（b）1 节，要求自律组织向 SEC 提出规则修改申请时，要符合 SEC 相应的规则，以便 SEC 能够规划和概述通知和评论的周期］，并且 SEC 保留对自律组织规则进行修改的自由裁量权［《美国法典》第 15 编第 78s（c）节］。立法和监管的框架已在某种程度上非常清晰的显示，自律组织的章程与 SEC 授予自律组织的监管权力紧密相连，并强化了关于股东投票权征集适用豁免的确信。

　　据此，维持一审法院的裁决。

　　综上所述，自律组织的以下职能被授予绝对豁免：（1）针对交易所会员的纪律惩戒程序（Barbara, 99 F. 3d 49）；（2）执行证券规则和条例，以及对交易所会员的一般性监管（D'Alessio, 258 F. 3d 93）；（3）对证券法律和规则适用于交易所或其会员的解释（同上）；（4）为执行证券法规定的民事责任或刑事指控，将交易所会员移送给 SEC 和其他政府机构（同上）；（5）公开宣布监管决定（DL Capital Group, 409 F. 3d 93）；（6）自律组织修改其章程的行为（Standard, 637 F. 3d 112）；（7）监管权力的不作为（NYSE Specialists, 503 F. 3d 89）。

第二节　证券自律组织的属性界定

　　证券自律组织是不是政府机构，这个问题不仅涉及其能否适用只有政府部门才享有的主权豁免，涉及民事责任的豁免，还关系到其在实施纪律惩戒时应否遵循正当程序的要求，后者也直接涉及民事责任的承担问题，因为正当程序是《美国宪法》规定的基本权利，如果证券自律组织被视为政府机构，那么它就应当遵循宪法的正当程序要求，违反正当程序属于侵犯宪法权利的行为，按照本书第二章有限豁免的原理，是有可能被剥夺豁免权的。反之，如果证券自律组织是私人组织，它就不必遵循正当程序条款，因为该条款只适用于政府机构，指向的是政府行为。所以，厘清证券自律组织的身份不仅仅是逻辑问题，而且还具有重要的实践意义。本节以正当程序和政府行为理论为线索对证券自律组织的性质进行探讨，以为我们理解证券自律组织民事责任豁免提供新的视角。

一　正当程序的法理基础

《美国宪法》第五修正案规定，不得在任何刑事案件中被迫自证其罪；不经正当的法律程序，不得被剥夺生命、自由和财产。这就是著名的正当程序条款。其中关于禁止自证其罪的规定，原来只适用于刑事案件，后来根据美国联邦最高法院的解释可以适用于全部的行政活动。[①] 由于《权利法案》只是针对联邦政府的权力限制，对各州政府并无约束力，各州政府可以任意侵犯个人权利而不受正当程序条款的制约。这种现象引发了社会广泛关注，在这种背景下，第十四修正案出台，它规定正当程序条款适用于各州，要求各州非经正当的法律程序，不得剥夺公民的生命、自由和财产。正当程序条款目的在于对政府权力施加约束，对任何可能危及人之生命、自由、财产的行政行为，都必须适用正当程序原则，否则就是违宪行为，不受宪法和法律保护。

（一）什么是"正当程序"

尽管立法中规定了正当程序条款，但对于何为正当程序，却未进行界定。尽管许多法官和学者都进行了阐释，但其中尤以 Frankfurter 法官的解释最为经典。他认为，正当程序，不同于其他法律规则，并不是一个与时间、空间和环境内容无关的技术性概念。正当程序蕴含着一种公平对待的理念，这种理念是从几个世纪以来的英美宪法史和文明中演化而来的。正当程序不应受到任何变幻莫测的公式限制。正当程序是由历史、理性、以往的裁决、对我们信奉的民主信念坚定的信心混合而成，代表着人与人之

---

① 王名扬：《美国行政法》，中国法制出版社 2005 年版，第 475 页。

间尤其是个人与政府之间的深远的公正态度。正当程序不是机械设备，也不是一个尺码，它是一个精致的由宪法授权的人操作的调节程序。①

从司法实践看，正当程序条款的适用从最初的程序性正当逐步演变为程序＋实体的正当性。② 程序性正当要求行政机关在采取某一行为前必须提供必要的程序保障；实体性正当要求行政机关必须给出充分的理由以证明其所采取行为的必要性。实体性正当过程的要求在于表达这样一种理念：行政机关的行为必须基于合理的、符合公共价值的动机；在行政机关所采取的行动和这一行动所要达到的目的之间，必须存在某种合理的和必要的联系。③ 正如美国学者解释的，程序正当是指当政府做出剥夺一个人的生命、自由、财产的决定时，必须遵循的程序要求；实体正当是指在某些情形下，即使政府采取了最公平的程序剥夺了一个人的生命、自由和财产，该行为仍应受到禁止。④ 也有学者认为程序正当要求政府能公平地适用法律，实体正当要求法律自身是公平合理的。⑤ 虽然上述表述内容上略有差异，但就其本质上而言基本相同。当然，学术界一直就正当程序条款是否应包含实体正当程序（substantive due process）存在质疑声音。他们认为，从立法本意来看，正当程序仅包含程序性正当程序。通过梳理最高法院历史上的典型案例，这些学者采取历史分析方法得出结论认为，实体性正当程序仅仅是一个司法创新，并不符合立法本意。甚至联邦最高法院也一度也承认，其广泛的应用实体性正当程序的判决既不是通过立法语言推出，也不是从立宪史中得出，而仅仅是对第五修正案和第十四修正案的司法解释的累积而已。⑥ John Hart Ely 教授总结道，宪法第五修正案仅仅

---

① Joint Anti - Fascist Comm. v. McGrath, 341 U. S. 123, 162 - 63 (1951).

② 还有观点认为正当程序划分为三类：程序性正当、实体性正当、结构性正当（Structural due process）三种，see Russell A. Eisenberg & Frances Gecker, "Due Process and Bankruptcy: A Contradiction in Terms?", Bankr. Dev. J., Vol. 10 (1993/1994), p. 52。

③ 王锡锌：《行政程序法理念与制度研究》，中国民主法制出版社 2007 年版，第 210—211 页。

④ Ryan C. Williams, "The One and Only Substantive Due Process Clause", *Yale L. J.*, Vol. 120 (December 2010), p. 419.

⑤ Mark K. Funke, "Does the Ghost of Lochner Haunt Mission Springs? Ruminations on §1983 Due Process Claims in Light of Mission Springs, Inc. v. City of spokane", *Wash. L. Rev.*, Vol. 77 (January 2002), p. 208.

⑥ Regents of the Univ. of Mich. v. Ewing, 474 U. S. 214, 225 - 26 (1985).

指程序性正当，尽管一些法院在其判决中扩张解释了程序的内涵，使之包含了实体性正当过程。但法律的轨道并未因这些判决的出现发生改变，相反，这些判决脱离了正确的轨道，既无先例的支持，也注定无法成为先例本身。① 但法院似乎对实体正当程序的存在及价值毫不怀疑。法院认为，正当程序条款的目的就是为了保护个人免受政府权力的肆意侵犯，禁止某些程序上符合法律规定的政府行为，防止政府权力用于压迫的目的。② 实体性正当程序也经由法院的解释得以广泛应用，对美国经济、政治和社会生活产生了深远的影响。

（二）正当程序的基本要求

在 1970 年的 Goldberg v. Kelly 案中，在平衡个人福利和政府利益后，法院要求政府机关采取全部行政程序：及时通知、口头陈述与辩论、相互盘问和反驳不利证据的机会、获得辩护律师和公正决策者以及陈明理由的书面决定。③ 程序性公正的基石是通知和听证。通知包含时间和内容两个要素。正确的通知是获得听证机会的逻辑前提，通知必须给受影响的个人足够的时间和信息准备听证。在 Mullane v. Central Hanover Bank & Trust Co. ④ 案中，最高法院详细地分析了正当程序条款的通知"参数"。法院认为，发送通知的方法应当是在所有环境下考虑都是合理的，通知未决行为的利益相关方，给他们提供提出反对意见的机会。通知可以通过行政司法长官、执行官等法律授权的人进行，对于跨州的、跨国的以及无法确定人员住所的，可以通过邮寄、报纸上公告等替代性方式做出。但是最高法院明确指出，对于姓名和地址都确定的人员的通知，必须通过邮寄或其他能够确保能够到达的方式做出，这是最低程度的宪法要求。⑤

对于实体正当要求，美国最高法院态度经历了较大程度的转变。1937年之前，实体正当程序首先用来保护自由经济权利，认为经济权利是受到

① ［美］约翰·哈特·伊利：《民主与不信任——司法审查的一个理论》，张卓明译，法律出版社 2011 年版，第 16—17 页。

② Rosalie Berger Levinson, "Reining in Abuses of Executive Power through Substantive Ddue Process", *Fla. L. Rev.* , Vol. 60 （July 2008）, p. 522.

③ 张千帆：《西方宪政体系》（上册·美国宪法），中国政法大学出版社 2004 年版，第 264 页。

④ 339 U. S. 306 (1950) .

⑤ Russell A. Eisenberg & Frances Gecker, "Due Process and Bankruptcy：A Contradiction in Terms?", *Bankr. Dev. J.* , Vol. 10 （1993/1994）, p. 54.

正当程序条款保护的自由或财产，并借此禁止联邦或各州对经济领域的干预。究其原因，是最高法院的法官们秉承传统的自由放任和契约自由思想，反对政府干预。三十余年间，美国最高法院就推翻了两百多项各州的立法。但此后，没有任何一项联邦或州的经济立法因违反实体程序公正被宣布无效。此后，法院在婚姻、堕胎案、同性恋、家庭隐私等问题上广泛应用实体正当的要求，进一步肯定了对个人基本权利的保护。

实体正当主要是法院基于公平和公正的理念，对自由和财产权进行扩大解释，以限制政府对个人权利的不当侵害。但由于不同时期对自由和财产理解的差异，所以导致判决结果的不同。这当然可以理解，任何时代的价值观肯定要受到当时经济、社会、文化等层面的影响，每个法官也受自身的知识储备、政治倾向、价值理念等的制约，难免在案件认识上存在差异。传统意义上，法院基于两个标准判断是否违反了实体正当：合理性审查和严格审视。合理性审查是指要求立法不应当是不合理的、随意的或变化无常的，相关立法应符合合法的政府目标。法院需要确认立法意图保护的公共利益是什么，并判断保护的方式是否合理。严格审视主要是指：当立法规定侵害到一个人生命、自由和财产等人的基本权利时，法院必须严格审视政府行为的正当性。政府必须提出令人信服的理由论证此类限制的合理性，并应在最狭小的范围内仅能为实现此目标而采取措施。就法院的司法实践看，权利法案规定的各类权利都是人的基本权利，任何对于这些权利的侵犯都可以违反正当程序条款为由宣布无效。[1] 也就是说，判断哪些权利是基本权利要受到历史和现实的制约。例如，由于关于个人生育与避孕权、妇女人身自由与堕胎、同性恋、安乐死等问题上存在较大的认识分歧，这些权利是否是人的自由，是否属于基本权利就有过长时间的激烈争论。相应的，不同时期关于这些争议的判决结论大不相同，也不排除今后随着社会发展的变化再次推翻之前判决的可能性。需要注意的是，近期法院在实体正当的适用上逐步放弃了严格的"基本权利"的思路，许多判决中法院不再关注案涉权利是否是一项基本权利。相反，法院倾向于在被侵害的权利的重要性和政府行为的正当性之间寻求平衡，以决定是否宣

---

① James W. Hilliard, "To Accomplish Fairness and Justice: Substantive Due Process", *J. Marshall L. Rev.*, Vol. 30 (Fall 1996), pp. 107 – 108.

布政府行为无效。①

当然，正当程序条款的程序性过程和实体性过程有时又是不易划分的，二者往往是紧密联系在一起并相互产生影响，任何试图做精确的划分既无必要也不可能。

二　政府行为理论

自律组织是否应受正当程序条款约束，关键在于厘清自律组织的身份：是政府机构还是私人组织？只有在自律组织自律监管被视为政府行为时，才可能引发正当程序的关切。按照美国《证券交易法》设计的监管框架，自律组织作为准政府组织履行执行联邦法律和自律规则的职责，政府部门承担刑事指控和监管自律组织的职责。依据传统理论，正当程序要求只针对政府行为，不适用于自律组织。正如法院判决中指出的，政府行为是主张宪法权利的基本前提，也就是说，宪法规定的绝大部分权利只有在受到政府侵害的情况下才会得到保护。②

由此引发的问题是如果政府部门利用了自律组织的调查结果随后对违规者提起了刑事指控，是否规避了法律对政府正当程序的约束？是否意味着该违规者被剥夺了正当程序的保护？因此，关于自律组织应否受正当程序约束的争论一直不断。法院主要基于政府行为理论做出判决，但由于政府行为理论的模糊性，导致不同法院解释上的差异，加上证券市场实践的不断变化，关于自律组织是否适用正当程序可能还要经历长时间的认识和争论过程。

《美国宪法》第五修正案和第十四修正案正当程序原则针对的是政府行为，前者适用于联邦政府，后者适用于各州政府。法院一度认为，无论多么不公正的私人行为，都不受正当程序约束。③ 最早对政府行为理论进行阐释的是 1883 年联邦最高法院对民权诉案（Civil Rights Cases）的判决，大法官 Bradley 写道：私人对私人权利的侵犯并不是第十四修正案的主题。它有着更为深远的内涵。所有的政府立法和政府行为，如果其侵犯了美国公民的特权和豁免权，或者未经正当程序侵害了人民的生命、自

---

① Rosalie Berger Levinson, "Reining in Abuses of Executive Power through Substantive Due Process", *Fla. L. Rev.*, Vol. 60（July 2008）, p. 528.

② Flagg Bros., Inc. v. Brooks, 436 U. S. 149, 156（1978）.

③ Jackson v. Metro Edison Co., 419 U. S. 345, 349（1974）.

由、财产，或拒绝给予法律的平等保护，都将被宣布无效。[1] 随着政府领域的民营化，许多原系行政机关实施的行为逐渐由私人主体来掌握与运营，由此引发了私人主体承担公共任务时是否应受正当程序约束的疑问。美国联邦最高法院最初严格限制正当程序条款适用于私人主体，后来随着政府行为理论的兴起，法院的做法有了明显的改变。

政府行为原理要求对联邦法律和司法权力的范围进行限定，以保障私人自由的空间。对私人主体而言，他们只受制定法或判例法的限制，该原理同样也避免对不应受到指责的行为施加政府责任。在几乎所有主张被剥夺宪法权利的案件中，政府行为毫无疑问隐含在诉求中。因此，法院在处理这些宪法诉求时，必须首先判断是否存在侵害宪法权利的政府行为。在许多案件中，法院并不进行详尽分析，是因为很明显存在政府行为。例如，当联邦政府机构作为当事人一方，或者当事人提起联邦或州法律的合宪性审查，政府行为的存在不言自明。但是，试图准确的划分政府与私人活动的边界，已被证明相当困难。尽管承认政府行为原理的重要性，但美国联邦最高法院并未确立政府行为的判断标准。事实上，许多评论者认为最高法院的政府行为法理陷入了"概念灾区"，至少部分法官也对此评论表示赞同。法院认为，只有通过对事实的筛选和对具体条件的权衡，私人行为中政府的属性才能被发掘。以下两个条件对于构成政府行为必不可少：其一，被剥夺宪法权利必须是行使政府规定的特权的结果，或者是依据政府制定的行为规则做出的决定，或者是被应由政府负责的人执行的。其二，被指控剥夺权利的人必须能够公平地认为是政府行为者。[2]关于政府行为新近代表性的案例是2001年的 Brentwood Academy v. Tennessee Secondary School Athletic Ass'n 。[3] 该案中，法院确立了以下判断政府行为的标准：（1）政府将其公共职能授予私人；（2）被指控的行为起源于政府强制权力的实施或者政府对私人提供了重大的支持；（3）私人有意地与政府或其代理人一起联合行动。

---

[1]　109 U. S. 11（1883）.

[2]　Richard L. Stone & Michael A. Perino, "Not Just a Private Club: Self Regulatory Organizations as State Actors When Enforcing Federal Law", Colum. Bus. L. Rev. （1995）, pp. 463 – 466.

[3]　Brentwood Acad. v. Tenn. Secondary Sch. Athletic Ass'n, 531 U. S. 288（2001）.

所谓政府行为理论，是指在私域中发现政府行为的方法。①根据美国法院的实践，主要依据如下三类标准判断某项特定行为是否符合政府行为要求。②

1. 紧密关联理论

该理论要求在政府和被指控的私人主体行为须存在相当紧密的联系，以至于私人行为可以被公平地视为政府行为。但是，仅仅依据政府与私人团体行为有某种联系，并不意味着这些行为可以被视为政府行为，对一个私人的广泛监管，也不能将被监管者的行为转变为政府行为。该理论的关注点是政府的行为，而不是私人的行为。对自律组织的成立及自律规则的批准，并不构成创建政府行为的充分理由。只有证明政府应对指控的特定行为特别负责时，政府行为原则才能适用。法院认为，如果政府对私人行为施加了强制，或者提供了重大支持，无论是公开的还是隐秘的，该政府都应对私人行为负责。这种强制表现在私行为者按照法律或监管框架的要求去执行指控的行为，因此，依据公平的原则，政府必须对其命令的或重大支持的私人行为负责。在 Blum v. Yaretsky 一案中，一群受政府公共医疗计划补助的患者声称，私人护理院做出的将他们转移至提供较少服务的机构的决定构成政府行为。原告声称政府对护理院施加的扩大的资金要求导致了护理院做出了上述决定。例如，政府政策要求私人医疗机构成立"效用审查委员会"以判断对每个患者需要看护的程度。如果审查委员会建议将符合条件的患者转移至更少费用的机构并且该机构拒绝接收，政府

---

① 高秦伟：《美国行政法中正当程序的"民营化"及其启示》，《法商研究》2009 年第 1 期，第 106 页。

② 以下内容综合参考、借鉴了下列文章：Michael Deshmukh，" Is FINRA a state actor? A Question that Exposes the Flaws of the State Action Doctrine and Suggests a Way to Redeem it"，*Vand. L. Rev.*，Vol. 67（May，2014）. Alan Lawhead，"Useful Limits to the Fifth Amendment：Examining the Benefits that Flow From a Private Regulator's Ability to Demand Answers to its Questions During an Investigation"，*Colum. Bus. L.* Rev.（2009），pp. 223 – 265。William I. Friedman，"The Fourteenth Amendment's Public/Private Distinction among Securities Regulators in the U. S. Marketplace—Revisited"，*Ann. Rev. Banking & Fin. L.*，Vol. 23（2004），pp. 735 – 737。Richard L. Stone & Michael A. Perino，"Not Just a Private Club：Self Regulatory Organizations as State Actors When Enforcing Federal Law"，Colum. Bus. L. Rev.（1995），pp. 467 – 485。Steven J. Cleveland，"the NYSE as State Actor?：Rational Actors，Behavioral Insights & Joint Investigations"，*Am. U. L. Rev.*，Vol. 55（October 2005），pp. 12 – 22.

将保留调整资助资金的权利。鉴于 90% 的患者受到政府公共医疗补助计划的资助，可以得出政府规则"明显鼓励"私人护理院转移符合条件的患者的强有力观点。但是，法院认为因为审查委员会行使着某种程度的医疗自由裁量权，政府的规则并不能充分的给私人护理院贴上政府行为者的标签。[①] 在 Moose Lodge No. 107 v. Irvis[②] 案中，被告是宾夕法尼亚州的一家私人俱乐部，该俱乐部根据其章程拒绝为原告提供服务。原告认为，宾夕法尼亚州酒业管理委员会向该俱乐部颁发酒类销售许可证，因此，被告拒绝提供服务的行为构成政府行为。法院认为，政府颁发执照的批准行为并不足以认定该俱乐部的歧视行为已转化为政府行为。但是，由于政府监管法规要求私人俱乐部必须遵守其章程，而被告章程里含有种族歧视内容。法院由此判断，尽管政府的监管要求在措词上是中立的，但该要求适用的结果就是政府强制各俱乐部执行歧视性的私人规则，由此私人歧视行为转化为了政府行为。在 Skinner v. Railway Executives'Ass'n[③] 案中，被告依据联邦铁路局的法规对在铁路事故中的雇员强制进行血液和尿液检查，原告认为被告的行为违反了第四修正案。法院认为，私人是否应当被视为政府的代理人或工具，取决于政府介入私人行为的程度，本案中，监管法规禁止铁路公司通过合同放弃检测的权力，并允许联邦铁路局接收抽测样品和测试结果。因此，铁路局面对私人行为不是采取了消极态度，它不仅清晰地表达了测试的强烈意愿，还共享铁路公司的侵害结果。政府对私人行为的鼓励、支持和参与已经创设了政府行为。

2. 公共行为理论

依据公共行为理论，如果私人组织从事的行为传统上属于政府专有，则该行为应被视为政府行为。如果某个私人组织被政府授权从事了传统上属于政府的职能，则该组织应被视为政府的代理人。公共行为理论的基本原理在于：政府将其部分权力授予私人的事实不能改变权力的政府属性。如果没有公共行为原理，政府就可以通过授权给私人的方式规避宪法的要求。当然，公共行为并不等同于公共利益，法院认为那些影响公共利益的事务并不当然包含于政府的专有权力中。例如，医生、律师、验光师、卖

---

① 　Blum v. Yaretsky, 457 U. S. 991, 1004 (1982).

② 　407 U. S. 163 (1972).

③ 　489 U. S. 602 (1989).

牛奶的杂货商，他们的行为都事关公共利益，但显然他们的行为并不能转变成政府行为。虽然许多职能传统上曾经由政府行使，但只有非常少的部分属于政府专有。因此，问题的核心在于确认哪些权力属于传统上政府专有。在这个问题上，法院并未给出明确的范围，且前后判决存在矛盾之处，这使得判断哪些权力属于公共行为极为困难。梳理法院多个典型的判决，可以发现，法院对公共行为理论逐步采取了限缩解释的思路，体现了保守主义的倾向。

早期，法院认为，如果私人执行属于政府的全部权力，那么毫无疑问它必须被视为政府行为。在 Marsh v. Alabama① 案中，最高法院运用公共行为原则禁止一公司城镇的所有者阻止宗教组织在城镇商业区散发传单。法院认为，当私人财产具备所有城镇的属性，并且私人正在执行所有必要的市政功能时，该私人就披上了政府的外衣并应受到宪法条款的制约。在 Terry v. Adams 案中，由民主党人构成的私人所有的民主党组织（Jay-bird），排除非裔美国人参与测验民意的投票，因而以违宪为由被提起诉讼。Jaybird 认为他们是私人俱乐部，因此豁免违宪指控。法院不同意该种抗辩意见，认为对公众选举的监管传统上专属于政府的职责范围。法院对 Jaybird 民意测验投票对选举程序的影响采取了职能路径的分析，认为该投票已经构成选举程序的完整的一部分，事实上也是唯一有效的内容。因此，当私人行为不当使用了一项典型的公共职责时，法院愿意将宪法保护延伸适用于私人领域。② 20 世纪 70 年代，伦奎斯特大法官时代极大地限制了公共行为概念的范围。在 Jackson v. Metropolitan Edison Co. ③ 一案中，原告主张被告没有提前通知，也没有听证，亦未给予逾期支付费用的机会，就停止对其供电，违反了正当程序。原告认为，被告终止其用电的行为构成政府行为，鉴于电力服务的重要性，被告的行为相当于剥夺其财产，违反了正当程序保护条款。法院认为，没有充分的证据表明被告提供了基本的公共服务或者说其行为影响着公共利益。法院没有采纳之前传统的政府职责标准，而是认为公共行为必须是仅限于政府的专属性权力。因为政府从未被强制为市民提供电力服务，因此，被告的行为不能视为执行

---

① 326 U. S. 501 (1946).

② Terry v. Adams, 345 U. S. 461, 463 (1953).

③ 419 U. S. 345 (1974).

公共职能。法院认为，只有私人执行传统上属于政府的专有权力时，政府行为才有适用余地。此后，法院一直强调政府权力的专有属性。在 Flagg Bros. , Inc. v. Brooks. 案中，原告认为，州政府授予被告解决私人纠纷的权力，该项权力是一项传统上隶属于政府的专有权，因而，被告的行为是政府行为，应受正当程序的约束。法院没有支持该观点。法院认为，尽管许多职责传统上属于政府，但只有非常少的是政府专有的。在商业时代，传统的私人安排发挥着重要的作用，债权人和债务人之间的纠纷解决并非属于传统的、专属的政府职责。伦奎斯特大法官指出，教育、救火、警察保护、税收都是传统的政府专属职责，但无论如何，我们都未表达过政府可以自由地将这些职责授予私人行使，并借此避免宪法的约束。① 在 PruneYard Shopping Center v. Robins 案涉及的某私人所有的购物中心（mall）的政府行为者问题，法院认定该购物中心不是政府行为者，因为与 Marsh 不同，该购物中心从未真正行使过任何传统的公共职责。②可以说，自上述案件后，几乎很少的公共行为能被视为政府行为。

3. 共同参与理论

如果政府相当程度地卷入了私人组织的运营，形成了相互依赖的关系，那么政府与私人组织就是共同参与者，私人组织的行为应被视为政府行为的一部分。包含联合参与（jointparticipation）、相互交错（entwinement）等形式。

在 Burton v. Wilmington Parking Authority ③案中，最高法院认定政府共同参与了私人旅馆的种族歧视服务中。因为这个旅馆位于由政府拥有和管理的公共停车场中，而该停车场由政府利用通过税收积累的公共基金获得土地使用权并建造而成。由于停车收入不足以折抵相关费用，政府将该停车场的部分场所出租以弥补损失。因此，旅店的歧视性服务获得的利润成为政府成功进行商业投机活动不可或缺的部分。同时，旅店也从政府这里享受到税收减免的优惠，获得停车以及设施维护的便利。停车场上空飘扬的国旗表明，政府已经将自己置身于旅店的实际运行中。因此，政府应被视为共同参与者，与旅店形成了利益共同体。但自 1961 年以来，许多法

---

① 436 U. S. 149, 163 – 164 (1978).

② 447 U. S. 74, 77 (1980).

③ 365 U. S. 715 (1961).

院开始从严认定联合参与的事实。前述 Flagg Bros. , Inc. v. Brooks. 案中，最高法院认为政府和仓库管理人之间并不存在联合参与。尽管城市管理人员安排原告将货物存于被告处，但被告依据政府法律的授权出卖仓储货物，以抵销原告所欠的运输和仓储费用，没有充分证据表明政府参与了私人行为。

相互交错理论起源于 Lebron v. National Railroad Passenger Corporation 案①。法院认为，尽管国会法律宣布美国国家铁路客运公司不是美国政府的部门或者代理人，但事实上其已经具备了政府属性。因为该公司是依据特别法为了促进政府目标的实现成立的，政府有权任命其董事会的大部分成员，因此应被视为政府的一部分。尽管客运公司采取了公司的组织形式，但法院认为该公司不能由此规避宪法的约束。新近的关于交错理论的案例就是前述 Brentwood Academy v. Tennessee Secondary School Athletic Ass'n 案。本案中，联邦最高法院以五比四的表决结果认定被告田纳西州第二学校运动协会（以下简称运动协会）是政府行为者，主要理由是田纳西州的学校官员已经渗透式的纠缠于（pervasive entwinement）被告运动协会。被告是非营利性的公司法人，其创建目的是组织和监管来自田纳西州公共、私人学校之间校级性的体育运动。加入运动协会是自愿的，尽管在该州内没有类似的组织。本案的争议在于原告违反了协会的规则，由此导致协会的处罚，原告认为被告是政府行为者，应受正当程序的约束。法院认为，尽管被告是一会员组织形式的私人实体，但其通过公共学校的会员代表的行为，演变成了政府行为者。法院做出如此判断主要基于以下事由：（1）84%的协会会员是公共学校；（2）协会理事会和管理委员会由公共学校的官员和政府管理人员组成，并定期举行会议；（3）所有的协会雇员都加入了政府退休制度体系；（4）政府教育主管部门的代表确认协会在管理比赛方面的角色并在协会理事会担任不拥有投票权的会员。该案引发了广泛关注，许多评论认为这标志着法院对政府行为理论的扩大解释和适用，未来将有更多的私人行为被纳入到政府行为中。但也有学者持不同观点，认为这只不过是法院从一个方面对政府行为理论的进一步提炼。而且从实践来看，自 Brentwood 案判决以来，地方法院并未认为该案构成关于政府行为理论的重大变革而加以适用，甚至有的法院认为这只不

---

① 513 U. S. 374（1995）.

过是关联理论的另一种解释而已。①

　　作为对许多评论者提出的政府行为理论已被法院任意适用的回应，绝大多数观点都主张对该理论进行大的调整或者予以废弃。② 笔者认为，无论是交错（entwinement）理论还是前述的关联理论、公共行为理论，其概念自身都存在相当程度的模糊性和不确定性，今后这些理论的适用仍然需要依赖法院的具体解释。因此，关于政府行为理论的争议必然还将持续。未来关于政府行为理论的界定取决于社会实践的发展、政府职能的转变、第三部门的兴起、法院的认识、解释以及理论研究的深化等诸多因素，不同时期，或者呈现严格或者呈现宽松适用的情况是正常现象。重要的是政府行为理论的适用是否会有利于实现公平和保护人权，恐怕这才是确定政府行为理论的基本价值判断标准。

三　证券自律组织属性的界定：私人组织抑或政府行为者

　　1934 年《证券交易法》是美国政府与华尔街妥协的产物，证券交易所的自律权力在很大程度上得到了保留。道格拉斯指出，政府的介入绝不意味着对传统交易所自律模式的替换。立法的宗旨仍然是让交易所发挥主导作用，政府扮演补充性的角色。证券市场日常事务的管理仍由交易所负责，只有在交易所不能提供充分的投资者保护时，SEC 才被授权介入并强制交易所采取行动。③ 随着市场丑闻频发，自律监管的有效性不断遭到公众质疑，从而促成了 1975 年修正案的出台。该修正案大大加强了 SEC 的作用，尤其是通过赋予 SEC 对自律组织自律规则的修改权，改变了自律组织主导证券业发展的局面。修正案同时授予了 SEC 对自律组织惩戒行为的监督权，SEC 可以主动或者基于被处罚人的请求，批准、驳回或改变自律组织做出的处罚决定。该审查权还扩展到自律组织做出的其他决定，如拒绝会员资格申请、禁止成为会员关联人、禁止或限制接入服务等。如果自律组织没有遵守《证券交易法》，SEC 有权采取如下措施：（1）撤销

---

　　① Alan Lawhead, "Useful Limits to the fifth Amendment: Examining the Benefits that Flow from a Private Regulator's Ability to Demand Answers to its Questions During an Investigation", *Colum. Bus. L. Rev.* (2009), pp. 231, 236.

　　② Michael Deshmukh, "IS FINRA a state actor? A Question that Exposes the Flaws of the State Action Doctrine and Suggests a Way to Redeem it", *Vand. L. Rev.*, Vol. 67 (May, 2014), p. 1210.

　　③ Silver v. NYSE, 373 U. S. 341, 352 (1963).

或者暂停自律组织的登记；（2）启动针对自律组织的行政程序，限制自律组织及其会员、关联人的行为；（3）如果发现自律组织的高管人员有故意违反法律或滥用权力的行为，对其进行谴责或责令其离职；（4）对自律组织违反法律及相应规则的行为发出禁令。① 总之，1975 年法案使得 SEC 对自律组织的规则制定、纪律约束、治理结构等加大了监管力度，同时也使 SEC 和自律组织的关系更加紧密。1990 年《市场改革法》进一步加大了 SEC 对自律组织的监管力度。根据该法案，SEC 可以在紧急情况下关闭交易所最长达 90 天，可以暂停、改变自律规则或强制要求自律组织实施某项规则最长达 10 个工作日，还可以中止任何股票的交易最长达 10 个工作日。当然，上述命令需要取得总统的批准。毫无疑问，上述立法的发展令 SEC 和自律组织形成了更为紧密的合作关系，由此也引发了对自律组织的行为应否视为政府行为的关切。

随着 SEC 对自律组织的会员、规则制定、纪律处分程序和治理等方面日益加强控制，证券从业者开始对自律组织的私人属性提出质疑。自 20 世纪 70 年代开始，经纪人和交易商开始在法庭上对自律组织是否以及在多大程度上已经演变为政府机构的问题提出质疑。依据政府行为理论，如果私人组织披上了政府的斗篷，法院就会将其视为政府机构。因为相信政府对于自律组织的控制已经超出了自律组织能够被视为私人主体的界限，证券从业者在庭审中请求法院将自律组织视为政府行为者。对经纪人和交易商而言，对自律组织性质的质疑是出于战术考虑。因为正当程序、禁止自证其罪等条款限制的是政府机构而非个人行为，如果自律组织被视作政府行为者，将受制于宪法责任的调整。自律组织是私人机构还是政府实体将对证券交易监管的运行产生重要和深远的影响。自律组织政府行为审查涉及的宪法事宜种类庞杂且非常重要，从运行的透明性、豁免诉讼的权利，到禁止自证自罪和优先权的关切等。但是，考虑到自律组织的首要职责是通过对从业人员的刑事指控实施监管，因此，正当程序要求是必须面对的问题。

鉴于自律组织享有广泛的纪律处分权力，例如罚款、暂停营业、禁止营业等，这些无疑都会对相对人产生重要的不利影响。自律组织在行使纪律处分程序时，是否要遵循正当程序，引发广泛关注。但是，鉴于政府行为理论的复杂性和不明确性，运用政府行为理论处理自律组织的政府行为

---

① 15 U. S. C. §78S（g）-（h）.

者的争议非常困难。时至今日，关于自律组织是否是政府行为者的判例仍存在分歧。①

20 世纪 70 年代初，许多法院将自律组织视为政府行为者，代表性的案例如下：

1. Intercontinental Industries, Inc. v. American Stock Exchange and SEC②

本案是处理自律组织政府行为者属性事宜的早期案例之一。本案中，美国证券交易所因为原告（Intercontinental Industries, Inc., 以下简称 INI）散布了关于公司发展的误导性和不完整信息，而做出责令其退市的决定。原告认为，被告在做出退市决定时，没有按照宪法第五修正案的规定提供充分的程序保护，因而该决定无效。审理案件的法院面临的首要问题就是判断交易所是否属于政府行为者（state actor）。

本案的基本事实是：1969 年 6 月 19 日，由于 INI 之前连续发布了关于并购其他公司的系列信息，导致其股票交易异常，交易所暂停 INI 股票的交易。一周后，SEC 做出暂停该股票所有交易的决定，等待 INI 发布澄清公告，以对之前并购 Prebuilt Homes 的相关事实和条件，以及购买 Capital Foundry Co. 公司股票及合并事宜做出说明。7 月 11 日，SEC 向纽约州南区地区法院提起了诉讼，指控 INI 在并购 Prebuilt 过程中发布了错误或误导的信息，违反了反欺诈条款。7 月 18 日，INI 就交易所和 SEC 关注的问题发布了说明信，承认了之前发布的信息存在虚假陈述。7 月 25 日，SEC 允许 INI 股票在场外交易，但交易所仍然禁止该股票在交易所上市交易。同日，交易所通知 INI 正在考虑其股票退市事宜，告知 INI 有听证的机会。8 月 6 日，听证会举行，并持续了四个多小时。最后交易所理事会根据听证委员会的建议做出了退市的决定，并就此向 SEC 提出申请。尽管 INI 向 SEC 申请听证，但遭到 SEC 的拒绝，理由是 INI 并未提出任何新的证据。最终，SEC 通过了交易所关于 INI 退市的申请。

交易所和 SEC 是否违反了正当程序条款，是本案的争论焦点之一。法院认为，关于交易所不是政府机构因而不适用正当程序要求的主张明显违背了之前的许多判例。法院认为，成立交易所必须到 SEC 进行登记、

---

① Jerrod M. Lukacs, "Much ado about nothing: how the securities SRO state actor circuit split has been misinterpreted and what it means for due process at FINRA", *Ga. L. Rev.*, Vol. 47 (Spring, 2013), pp. 939 – 942.

② 452 F. 2d 935 (5th Cir. 1971).

自律规则须经 SEC 批准并接受 SEC 对规则的调整，交易所的会员受到 SEC 的严密监管，退市决定必须向 SEC 提出申请，交易所可能面临 SEC 中止和撤销登记的处罚等种种情形，使二者之间形成了紧密的联系。这种联系使得交易所应处于正当程序条款的约束之下。法院认为，本案必须解决的最重要问题就是交易所给予原告听证的权利是否满足了正当程序的要求。原告在以下几方面对被告的程序正当性提出疑问：（1）缺乏充分的通知；（2）缺少对证人的交叉讯问；（3）交易所证券委员会的职能被不当混淆；（4）交易所理事会没有给当面陈述的机会；（5）SEC 未赋予听证机会。法院对此逐一驳回。其一，法院认为只要通知中并未有误导性信息并且告知了争议的事项，该通知就满足了法律的规定。交易所给 INI 发出的通知符合上述规定。其二，关于第二点，原告要求对交易所官员和相关雇员进行交叉询问。法院认为，INI 于 7 月 18 日发出的信件中，已经承认了所有不当行为，并至今未有争议。既然没有争议，就没有必要对交易所的官员和雇员进行交叉询问。其三，关于职能混淆。原告认为，交易所证券委员会成员既出现在听证会上，又出现在理事会上，既充当指控者，又扮演审判者和陪审员，显然违反了正当程序。法院认为，当一个行政机构既享有调查权又享有司法权时，其这么做就不违反正当程序。其四，关于交易所理事会和 SEC 未给予听证机会问题。法院认为，既然原告承认交易所证券委员会已经给予了充分的听证机会，就没有必要在给予第二次听证的机会。同时证券交易法并未强制要求 SEC 在决定退市时给相关公司听证的机会。基于上述理由，法院最终确认了 SEC 的退市决定。

2. Crimmins v. American Stock Exchange, Inc. ①

原告是美国证券交易所的会员公司的高管，被告交易所理事会对其提出的具体指控包括：通过获取内幕信息扰乱市场交易；未经交易所允许进行场外交易；延长信用期限以非常优惠的价格从四季（Four Seasons）公司高管处购得股票。原告否认上述指控，于是交易所计划召开听证会。原告主张其有权聘请律师出席听证会，但遭到被告的拒绝，理由是依据《交易所章程》第 5 条，任何人、公司在任何调查和听证中都没有权利聘请职业律师作为代理人。于是，原告提起诉讼，要求法院颁布临时禁令，禁止被告美国证券交易所召开指控其违反了交易所规则和证券法律的纪律

---

① 346 F. Supp. 1256（S. D. N. Y., 1972）.

处分听证会议。理由是被告拒绝其聘请律师违反了宪法正当程序条款，违反了证券交易法和反垄断法，同时也构成违约行为。

法院认为，临时禁令属于异乎寻常的救济，只有证明颁发临时禁令能够最大程度的实现申请人的最终价值目标以及不予颁发可能导致无可挽回的损失后，法院才会准予申请。原告认为聘请律师作为代理人出席听证会符合正当程序的要求，交易所则认为它是私人组织，并不是政府的手臂，因此，纪律处分程序不受正当程序约束。交易所进一步辩称，即使将其视为政府的手臂，正当程序条款也不要求其必须采取有律师代理的审判式听证会形式。法院认为，当交易所对其会员或其雇员启动纪律处分程序时，其作为私人俱乐部的时代一去不复返了。交易所依据证券交易法赋予的自律监管权力实施这些程序时，其就具有了联邦政府的特征，转变成政府行为，其必须遵循公正行为的基本标准。但是，纪律处分程序应受正当程序约束并不必然意味着原告享有聘请律师出席听证会的权利。第五修正案没有要求在政府损害私人利益的每个案件中都采取法院审判模式的听证。正当程序的要求因案件而异，其最低程度要求是通知相对人和举行听证。可以确信的是，由律师出席听证并不是正当程序的内在要求。在许多情形中，例如立法听证、被学校开除的听证、甚至某些可能会导致刑事责任指控的调查听证会，律师出席并不是必然要求。就本案而言，必须平衡原告因没有律师帮助可能受到影响的利益与交易所遵循"无律师"规则的利益。如果原告被确认有罪，其将面临最高 25000 美元的罚款并可能被交易所开除。毫无疑问，这些结果尽管是推测的，但仍可能对原告的利益产生重要影响。但是，只要程序是公平的，允许交易所控制纪律处分程序，使之能够最大程度的有效清除会员的违规行为，则其所蕴含的公共利益就能超过原告可能受到影响的利益。证券业高度敏感，如果允许那些不道德的行为持续哪怕一小段时间，也会对投资者产生严重影响。交易所必须具备迅速应对这些行为的能力，但律师所具有的刚性和好辩性可能不利于交易所目标的实现。听证程序的目的是允许交易所的管理者们在不需遵循司法程序的前提下能够发现任何违反规则和道德的行为。当然，这不是说交易所的程序不需要公平，但律师出席听证是否构成公平的必备因素必须综合考虑各种情况。本案中，原告认为指控事实和法律的复杂性使其必须聘请律师出席听证会。法院不认同原告的主张。因为原告被指控违反的交易所规则、程序和道德标准是要求原告应当知悉，且原告宣誓遵循的内容，这也是批准其担任会员公司高管的基本条件。另外，原告已在证券业工作超过 15 年，属于业内资深人士，其拥有足够的知识和能力对与案件有关的证据进行质证。综合考虑上述事实，法院认为，交易所目前的程序能够充分保障原告的正当程序权利。最终，法院驳回了原告的诉请。

虽然，该案最终没有确认会员在纪律处分程序中聘请律师的权利，但针对此的质疑却并没有平息。在 Villani v. New York Stock Exchange 案审理过程中，纽约证券交易所主动修改了"非律师"规则，从而解决了听证会中律师代理的问题。

3. Villani v. New York Stock Exchange①

该案遵循了 Intercontinental 案的判决，认为纽约交易所在实施纪律处罚时应被认定为政府行为者。原告是 NYSE 会员公司的两名合伙人，请求法院发布限制 NYSE 针对原告举行纪律处分听证的禁令，理由是：（1）交易所规则不允许在听证程序中聘请律师作为代理人；（2）交易所已经基于与纪律处分指控同样的理由对原告提起了独立的民事诉讼，交易所不可能做出公正的裁决。另一原告 Sloan 认为由于交易所拒绝允许他查阅其掌握的与案件有关的所有文件，因此程序是不公平的。原告进一步要求法院签发禁令，禁止交易所不批准他们在其他会员公司担任相应管理职务的申请，禁止交易所不允许利用 Orvis 公司资产为前合伙人支付律师费用。

法院认为，关于正当程序的要求适用于交易所的听证程序已无争议，因为听证是自律权力行使的表现形式，而自律权力是由联邦政府机构——SEC 授予的。

本案的基本事实是：直到 1970 年，Villani、Eucker 和 Sloan（斯隆）都是交易所会员公司 Orvis 的合伙人。自 1969 年开始，Orvis 出现严重亏损，于是交易所于 1970 年 6 月依据《证券交易法》的授权命令其进入破产清算程序。随后，交易所对 Orvis 的倒闭进行调查，并最终对 Orvis 的合伙人提出指控。原告对指控进行了答辩，拒绝承认任何不当行为，并要求举行正式的听证，允许由律师作为代理人参与听证，并且要求查阅与案件有关的交易所掌握的所有资料。交易所通知原告他们可以聘请律师，但依据其章程的规定，不允许律师向听证小组发表意见或者询问证人。交易

---

①   348 F. Supp. 1185（S. D. N. Y. 1972）.

所拒绝向原告公开所有的文件，但同意原告可以获得特定的文件。一名交易所的代表还告诉斯隆的律师，交易所只会使用那些已经向斯隆送达了复制件的文件来作为指控证据。1971 年 10 月 5 日，在对原告提出指控后一周，交易所还向法院提起民事诉讼，请求法院判决 Orvis 的合伙人、审计公司归还交易所从特别信托基金支付的 500 万美元。民事诉讼的请求与纪律处分中的指控基本相同。包括本案原告斯隆在内众多合伙人提出了反诉，认为是交易所而不是合伙人，造成了本案诉请的损失。自从离开 Orvis 公司后，原告曾被其他会员公司聘用为注册代表，交易所决定在纪律指控结案之前有条件地批准其资格申请。其中一家公司自行决定解聘了斯隆，目前，斯隆和 Eucker 没有受聘于任何一家会员公司。后来，交易所律师通知法院，交易所理事会、会员和 SEC 已经批准了纪律处分程序中听证程序的若干修改建议。较为重要的体现在以下两方面：其一，废除了所谓的"非代理人规则"，允许在任何听证和调查程序中，都允许聘请律师或者其他法律顾问作为代理人。其二，修改听证小组组成形式，听证小组由三人组成，其中两名为非理事会员，另一名为听证小组主席。主席由交易所雇员担任，该雇员不得参与指控事项的调查和前期准备工作。听证小组通过多数决的方式对案件做出裁决，并确定罚款数额（如有）。提出指控的部门或者被指控者均可向理事会提出申诉。理事会可授权其会员委员会对申诉进行听证，并提出建议。该项修改改变了之前听证小组由三名交易所工作人员组成的方式以及不服听证裁决的申诉方式。斯隆的代理律师认为这些修改并未解决斯隆诉请中提出的宪法问题。首先，听证小组由交易所雇员担任主席的事实将会使原告第五修正案下的权利得不到保护。其次，向理事会上诉的权利并未改变原告同时处在民事诉讼中的不公正境遇。

　　法院对上述争议事项进行了讨论，主要涉及聘请律师代理、听证程序、申诉程序、证据开示程序、原告担任管理职务的批准、律师费的支付等问题。鉴于交易所已经修改了律师代理规则，该争议已无讨论必要。关于听证程序，法院认为，交易所关于听证小组构成的规则修改，足以推翻对初始听证程序的质疑。听证小组主席由交易所理事会批准任命的事实，并不足以表明其在发出临时禁令的特别救济的正当性方面存在可能的偏见或不公。可以推定听证小组在处理交易所内部事务时将是公正的，同样可以推断该小组不会因为交易所已经提起民事诉讼而存在偏见。原告关于交易所不能在提起民事诉讼的同时再行使纪律处分权力的主张不能成立，因为没有法律对此作出限制性规定。我们不能要求交易所以放弃诉权为代价去履行约束会员以保护公众的义务和责任。关于申诉程序是否公平，法院认为现在作出判断为时尚早。同时，法院认为，原告在申请成为交易所会员时，已承诺遵守交易所章程和其他规则，并有理由认为承诺是在知情和理智的情形下做出的。关于证据开示程序，交易所支持原告的主张，认为其有权查阅交易所拥有的与案件有关的所有文件。关于原告担任管理职务申请的问题，法院拒绝了原告要求交易所批准其担任特定管理职务的申请。法院认为，是否给予临时禁令，需要平衡因拒绝或给予救济可能导致的伤害或便利。鉴于交易所已经有条件批准原告作为注册代表，考虑到指控的严重性和公共责任的重要性，我们不能要求交易所做得更多。最后对于律师费用，由于与 Orvis 公司的清算协议相冲突，因此不予支持。

综上所述，法院支持了原告要求查阅与案件有关的文件的请求，但驳回了其他请求。[①]

上述判决还在 2006 年得到第十巡回法院的支持。在 Rooms v. SEC[②] 案中，Rooms（罗姆斯）请求对 SEC 的决定进行审查，该决定维持了 NASD 对罗姆斯做出的禁止其终身从事证券业的纪律处罚。SEC 认定罗姆斯在一次检查期间，故意试图欺骗 NASD，这违反了 NASD 行为规则 2110，该条款要求"对商业荣誉和公正和平等的交易原则予以高标准的关注"。在上诉中，罗姆斯声称（1）SEC 维持对其终身禁入的决定是滥用自由裁量权，不顾其未认定罗姆斯违反了 NASD 程序规则 8210 的事实，该规则允许 NASD 为了检查的目的，有权从会员公司及其关联人处获得所需信息。（2）SEC 在维持处罚决定时侵犯了其正当程序权利，因为其未对违反规则 8210 的行为做出认定。（3）该终身禁入的决定不具正当性。

本案的基本事实是：罗姆斯是前 NASD 会员公司 Patterson Travis, Inc. 的普通证券的负责人和代表。该公司是 Turner 小额股票的做市商。罗姆斯至少向三个客户推荐了该股票，但没有依据小额股票规则向客户披露特定的信息，包括投资风险的声明、其将从交易中获得的报酬等。罗姆斯对

---

① 后来被告提出再次辩论申请，纽约地区法院修改了之前的判决，确认原告没有权利获得所有的文件。See 367 F. Supp. 1124（D. C. N. Y., 1973）.

② 444 F. 3d 1208（10th Cir. 2006）.

此并不否认。1998 年 4 月，NASD 启动了对 Patterson 公司的例行检查，部分针对小额股票的行为，因为该公司之前曾经因违反小额股票规则被传讯。在检查中，NASD 发现购买了 Turner 小额股票的某些客户在相关文件中并没有"非引诱确认书"，该确认书表明是客户而不是经纪人，启动了购买小额股票的行为。非引诱购买豁免于小额股票规则。5 月，NASD 依据规则 8210，要求 Patterson 公司的法人代表 David Travis（特拉维斯）提供与 Turner 小额股票买卖有关的文件。NASD 得到的文件显示：或者 Patterson 遵守了小额股票规则，或者该股票豁免于该规则。特拉维斯回应说案涉交易是豁免的。他提供了部分信息，但表明某些客户的非引诱确认书丢失，他正在查找。在 7 月份的回复中，特拉维斯再一次强调这些交易是豁免的，但他不能提供所有丢失的非引诱确认书。1999 年 5 月，NASD 向特拉维斯发出第三份要求提供文件的要求书。此后，特拉维斯要求罗姆斯从客户处得到丢失的表格，理由是因 NASD 需要。罗姆斯联系了 Heasley，要求其签署非引诱确认书，以交换与特拉维斯等值的其他股票。罗姆斯提供给 Heasley 的表格表明小额股票的购买没有受到劝诱。罗姆斯在表格上填好了除了签名之外的所有的内容，包括购买小额股票的日期，该日期早于 Heasley 签字日期 19 个月。但是 Heasley 购买特拉维斯股票是基于罗姆斯的推荐。因为 Heasley 需要其他的股票，他签署了倒签日期的表格。但是，他加上了实际签署日期 1999 年 6 月 25 日。收到该表格后，罗姆斯将 1999 年 6 月 25 日的日期祛除。然后将表格提交给特拉维斯，后者又提交给 NASD。另外两个客户拒绝签署有倒签日期的表格，因为他们购买特拉维斯股票受到了劝诱。他们也被许诺如果他们签署非引诱确认书，将得到等值的其他公司的股票。

NASD 执法部门对 Patterson、特拉维斯和罗姆斯等人提起了指控。与罗姆斯相关的指控内容是，其违反了小额股票规则并试图掩饰违反该规则的行为，妨碍 NASD 的调查。经过听证，NASD 听证小组认定罗姆斯未能向客户正确披露信息的行为违反了小额股票规则和行为规则 2110；其妨碍 NASD 调查的行为违反了程序规则 8210 和行为规则 2110。听证小组处以罚款和暂停罗姆斯从事证券业务三十天的处罚。

NASD 执法部门不服，向 NASD 裁决委员会提起上诉，寻求更严厉的终身禁入的处罚。罗姆斯也提出上诉，要求撤销听证小组关于其妨碍调查和暂停执业的处罚。裁决委员会确认了听证小组关于罗姆斯违反了规则

2110 和 8210 的认定，但是处以永久市场禁入的处罚，理由是罗姆斯通过明确误导 NASD 的方式故意试图妨碍 NASD 的检查。

　　此后，罗姆斯向 SEC 提起上诉。经过审查，SEC 认为罗姆斯没有违反程序规则 8210，因为 8210 的要求直接指向的是特拉维斯，相关记录也没有显示罗姆斯注意到针对特拉维斯的要求。然而，SEC 维持了终身禁入的处罚，理由是罗姆斯的故意欺骗行为和妨碍。特别是，SEC 依据规则 2110 维持了该处罚，因为罗姆斯知道 NASD 的检查，也知道非引诱表格将会提交给 NASD，但是，他仍然通过贿赂客户以获得他们签署虚假的、倒签日期的非引诱表格，而且他还袪除实际日期的方式故意寻求欺骗 NASD。罗姆斯提起上诉。

　　法院首先确认，SEC 并没有滥用其自由裁量权。SEC 依据规则 2110 做出维持终身禁入的处罚，与罗姆斯是否违反 8210 无关。关于 SEC 违反正当程序的问题，罗姆斯认为依据正当程序的要求，在他被课以惩罚之前，他应当收到关于被禁止行为的通知，规则 2110 并未对其被指控的行为进行规定。事实上，他相信导致其被处罚的行为并未明确规定在 NASD 规则中，相反，其被处罚是基于新规则规定的行为。法院认为，正当程序要求 NASD 规则，在一个人可能因某项被禁止的行为被处罚前，应给予他关于该行为的公正的警示。本案中，执法部门的指控已经断言罗姆斯的妨碍行为，既违反了规则 8210，也违反了规则 2110。这本身就是充分的警示。而且，SEC 认定罗姆斯通过贿赂客户签署虚假非引诱表格的方式故意欺骗 NASD，任何理性的人都会知道这种故意欺骗的行为违反了规则 2110 的要求，即一个人行为应遵循高标准的商业荣誉以及公正和平等的交易原则。罗姆斯从 1991 年起就是注册证券代表，基于这么多年的经历，他肯定知道贿赂、倒签和篡改文件不是证券业中具有道德性和可接受的行为。鉴于罗姆斯已经收到了关于其行为不符合规则 2110 的通知，法院驳回了其关于正当程序的辩论意见。

　　但 United States v. Solomon① 案改变了自律组织视为政府机构的观念。被告 Solomon（所罗门）是 NYSE 会员公司 Weis 公司的高管，在认识到如

---

① 509 F. 2d 863（C. A. N. Y. 1975）.

果拒绝做证将导致市场禁入的处罚后①，他向交易所会员部提供了会员公司部分违规证据，并承认是他产生伪造公司财务状况的想法并予以实施。NYSE 尚未做出纪律处罚之前，SEC 就签发传票要求 NYSE 提交所有与所罗门有关的调查材料。这些材料随后又被转移到政府的刑事检察官办公室，以帮助他们进行刑事调查。这样相关信息就在 NYSE，SEC 和政府法律部门间共享，并导致了如下结果：联邦检察官据此对被告会员公司提出指控，会员公司被纽约南部地区法院宣告进入破产程序，同时，该法院还受理了针对所罗门及其会员公司的 18 起诉讼案件。最后，一审法院基于这些信息判处所罗门有罪。被告不服提出上诉。所罗门辩称，正当程序条款已延伸适用于与政府有某种形式联系的私人，NYSE 与政府有着密切的联系，禁止自证其罪条款应当适用于本案。所罗门认为，NYSE 的讯问行为必须被视为政府的讯问，因为事实上交易所在执行《证券交易法》时，部分已经成为政府的手臂。法院没有采纳原告的观点，认为交易所是依据自身的利益和责任对 Weis 公司展开调查，并不是 SEC 的代理人。所罗门的行为既违反了 NYSE 规则，由此导致其受到交易所的纪律处罚，同时也违反了联邦法律，由此遭致政府部门的民事和刑事责任指控，但这并不足以创设一种代理关系。尽管对于该案判决理由存在质疑声音②，但该案还是对后续案件判决产生了重要影响。截至 2005 年，尚未有判例将证券自律组织的行为归结为政府行为。③

---

① 当时的《纽约证券交易所章程》第 14 条规定，如果理事会、任何委员会、高管、经授权的工作人员依据本条做出裁定，要求会员、联合会员或者取得许可的人员或者要求其雇员提供信息，出席做证，而这些人拒不遵循这些要求，那么这些会员或联合会员的资格将被中止或取消，取得许可的人员的许可将被撤销。

② 有学者认为该判决缺乏基础。简单地说，NYSE 执行联邦法律是作为其持续存在的前提，如果不这么做就会面临 SEC 的处罚威胁。NYSE 执行自身的规则是历史形成的职责，某种意义上说，只限于其内部事务的管理。但是执行联邦法律是《证券交易法》的强制要求，该强制应受制于到宪法的保护性条款。所罗门案没有将执行联邦法律的职能与自律组织的其他职能区分，在执行联邦法律职能时应作为政府行为者 See Richard L. Stone & Michael A. Perino, "Not Just a Private Club: Self Regulatory Organizations as State Actors When Enforcing Federal Law", *Colum. Bus. L. Rev.* (1995), p. 492.

③ Steven J. Cleveland, "The NYSE as State Actor?: Rational Actors, Behavioral Insights & Joint Investigations", *Am. U. L. Rev.*, Vol. 55 (October 2005), p. 22. 但如前所述，2006 年 Rooms v. SEC 案有不同认识。还需注意的是，所罗门案仅就禁止自证其罪的角度分析了自律组织不是政府机构，并未对正当程序视角下的自律组织的定性问题予以说明。

Desiderio v. NASD① 是关于 NASD 规则要求其会员在解决交易争议时,必须接受强制仲裁的案件。第二巡回法院认为,NASD 是私人行为者,不是政府行为者。最近,在 D'Alessio v. SEC 案②中,上诉人声称 NYSE 的纪律处分行动违宪,因为该行动不是由公正的裁决人员做出的。法院认为,在回答是否需要正当程序时,没有必要决定 NYSE 是否构成政府行为者。相反,法院认定,证券交易法关于自律组织纪律处分程序中的公正程序条款引发了决策者应当是公正的之类似正当程序的要求。法院鉴于 D'Alessio 的上诉建立在法定的公正性要求基础上,最终认为自律组织已提供了公正程序。

第七巡回法院采纳了与 D'Alessio 相同的推理。在 Gold v. SEC③ 案中,原告是经纪交易商,被指控违反了五项 NYSE 规则。其声称 NYSE 未能充分的、及时的按照正当程序条款的要求给予通知。第七巡回法院承认,作为初始事项,法院面临的问题是:作为受联邦政府监管的私人组织,NYSE 是否应是裁决规则和执行行为受制于正当程序分析的政府行为者。但是,法院认为,Gold 已经放弃了该争论,因为他没有在其书面陈述或口头辩论意见中提及这个问题。相反,法院分析了 Gold 建立在证券交易法法定公正性要求基础上的依据,认为该要求与第五修正案的公正性要求紧密相关。最终,法院认定相关的程序充分合宪。

第二、第七巡回法院实际上并未对自律组织的政府行为属性进行正面的讨论,而是巧妙地规避了该问题,从公正程序的视角,认为自律组织已经满足了相关公正性的要求,因而符合法律规定。④

关于自律组织政府行为问题的争论或许还将持续,但有学者指出,这种争论毫无意义。他认为自律组织是否政府行为者,不仅是一个概念问题,更是一个实践问题。不应过于纠缠于概念的是非,而是应关注实践效果。实践中,许多巡回法院已绕过概念问题,并在实践问题上达到了一致的效果。立法者已经将宪法的基本要求融合进证券交易法中,包括自律组

---

① 191 F. 3d 198, (2d Cir. 1999).

② 380 F. 3d 112, (2d Cir. 2004).

③ 48 F. 3d 987 (7th Cir. 1995).

④ Jerrod M. Lukacs, "Much ado about nothing: how the securities SRO state actor circuit split has been misinterpreted and what it means for due process at FINRA", *Ga. L. Rev.*, Vol. 47 (Spring, 2013), pp. 944 –945.

织在纪律处分时的通知、举行听证、允许 SEC 的行政审查等义务，从而确保自律组织提供了重要的程序保障。而且，各巡回法院在处理自律组织政府行为者事宜上已经表现出持续的犹豫，究其原因是因为该法律领域依然是难以穿越的泥潭。进一步说，该问题因自律组织的复杂性质而恶化，因为任何试图将自律组织作为政府行为者的法院都将面临给华尔街的监管体制带来无意识的附加后果的风险，该后果难以预料，难以控制，并会损害从自律监管体制中得到的利益。[1]

四 FINRA 的属性界定

如果说在认定交易所是否受绝对豁免保护问题上首先要区分行为的性质是商业功能还是监管功能的话，那么对 FINRA 来说，则不存在这样的难题。因为 FINRA 自成立起就是单一的证券业自律监管机构，不具备商业功能。然而 FINRA 身份究竟如何认定，是自律组织还是政府机构，则存在较大的争议。不同的身份直接关系到该组织运作模式、权力行使方式以及责任承担等问题，显然需要明确。

FINRA 主要是在合并 NYSE 和 NASD 的会员监管业务的基础上成立的。合并前的 NYSE 和 NASD 都是自律组织，依法行使自律监管权力，通常被视为准政府组织。合并后的 FINRA 作为准政府组织似乎没有争议，因为合并经过 SEC 批准，而且事实上也承继了原自律组织主要的自律监管业务。问题是拥有如此广泛权力且具有垄断地位的 FINRA 是否应作为政府机构看待？如果不能，如何与其他政府机构区分？

依据前述将私人组织视为政府机构的判断标准，[2] FINRA 不具备政府实体的特征。因为：其一，它不是由特别法律创设的；其二，政府部门也没有任命 FINRA 董事会的大部分成员。虽然，没有 SEC 的批准 FINRA 就不会成立，而且 SEC 还对其理事会的人员构成做了强制性规定，但并没有指定具体人员。这一点与美国公众公司会计监督委员会（PCAOB）明显不同。后者是依据美国《萨班斯－奥克斯利法案》特别设立的，其董事会主席和成员全部由 SEC 任命，具备了政府实体的主要特征。

---

① Jerrod M. Lukacs, "Much ado about nothing: how the securities SRO state actor circuit split has been misinterpreted and what it means for due process at FINRA", *Ga. L. Rev.*, Vol. 47 (Spring, 2013), pp. 953 – 957.

② 参见本节第一部分相关内容。

　　按照政府行为理论并依据法院的判例，符合下列情况之一者，私人实体实施的行为将视为政府行为：（1）行使强制性权力或者得到政府机构巨大的支持；（2）行使传统上属于政府的权力；（3）该实体与政府机构具有共生性。实践中一般采取两个测试标准：一是看私人实体是否行使了传统上属于政府的专有权力。按照该标准，经营学校并不必然被视为是政府行为，但最近判例有所改变。在 Brentwood Academy V. Tennessee Secondary School Athletic Association[1] 案中，法院判定一个运营高等体育学校的私人组织是政府机构，原因是政府过多地介入了学校事务，以致难以分清学校的性质。一些法院在此后的案件里遵循了该判例的原则，将焦点集中在政府是否把自己置于与私人实体相互依赖的位置，以至于必须将政府视为被指控行为的合伙人。二是看政府部门是否明确地确认、鼓励或促使私人实体实施了违宪行为。但政府颁发许可证或监管本身并不能充分说明私人实体行为的政府属性，除非政府对违宪行为提供了支持或促成了违宪行为的发生。[2] 如果依据上述标准，考虑到 FINRA 规则制定和纪律处罚的行为存在，FINRA 的行为具有了政府属性。也就是说，如果从组织形态上分析，FINRA 不是政府机构，但从行为的性质看，FINRA 实施的部分行为又符合政府行为的特征。

　　FINRA 成立之初，就遭到了一些小经纪商的激烈反对，他们担心其利益会受到 NYSE 大会员公司的践踏。虽然法院以没有穷尽行政救济为由驳回了起诉，但由此引起的争论并没有平息。人们担心，由大经纪/交易商一手推动建立的 FINRA 能否公平的对待小经纪商和原来不是 NASD 会员的 NYSE 的专家？虽然，FINRA 仍然是一个会员组织，但它却不再是自愿性的自律组织了。[3] SEC 设计了 FINRA 的治理结构。尽管有 11 名公众理事，但与此前 NASDR 和 NYSE 独立董事占主体的治理结构相比在独立性上似有退步。可以说，FINRA 的成立某种程度上是 SEC 推动的结果，没有 SEC 的批准 FINRA 就不会成立，而且 FINRA 创立的目的很大程度上是为了更好地实现 SEC 关于自律的目标。从这个意义上说，FINRA 与政

---

　　[1]　531 U. S. 288（2001）.

　　[2]　Robert S. Karmel, "Should Securities Industry Self – Regulatory Organizations Be Considered Government Agencies? ", *Stan. J. L. Bus. & Fin.* , Vol. 14（2008）, p. 159.

　　[3]　Robert S. Karmel, "Should Securities Industry Self – Regulatory Organizations Be Considered Government Agencies? ", *Stan. J. L. Bus. & Fin.* , Vol. 14（2008）, pp. 167 – 168.

府机构非常接近。

PCAOB 成立后引发了其是否违宪的争论。在 Free Enterprise Fund v. PCAOB[①] 案中，原告主要从两方面指控 PCAOB 违宪。首先，PCAOB 享有的广泛权力违反《美国宪法》的分权原则。其次，PCAOB 有悖于《美国宪法》的任命条款，该条款要求美国所有高级官员由总统任命，而 PCAOB 董事会的 5 个成员却由美国证券交易委员会委任。对原告来说，重要的是设法证明 PCAOB 是一个政府机构，应受宪法制约。原告一方认为，PCAOB 制订并执行审计规则、编制预算、对所有上市公司收费以维持日常运行，这些权力令其实际上成为一个政府机构。对此学者也有不同的观点。辛辛那提大学的唐娜·纳吉指出，PCAOB 性质"特殊"，因为行业自律组织不像 PCAOB 一样由国会成立，而且只能对监管行业之内的公司收费，而 PCAOB 却可对所有上市公司收费。杜克法学院教授欧文·凯莫林斯基称，PCAOB 是否违反任命条款，关键在于其董事会成员被视作"高级官员"还是"基层官员"，美国政府基层官员可以由总统或政府部门领导直接任命。[②] 2010 年 6 月，美国联邦最高法院最终判决认为，PCAOB 的结构违反了宪法规定的分权原则，但 PCAOB 存在本身并不违宪。

同样，FINRA 的合宪性也引起了巨大的争论。FINRA 拥有较 PCAOB 更广泛的权力，它可以对整个证券业进行监管。FINRA 有权依据联邦法律、SEC 规则和自己制定的自律规则对其会员进行监管。它可以采取严厉的惩罚措施，包含暂停或终止个人或经纪公司的注册、与 PCAOB 不同，它可以对公司实施不超过 1500 万美元的罚款，对个人的罚款数额可以达到 75 万美元。与 PCAOB 董事会成员结构不同的是，FINRA 的理事会成员是由会员选举产生。据统计，FINRA 2009 年的收入超过 10 亿美元，而同期 PCAOB 的收入只有 1.57 亿美元，不及 FINRA 收入的 1/6。事实上，FINRA 的收入与 SEC 目前的预算基本相同，FINRA 的雇员人数也与 SEC 相仿。[③]

拥有如此巨大权力的 FINRA 自然也引发了合宪性的关注。一般认为，

---

① Free Enterprise Fund et al. v. Public Company Accounting Oversight Board, 130. S. Ct. 3138 (08 - 861) (June 28, 2010).

② 《美国公司会计监管机构被控违宪》，2014 年 8 月 20 日，http://finance.sina.com.cn/roll/20060228/0938572128.shtml。

③ Joseph McLaughlin, "Is FINRA constitutional?", ENGAGEJ, Vol. 12 (2011), p. 113.

FINRA 与 PCAOB 的主要区别是 FINRA 是私人性质的机构，既不是依据法律创立的，也不是由政府任命的。但一个私人性质的机构却拥有比依法创立的 PCAOB 更多的权力，是否合宪，自然不无争议。因此也有学者质疑 FINRA 也违反了《美国宪法》的分权原则，并提出了解决思路：其一，赋予 SEC 权力，使其可以自由决定 FINRA 理事会成员的去留；其二，通过国会立法将 FINRA 划归到 SEC。① 但是由于这将从根本上动摇美国自律监管体制，并且还涉及提升预算等问题，恐怕短期内难以施行。

证券从业者认为，鉴于 FINRA 享有如此集中的权力，对 SEC 如此全面的服从，该自律组织已演化为至少是准政府的机构，因此应当有义务遵守某些宪法规则。也有观点认为，FINRA 仍具有足够的作为私人实体的独立性，并警告说将自律组织视为政府机构将会破坏国会最初为保留自律监管框架寻求获得的利益。鉴于目前的争议，几乎所有人都认为自律组织政府行为者角色的不明确必须要解决。宾夕法尼亚证券委员会主席 Steven Irwin 在国会资本市场和政府资助企业委员会做证时很好地阐述了该问题的重要性。他警告说，未解决的政府行为者事宜已经导致 FINRA 因对被标签为政府行为者的极度敏感而抵制与政府监管者合作。他告诫立法者，解决 FINRA 或其他自律组织是否是政府行为者的问题，对于实现有效的监管具有极其重要的意义。

目前，只有一个巡回法院处理过 FINRA 是否是政府行为者因而必须提供宪法正当程序保护的问题。2011 年，第十一巡回法院在 Busacca v. SEC② 案中首次对该问题进行了处理。本案中，Busacca（布萨卡）是北美清算公司证券公司（以下简称北美公司）的前董事长，对 FINRA 的纪律处分行动提起申诉，但被 SEC 维持。通过裁决程序，FINRA 认定布萨卡在管理北美公司存在不当行为，决定对他罚款 3 万美元，并暂停其为期六个月的担任任何证券公司负责人的资格。布萨卡随后向第十一巡回法院提起诉讼，认为 FINRA 在纪律处分程序中通过驳回其请求强制北美公司提供对其抗辩至关重要的某些文件的方式，侵犯了其正当程序的权利。第十一巡回法院认可关于"第五修正案的正当程序条款要求在政府剥夺生命、自由或财产时，附随的通知和听证的机会"，但法院强调关于 FIN-

---

① Joseph McLaughlin, " Is FINRA constitutional?", Engagej, Vo. 12（2011），p. 114.

② Busacca v. SEC, 499 F. App'x 886（11th Cir. 2011）.

RA 是否是政府行为者，从而受制于正当程序要求还未定论。法院发现就 FINRA 的前任 NASD 而言，其他巡回法院关于该问题的判决就充满了矛盾，如前述 D'Alessio 案和 Rooms 案。第十巡回法院并未对这些矛盾判决进行评论，而是小心地避开了 FINRA 是否被要求给予宪法保护的问题。法院没有界定 FINRA 是公共机构还是私人实体的问题，相反，法院采取了背景调查法，即假设 FINRA 是应受制于正当程序条款的政府实体，布萨卡是否已获得充分的保护。在这种分析框架下，法院指出，FINRA 的规则规定了强制会员公司提供证据受制于特定条件的机制。[①] 但布萨卡有充足的机会去获得其要求的北美公司的文件却没有去这么做，因而不符合该规则的规定。对于 FINRA 适用正当程序的限制而言，核心的要求就是在重要的时间和以有意义的方式给予听证的机会。本案中，因为布萨卡在纪律处分程序中被提供了有意义的听证机会，法院认定他没有被拒绝他可能享有的任何正当程序。最终，法院驳回了其请求。

第十一巡回法院明显规避了政府行为问题。尽管不乏批评，但该案也对自律组织正当程序争论中的几个问题进行了阐释。其一，判决表明纪律处分程序已满足了程序性正当程序的宪法要求。其二，该案揭示了尽管不同法院对自律组织正当程序问题存在分歧，但大多数巡回法院支持自律组织的纪律处分程序满足了正当程序的宪法要求。基于此，可以从布萨卡案得出关于未来 FINRA 的政府行为争论和正当程序要求的如下推论：首先，通过对未满足程序性正当程序的请求的司法审查，宣布 FINRA 为政府行为者，这是高度不可能的。其次，如果 FINRA 被认为是政府行为者，该判断对 FINRA 在履行证券市场监管过程中实施的特定程序几乎没有任何实际影响。[②]

---

① FINRA 规则 9252 规定，请求提供文件必须指明文件的种类，这些文件的重要性，请求人之前为获得这些文件付出的努力等。

② Jerrod M. Lukacs, "Much Ado about Nothing: How the Securities SRO State Actor Circuit Split Has been Misinterpreted and What it Means for Due Process at FINRA", *Ga. L. Rev.*, Vol. 47 (Spring 2013), pp. 945 – 950.

第三节　绝对豁免还是主权豁免

一　从准司法到准政府——从绝对豁免到主权豁免的转变

自从 Austin 案以来，法院不再拘泥于绝对豁免原则认定自律组织及其雇员的民事责任，开始将主权豁免原理应用到自律组织及其雇员的所有被认为是监管性的或者政府性的行为。然而，这种转变并未伴随对两种不同豁免形式的认可。相反，法院持续运用 Austin 案的三维标准分析框架，但该分析框架原来只适用于绝对豁免，然而现在却适用于主权豁免，由此导致认识和理解上的混乱。

如前所述，最高院 Butz 案的判决扩大了享有绝对豁免权的主体范围，确认了以"职能属性"为标准的原则，从而将行使准司法职能的主体涵盖在内。第五巡回法院在 Austin 案中依据 Butz 案的原理进一步赋予自律组织的高管人员绝对豁免权。从 20 世纪 90 年代中期一直到 21 世纪初，部分巡回法院参照第五巡回法院的思路做出类似判决。但是，第二和第九巡回法院开始逐步做出改变，将主权豁免原理应用于自律组织豁免案件中。在 Barbara v. NYSE 案中，与第五巡回法院不同的是，本案赋予自律组织绝对豁免，不仅因为自律组织雇员行为的"职能相似性"，还依赖于 SEC 的主权豁免权。法院指出，作为私人实体，交易所并不能享有 SEC 的主权豁免，但其特殊的地位及其与 SEC 的联系影响了我们的判断，应当承认交易所在履行纪律处分职责时享有民事责任绝对豁免权。Barbara 案两年后，第九巡回法院基于与第二巡回法院相同的思路授予自律组织纪律处罚程序以外的自律行为的豁免权。在 Sparta Surgical Corp v. NASDAQ Stock Market, Inc. 案中，法院认为当私行为者履行重要的政府职能时，豁免原则给他们提供保护。自律组织在行使准政府职能时被赋予诉讼豁免权。自律组织对于其依据证券交易法履行职责的行为豁免承担责任，当 NASD 做出中止交易的行为时，它正在执行一项披着豁免外衣的监管职能。第九巡回法院的判决具有以下特点：第一，之前的判例仅仅是在纪律处分背景下授予自律组织豁免权，但本案却基于监管性职能而不是司法性职能的比较，将自律组织豁免权的基础从绝对豁免转向主权豁免，首次提出了准政府职能的概念，从而扩展了自律组织豁免范围，不再局限于纪律处分程序。第二，该判决确认自律组织在从事证券交易法授予的监管职责而不是私人商业行为时，享有豁免权。但对于哪些属于监管职责的范围，并未给出明确判断规则，只能留待之后的法院确认了。2001 年，在 D'Alessio v. NYSE① 一案中，第二巡回法院明确扩展了自律组织豁免的概念，将解释法律、协助政府部门调查等功能包含 Sparta 案确认的准政府职责范围之内。同 Sparta 案一样，该院也合并了绝对豁免和主权豁免原则。法院指出，作为自律组织，NYSE 在向其会员解释证券法律以及监管对这些法律的遵守情况时，处于 SEC 的位置。因此，NYSE 在履行 SEC 授予的广泛监管权力时，应当享有与 SEC 相同的豁免权。2005 年，在 DL Capital Group LLC v. NASDAQ② 案中，第二巡回法院通过扩展准政府行为的概念进一步扩展了绝对豁免的范畴，将原本仅适用于准司法职能的"无欺诈性例外"，扩展适用于准政府职能。如前所述，绝对豁免明确拒绝欺诈性例外，但绝对豁免仅适用于司法性或准司法性的行为。对于政府行为，如果从主权豁免的角度而言，《联邦侵权赔偿法》已经承认了国家的赔偿责任，但也设置了诸多例外，其中包括欺诈，即联邦政府对职员的欺诈行为，不负赔偿责任。这从另一个角度说明，在存在欺诈的情形时，政府机构可以主张主权豁免。欺诈反而成了主权豁免的先决条件之一，这与绝对豁免强调的"无欺诈性例外"显然具有不同的立法目的。对于绝对豁免而言，即使存在欺诈，也不影响绝对豁免的效果。所以，将两种完全不同立法目的的欺诈类推适用，显然是荒谬的。从职员个人的责任分析，如果其在履行政府职能时存在欺诈行为，按照有限豁免的分析思路，该职员也很可能违反了一个理性的人应当知道的明显确定的宪法权利，从而被剥夺豁免权。此外，按照法院的逻辑，即使自律组织的行为是欺诈性的，但如果符合准政府职能的要求，就可以主张绝对豁免。这使得准政府职能的解释异常重要，但由于准政府职能的模糊性，法院的扩大解释很可能导致自律组织从事的任何行为都受到绝对保护。在 NYSE Specialists 案中，法院认为，行使监管职权的权力

---

① 258 F. 3d 93（2d Cir. 2001）.

② 409 F. 3d 93（2d Cir. 2005）.

必然包含了不采取积极行为的权力，无论是积极的还是消极的行为都受绝对豁免的调整。法院认为，关于自律组织豁免的案例中要求的中心问题不是自律组织的作为或不作为是否与其应适用的法律相符的问题，而是原告关于权力行使的指控是否属于授予自律组织行使的政府职能的范围之内。原告指控的不当行为很容易列入 SEC 授予 NYSE 行使的准政府职责的范围之内。该案仍然采取政府职能的标准界定，将交易所的不作为纳入政府职能的范畴，从而扩大了绝对豁免的范围。

2007 年，两个地区法院的判决暗示着对第二巡回法院扩大解释的中止。在 Weissman v. NASD① 案中，第十一巡回法院没有采纳准政府权力的宽泛概念，而是采取了更为严格的解释。法院认为自律组织必须在执行监管性的、裁决性的和指控性的行为时，才能被赋予绝对豁免。本案中，被告的行为是商业性行为，因此不应受绝对豁免保护。但法院明确表示，自律组织不适用 SEC 的主权豁免。同年，在 Opulent Fund, LP v. NASDAQ Stock Market② 案中，加利福尼亚州北区法院认为，被告过失发布错误指数的行为，不属于履行政府职能，因此不应受绝对豁免保护。本案中，法院明确强调了监管职责与私人商业行为的区别，但几乎没有讨论准政府职能的概念。2014 年的 Facebook 案沿用了 Weissman 案的审理思路，区分监管行为与商业行为。这三个判决总体上体现了法院严格适用豁免责任的倾向，其对今后自律组织责任豁免的认定不可避免将产生一定的影响。

二　绝对豁免还是主权豁免？

从上文分析可以看出，司法实践中对绝对豁免理论有扩大解释的趋势。如前所述，绝对豁免最初仅适用于法官，后来延伸到行使准司法职能的检察官、行政法官、仲裁员等，但从未适用于一般行政人员。Austin 案采纳 Butz 案的基本原理，确认了自律组织适用绝对豁免的三维标准，即 a）行为具有司法程序的特征；b）行为极易因当事人的不满引发诉讼；c）在监管体系中存在足够的能制约违宪行为的保障措施。其中首要的标准仍然是准司法职能的考量。然而从 Austin 案的准司法职能到后来诸多

---

① 468 F. 3d 1306（11th Cir. 2006），481 F. 3d. 1295（11th Cir. 2007），500 F. 3d 1293（11th Cir. 2007）。本案具体案情后文详述。

② 2007 WL 3010573（ND Cal）.

案件的准政府职能，却完全背离了绝对豁免适用的基本前提，值得我们反思。

　　Butz 案和 Austin 案确认的司法性功能比较标准，适用于裁决性行为，无论是审判程序还是纪律处分程序。自律组织的裁决性行为具有准司法特征，且裁决性的行为也极易引发相对人的不满，现有的监管体系对裁决行为存在足够的制约，因此，整体上符合 Butz 案确立的三维标准。从这个角度分析，司法性功能比较标准没有偏离绝对豁免的基本要义，对自律组织的裁决性行为进行保护具有充足的合理性。但后来的 Sparta Surgical and D'Alessio 案却偏离了准司法轨道跳向了准政府标准，由此引发了争议。什么是准政府职能？准政府职能是指原本应由政府机构行使，现在由自律组织行使的职能，换句话说，如果没有自律组织的话，这些职能将由政府机构代替行使。证券自律组织的准政府职能都有哪些呢？例如证券交易所制定约束会员的规则，收取佣金和费用，证券注册，管理会员和经纪交易商之间的交易。场外交易的证券商协会负责对会员的评价、维护注册和纪律处分数据，制定规范不在交易所上市的证券的行情的规则。尽管不是司法性的，这些行为仍极有可能损害会员的利益，容易被滥用。因此，这些行为已经引发了相当数量的诉讼。① 从历史的视角分析，用绝对豁免保护所有的准政府职能看起来是荒谬的。正如 Hand（汉德）法官指出的，绝对豁免是建立在这样一个规范的判断上，即允许民事责任的社会总成本将超过那些因巨大权力而遭受损失的人可能获得的利益。上述三维标准的第二个和第三个因素概括了传统的支持拒绝完全救济的成本收益分析的正当性。第一，存在案涉当事人的反控诉的可能；第二，存在系统的保障以防止权力滥用，从而使得民事责任的威胁几乎没有必要。对准政府的自律组织的行为而言，这些正当性并不存在。对比前述 Butz 案和 Austin 案确认的绝对豁免三要素，准政府行为无一符合。其一，准政府行为与司法性行为完全不同，政府行为除了纪律处分行为外，是管理性的，不具对抗性；而司法性程序是对抗式的；其二，在司法性程序中，必然存在败诉的一方，因而极易对程序心存不满，而在行政程序中，除了纪律处分程序外，该逻辑并不必然适用；其三，对于准政府行为是否具备充足的制约措施是

---

　　① Rohit A. Nafday, "From Sense to Nonsense and Back Again: SRO Immunity, Doctrinal Bait - and Switch, And a Call for Coherence", *U. Chi. L. Rev.*, Vol. 77（Spring 2010）, p. 854.

不确定的。对于自律组织纪律处分程序，法律赋予了当事人寻求内部救济以及向法院起诉的权利，这些足以控制自律组织人员的违宪行为。但对于其他自律行为，外在的制约是非常脆弱的，诉讼并不是有意义的选择。对于受到影响的当事人最好的救济方式就是希望说服 SEC 对自律组织采取行动，然而双方实力上的差距往往使当事人缺少足够的资源说服 SEC 采取行动。① 有学者指出，应将准政府职能限定在监管性的职能。该监管性的职能应进一步限定在那些 SEC 可能采取的行为，因为赋予自律组织豁免权是建立在其代替 SEC 履行职责的前提之上的。法院应当关注 SEC 是否会从事此类行为。因为 SEC 被赋予执行法律和制定规则的职责，任何不属于该范围的行为都应受绝对豁免的保护。SEC 不会从事促进市场发展的职责，因此绝对豁免不应适用于交易所从事的开发、运行和维护交易软件、订单处理等行为。②

关于外在制约的保障，上述案件的法院大都寄希望于 SEC 对自律组织的监管，例如 Austin 案认为，目前的监管体制赋予了 SEC 对 NASD 违法行为的监督权；Barbara 案认为纽约证券交易所受制于 SEC 的监管要求，该要求为纪律处分程序提供了适当的程序保障。然而，现实状况是否如此呢？SEC 是否做到了对自律组织的充分有效的控制呢？答案显然不尽如人意。长期以来，SEC 都信奉消极监管的理念，让自律组织站在第一线，以充分发挥自律监管的积极作用，然而市场中不断爆发的丑闻至少说明了 SEC 的这种监管理念需要调整。通常，SEC 只有在自律组织实施了重大不当行为后，才积极介入。然而，这种类型的监管不能等同于上述第三项充分的监管制约的标准。

2012 年 5 月，美国政府问责办公室（the U. S. Government Accountability Office，以下简称 GAO）发布报告，概述了其对 SEC 自 2011 年 8 月至 2012 年 5 月间对 FINRA 监督程序的审查和评估的结果。该报告对绝对豁免的正当性几乎没有提供任何支持。GAO 审查了 SEC 对 FINRA 实施检查的记录、政策和程序，对 FINRA 监督的计划，约谈了 SEC 和 FINRA 的官员。结果显示 FINRA 的治理结构和高管薪酬操作受到"有限的或不存在

---

① Rohit A. Nafday, "From Sense to Nonsense and Back Again: SRO Immunity, Doctrinal Bait - and Switch, And a Call for Coherence", *U. Chi. L. Rev.*, Vol. 77 (Spring 2010), pp. 862 – 876.

② Jaclyn Freeman, "Limiting SRO Immunity to Mitigate Risky Behavior", *J. Telecomm & High Tech. L.*, Vol. 12 (2014), p. 220.

的"监督，对 FINRA 规则的回顾性评论根本没有进行，该评论的目的是为了衡量 FINRA 规则实施后的有效性。缺乏较为正式的程序对其规则进行检查，FINRA 可能错失持续评估其规则有效性以及其规则是否达到了其意图追求目标的机会。SEC 也缺乏对 FINRA 审视其既存规则的程序的监督机制。GAO 的报告还发现 SEC 的合规检查办公室对 FINRA 与公告有关的例行检查少于计划时间安排，只在 1998 年和 2005 年分别进行了一次，少于每四年一次的计划。此外，报告还披露了 SEC 对 FINRA 以下的操作实施了有限的监管：利益冲突或资格取消、FINRA 基金的充足性、被监管公司雇佣的 FINRA 前雇员、高管薪酬结构、与州证券监管机构的合作、FINRA 治理的透明性等。SEC 还是习惯性地关注 FINRA 的监管部门，后者被认为最直接影响投资者的利益。报告的内容对法院一直深信不疑的自律组织绝对豁免的第三个要素（即存在足够的能制约违宪行为的保障措施）的正当性发出了警示。在 NYSE Specialists 案中，法院还指出，SEC 保留着强大的监管权力对 NYSE 任何可能的不当行为或监管失误进行监督、调查和惩戒。然而上述报告的内容已经表明依赖 SEC 对自律组织的监管并不能充分地保障制约违宪行为的发生。有学者也指出行政机构在监管自律组织维护公共利益上的能力的有限性。在促进市场平稳运行方面，自律组织发挥着必要的作用，虽然类似 SEC 的政府机构可以威胁罚款或要求监管改革，但这些机构在启动任何可能导致市场混乱的改革措施时是受到限制的。SEC 扩展监管的能力也受到大量预算约束和重要技术革新需要的妨碍，因此使得积极保护投资者免于欺诈和市场滥用的目标很难实现。所以，应当重新评估 SEC 的监管能充分证明 SRO 豁免的正当性观点。[1]

那么，运用主权豁免理论是否可以解释自律组织的豁免权呢？前文已经指出，主权豁免原则上适用于政府机构，私人实体适用主权豁免具有严格限定的条件。自律组织并不是法定政府机构，这一点毋庸置疑。那么，自律组织能否被视为准政府组织？如果自律组织被视为政府行为者，则其适用主权豁免则顺理成章。但是本章第二节的分析已经指出，目前主导性意见是自律组织并不能被视为政府行为者，因此从这个角度而言，自律组

---

[1]　Jennifer M. Pacella, "If the Shoe of the SEC doesn't Fit: Self-regulatory Organizations and Absolute Immunity", *Wayne L. Rev.*, Vol. 58（Summer 2012），pp. 219-222.

织也不能享有主权豁免。上述诸多法院基于主权豁免原则做出自律组织责任豁免的判决,既与法院在正当程序与禁止自证其罪案例上的认定相矛盾,也与主权豁免的基本原理相悖。那么,自律组织能否被认定是为政府提供监管服务的承包商?按照前述主权豁免承包商免责的标准,自律组织的行为并不完全符合,而且,承包商主权豁免针对的是产品责任,强调承包商对于严格遵循政府标准生产的产品不承担责任。而如果将自律组织视为承包人,那么其承包的也是某项监管服务,而不是具体的产品,所以不能将承包商主权豁免的原理适用于自律组织。退一步讲,即使可以广义地认定符合,那么自律组织也仅在监管职能范围内享有主权豁免,然而法院的判例似乎将自律组织的所有行为都纳入到豁免范围内,显然是缺乏依据的。

即便自律组织被视为"政府的手臂",而不是承包商,主权豁免也不可能适用。首先目前不存在确定的标准以判断某个公司是否以政府手臂的方式运行,但为了将主权豁免扩展适用于私人机构,联邦最高法院长期以来强调整体环境的重要性。特别是,判决针对谁的问题是重要的考虑因素。换言之,如果在一个私人被诉的案件中,由政府负责从其金库中支付判决的话,那么该私人实体将会被视为政府的手臂。审计署还规定了其他相关因素:(1)政府的产权;(2)政府控制;(3)非营利或营利性的角色;(4)资金来源,尤其是该实体是否接受了政府的拨款;(5)调整联邦机构运行的十五部联邦法律是如何适用于私人实体的。自律组织看起来并不满足上述标准。针对自律组织的判决不会由财政部支付,相反将由其自身支付。自律组织尤其是非互助化后的自律组织是以营利为目的的私人股份有限责任公司,并不适用于任何调整联邦机构的法律。因此,将自律组织视为政府机构的观点是难以成立的。① 目前主流观点没有视自律组织为政府机构,既然不被视为政府机构,又怎么行使政府职能呢?如果自律组织因广泛行使政府职能以至于与政府机构形成紧密联系,那为什么在政府行为属性的判断上却出现一边倒的反对观点呢?这种矛盾性的态度至少表明在自律组织的政府职能属性认识上应当慎重。

适用主权豁免最重要的障碍之一或许是准政府职能的界定。Butz

---

① Rohit A. Nafday, "From Sense to Nonsense and Back Again: SRO Immunity, Doctrinal Bait-and Switch, And a Call for Coherence", *U. Chi. L. Rev.*, Vol. 77 (Spring 2010), pp. 876 – 877.

案确定的三维标准的第一项准"司法职能的相似性"的判断相对容易，在前文绝对豁免章节已经充分讨论，尽管还存在一些模糊区域。尽管对于检察官散布信息是否属于准司法职能的看法模棱两可，但是对于错误编制股票价格指数的行为，没有人会认为具有准司法性特征。毕竟司法属性的判断受制于历史、先例和传统的影响，社会的认识相对一致。但对于准政府职能的判断，却没有类似准司法那样内在的判断标准。何者属于政府权力的范畴与其说是法律审查，不如说是哲学问题，并通常超越了司法能力的范畴。即使将审查的范围限制得更窄些，例如准监管的行为，同样也很难界定。交易所为其市场上交易的上市公司做广告是否是准司法行为？显然不是。但是该行为是否是监管性的或政府性的，却不易回答。自律组织"完善自由市场"的责任应否被视为政府权力？如果法律未授予自律组织该责任，国会会将其授予 SEC 吗？诸如此类的问题恐怕很难寻求一致的答案。至少对证券市场而言，"政府性"的概念不存在相对明确的历史传统和现实案例的支撑，更是难以界定。鉴于在可预见的未来也不会出现一致的认识，因此，准政府职能的相似性判断标准只会给自律组织豁免的认定带来更多混乱。随着准政府职能认定外延的扩大，受害人将更加难以获得救济的机会，该制度将更加偏离自律组织民事责任豁免的初衷。①

从概念上分析，如今的自律组织豁免既超越了绝对豁免的界限，也超越了主权豁免的界限，从而引发了对其合法性的质疑。从实践来看，法院在判断什么行为在豁免保护的范围之内时存在困难。②

那么，应当如何理解自律组织民事责任豁免的理论基础？

前述法院的判决就其追求的结果来说是一致的，那就是尽可能赋予自律组织民事责任绝对豁免权，但其立论基础及推理过程又存在诸多差异，如果从大陆法系的司法过程分析，显然是难以理解的。大陆法系强调严密的逻辑推理，上述有差异的推理过程同时存在于不同法院的判决是不可想

①　Rohit A. Nafday, "From Sense to Nonsense and Back Again: SRO Immunity, Doctrinal Bait – and Switch, And a Call for Coherence", *U. Chi. L. Rev.*, Vol. 77 (Spring 2010), pp. 879 – 880.

②　Rohit A. Nafday, "From Sense to Nonsense and Back Again: SRO Immunity, Doctrinal Bait – and Switch, And a Call for Coherence", *U. Chi. L. Rev.*, Vol. 77 (Spring 2010), p. 848.

象的。而英美法系则强调实用主义，重视判决可能导致的后果，相反对演绎推理的作用不是那么推崇。著名大法官卡多佐法律思想的最大特点是注重实用，强调法律的社会目的和社会效果，反对过分注重法律的逻辑。[1]波斯纳认为，大多数美国法官一直是，至少在他们面对棘手案件时是实践的实用主义者。[2] 麦考密克认为："我们有理由认为，在处理案件时，法官理应对摆在其面前的各种可供选择的裁判规则所可能造成的后果予以审慎考量，以权衡利弊。"[3] 美国司法系统的实用主义理念无疑对案件的判决产生了深刻的影响。当然，这不是说美国法院判决没有推理过程，相反，每个判决的推理都很精彩，只不过其不局限于严格的形式逻辑推理。正如波斯纳指出的："我并不简单的拒绝形式主义，这不仅因为世界上有诸如逻辑、数学和艺术这样价值巨大的形式系统，而且在法律决定制作上，逻辑也可以扮演一个重要角色。我拒绝的是那种夸大的法律形式主义，它认为法律概念之间的关系才是法律和法律思想的精髓。"[4] 总之，"真的实用主义审判"否定法律形式主义，可又重视法律概念和理论；着眼个案后果，可又关注系统效果。[5] 基于这种背景，我们不难理解上述法院判决的原因了。

梳理上述法院关于自律组织豁免权的判决，就可以发现法院非常关注赋予自律组织豁免权的目的以及如果自律组织没有豁免权可能导致的后果，然后基于此再评价本案自律组织的行为是否应当豁免。

在 Barbara 案中，法院明确指出，作为私人实体，交易所并不享有SEC 的主权豁免权，但如果允许对该种行为提起诉讼，将明显妨碍国会立法目的和目标的执行。尤其是，赋予自律组织绝对豁免权有助于鼓励证券业自律的实施，这与普通法上赋予法官绝对豁免权有着相同的政策考虑。[6] 本案并没有从主权豁免的角度确认自律组织的豁免权，而是强调如果不赋予豁免权将会导致的后果。也就是说，该案并不是基于严密的形式

---

[1]　周成泓：《卡多佐：实用主义法律思想》，《理论探索》2006 年第 4 期，第 1 页。

[2]　[美] 波斯纳：《超越法律》，苏力译，中国政法大学出版社 2001 年版，第 459 页。

[3]　[英] 麦考密克：《法律推理与法律理论》，姜峰译，法律出版社 2005 年版，第 125 页。

[4]　[美] 波斯纳：《法理学问题》，苏力译，中国政法大学出版社 2002 年版，第 568 页。

[5]　许可：《卡多佐的法律世界——兼论实用主义审判的真与伪》，《人大法律评论》2010 年卷，第 182 页。

[6]　99 F. 3d 59 (2d Cir. 1996).

逻辑推理而做出判决，相反，法官更多地从后果上考虑，体现了美国法官的实用主义思路。

在 Sparta 案中，法院认为，当自律组织执行准政府权力时赋予其豁免权符合国会创设证券市场的架构。当国会确立了场外交易的合作监管模式时，必然伴随的结果就是自律组织在行使监管职责时，享有豁免权。① 该案判决隐含的一个前提就是：SEC 在行使监管职责时享有豁免权。那么，事实上是否如此？如前所述，《联邦侵权赔偿法》放弃了主权豁免原则，也就是说政府机构不能在侵权法上以该原则主张抗辩，但是因为《联邦侵权赔偿法》设置了自由裁量权等诸多例外，导致行政机构事实上总是豁免承担责任。由于主权豁免的概念深入人心，现在法官仍愿意将这种结果意义上的豁免责任称之为"主权豁免"。该案特别强调从立法目的视角确认自律组织的豁免权，当然也是为自律组织享有原本只有 SEC 才可享有的豁免做铺垫。

在 D'Alessio 案中，法院认为，纽约证券交易所执行在 SEC 广泛监管权力监督下的职责时，应当享有与 SEC 同样的绝对豁免权。授予其豁免权，不仅是逻辑使然，而且符合现实需要，因为如果缺乏这种豁免，纽交所的准政府职能将会不当地被令人烦扰和控诉性的案件所阻碍。② 该案特别强调赋予自律组织豁免权的重要性，显然是从后果意义上论证的。DL Capital 案是由同一法院做出的判决，因而其审理思路基本是一致的。

此后，Weissman 案和 Opulent Fund 案尽管在区分监管职能与商业职能上做了努力，将后者排除在绝对豁免之外，并严格限制监管性职能的范围，但总体上仍坚持自律组织履行监管职责时享受豁免的理念，强调赋予豁免权有助于自律组织更好地履行监管职责。

总之，通过上述法院判决思路的整理，可以发现法院扩大解释自律组织豁免权的意图，而这种意图的背后，是法院基于对证券法关于自律组织监管立法目的解读和捍卫。无论是自律组织对会员的纪律处分、对上市公司股票的停牌，还是解释规则的行为，只要是属于自律组织履行自律监管职责范围内的事项，都会豁免承担民事责任。显然，在保障相关市场主体利益诉求与自律组织履行监管职能之间，法院选择了后者。或许，法院认

---

① 159 F. 3d 1213, 1215 (9th Cir. 1998).

② 258 F. 3d 105 (2d Cir. 2001).

为，只有给予自律组织行使监管职能的充分保障，使其无后顾之忧，才能更好地使其担当自律监管者的角色，维护市场秩序，促进市场发展。如果自律组织陷于过多的诉累中，则不免危及自律组织的生存发展，也难以集中精力去完成法律赋予的自律监管目标。为了更好地实现立法目的，促进自律组织更好地发挥一线监管的作用，法院没有严格遵循传统绝对豁免的原理和适用条件，没有严格的局限于绝对豁免、主权豁免的概念推理，而是从结果论上确认了自律组织的绝对豁免权。这或许正是美国司法实践实用主义的深刻反映。所以，在我们梳理这些案件时，似乎也没有必要刻意检视其逻辑推理的过程是否符合形式主义的要求，而是应更多地从判决的目的及后果上分析解读，如此，才能全面理解自律组织绝对豁免权的发展脉络，正确认识自律在美国证券监管体制以及证券业的地位和作用。

当然，如果从逻辑上分析，法院对自律组织豁免权的认定确实存在矛盾之处。在 Austin 案中，在没有任何先例可遵循的情形下，法官考察了享有绝对豁免权的主体范围，发现其行为都具有司法性程序的特征，都可能导致诉讼，存在足够的制约措施等三个要件。法院认为，自律组织纪律处分官员完全符合这三个标准，因此应当赋予豁免权。从形式逻辑推理的视角分析，该结论是成立的。至于 NASD 是否应享有豁免权，法院同样基于上述三标准的考量，认为 NASD 应享有绝对豁免权。然而，这一推理已经违背了绝对豁免原理，因为按照绝对豁免的发展史，只有特定个人如法官、检察官等才享有该豁免权，历史上从未出现将该权利赋予政府机构或私人组织的情况，所以本案中赋予 NASD 绝对豁免权从历史分析和逻辑分析的角度看是有问题的。或许是认识到这一点，法院又从另一个角度论证了 NASD 的绝对豁免权，即"当会员和高管的行为成为对其母体组织指控的唯一基础时，仅授予前者绝对豁免权而不授予其母体组织绝对豁免权显然是不合适的"[1]。尽管 NASD 是自律组织，不是政府机构，该种推理似乎更符合逻辑。事实上，即使是政府机构，当其职员享有特定的豁免抗辩时，该机构也可以援引从而豁免自己的责任。[2] 当然，这种豁免并非主权豁免本来意义上的豁免，而仅仅是一种抗辩措施。但是从效果上看，确实达到了责任豁免的后果，因此广义上又可以视为主权豁免。这或许是许多

---

① 757 F. 2d 692 (5th Cir. 1985) .

② 王名扬：《美国行政法》，中国法制出版社 2005 年版，第 825 页。

法院仍然坚持使用主权豁免概念的原因吧。如果纯粹从侵权法上看，政府已经不能再以主权豁免原则主张免除自己的责任了，这一点前文已述，于此不赘。从上述法院的判决来看，目前的主流观点是将自律组织作为准政府机构看待，其行使的也是准政府权力，即便如此，笔者认为自律组织也不能以"主权豁免"为由来主张免除责任。为避免歧义，笔者建议用"民事责任豁免"一词（immunity from civil liability）来代替，这样既符合"主权豁免"作为一项原则已在国内侵权法上放弃的事实，也不违背"绝对豁免"限于对特定个人权利保护的初衷。当然，如果是针对自律组织工作人员提起诉讼，他们还是可以根据自己履行职责的性质主张绝对豁免或相对豁免。[①]

第四节 证券自律组织绝对豁免的严格适用

自 Austin 案以来，证券自律组织在民事责任绝对豁免适用上呈现扩大化趋势，从最终的准司法职能延伸至监管性职能、政府性职能，似乎已经将自律组织的所有行为（不作为）都包含在内，自律组织几乎在所有案件中都成功实现了绝对豁免的抗辩。司法实践无疑在保护自律组织自律监管职能的履行方面走过了头，这无疑严重背离了授予自律组织绝对豁免权的初衷，也严重损害了受到自律组织自律监管影响的相对人的利益。面对这种局面，部分法院开始尝试对准政府职能采取严格解释的方式，将营利性、商业性职能排除在外。Weissman v. NASD，Opulent Fund v. NASDAQ 案以及 Facebook 案就是这方面的代表性案例，下文首先对这三个案件进行回顾，然后予以评论。

一 代表性案例

（一）Weissman v. NASD[②]

2000 年 12 月至 2002 年 6 月，Weissman（威斯曼）代表其未成年子

---

① 由于美国法官在相关判决中习惯使用"绝对豁免"称谓，且事实上无论基于绝对豁免还是主权豁免判决，都达到了责任绝对豁免的效果，因此为行文方便，本书下文仍使用"绝对豁免"一词，统指证券自律组织豁免承担责任的情形。

② Weissman, 500 F. 3d 1293 (11th Cir. 2007).

女购买了 82800 股世通公司股票。随着世通公司的倒闭，威斯曼的投资几乎全部亏损。原告在联邦地区法院提起诉讼，主张多项请求。在诉状中，威斯曼不认可将 NASDAQ 的监管行为作为本案的基础，强调"他完全基于被告的营利性商业行为做出购买决定，包括被告在 2000、2001 年、2002 年期间开展的投资约一亿美元的市场营销和宣传运动，及销售世通股票的行为"。

威斯曼。声称，NASDAQ 违反了《弗洛里达州法》第 517 节第 301 (1)（b）款的规定，因为其通过营销和广告的方式促销世通股票，但并没有披露其收入的增加直接得益于世通股票交易量的提升；被告在未注册为经纪人的情形下就出售世通股票，违反了《弗洛里达州法》第 517 节第 12 款的规定；被告试图诱导投资者购买世通股票的行为构成普通法的欺诈，及/或过失性虚假陈述。

除了提出绝对豁免请求，NASDAQ 还基于以下理由请求驳回原告的诉讼：威斯曼缺乏联邦法上的私人诉权，未能穷尽行政救济以及未能基于《弗洛里达州法》提出诉因。地区法院驳回了被告所有动议。① NASDAQ 在法定期间提起了上诉。威斯曼以缺乏管辖权为由要求驳回上诉。法院支持了部分动议，驳回了 NASDAQ 关于威斯曼未能充分提出州法上的请求和未穷尽行政救济的主张。但是，对于地区法院驳回 NASDAQ 基于绝对豁免要求驳回诉讼的动议，以及威斯曼缺乏联邦法上的私人诉权的主张，法院允许上诉。② 经过口头辩论，本院先前的法庭撤销了地区法院对于威斯曼指控的被告"宣传世通公司欺诈性财务报表"的行为驳回绝对豁免的判决，但是对于威斯曼的其他指控，尤其是对于 NASDAQ 促销世通股票的虚假陈述行为，法庭维持了地区法院驳回绝对豁免的判决。后来，本法庭撤销本院之前法庭的判决，并决定由全体法官出庭重新审理，以解决类似 NASDAQ 的自律组织是否对于本案起诉状中描述的广告行为享有绝对豁免权的问题。经全体法官出庭并重新审理后，决定维持地区法院关于

---

① 地区法院特别指出，缺少联邦私人诉权和未能穷尽 SEC 的救济都是不重要的，因为威斯曼的所有请求都建立在州法基础上。法院进一步指出，因为 NASDAQ 对于准政府行为享有绝对豁免权并不意味着它对私人商业行为的诉讼同样豁免，其被指控的对世通股票宣传和促销行为不在豁免权范围之内。

② 因此，关于威斯曼未能提出诉因的任何主张，我们不予审理。

NASDAQ 不享有绝对豁免权的判决。[1]

根据 1934 年《证券交易法》，国会确立了证券业监管体制，该体制依赖于受到 SEC 的严密监管的私人的自律组织对美国股票市场进行日常的监督和管理。为运行和维护 NASDAQ 股票市场，SEC 授权 NASD 将其自律职责授予 NASDAQ 行使，批准 NASD 将职能分配和授予其子公司的计划。因此，NASDAQ 是作为证券交易法意义上的自律组织存在的。证券交易法赋予其广泛的裁决、监管和指控职责，包括对遵守证券法的执行和落实；颁布和强制执行规范会员行为的规则；股票上市和退市。同时，作为私人公司，NASDAQ 出于商业利益考虑，可从事大量非政府性的活动，例如提高交易量和公司利润，此外，还有日常的行政管理和其他商业事务的管理等。事实上，尽管 SEC 明确的授予自律组织监管职能，但对自律组织拥有准政府监管者和私人商业的双重角色这一事实，SEC 自身还是有着清醒认识的。[2]

鉴于他们执行着大量政府职能，但缺少政府机构享有的主权豁免，因此当自律组织履行法律赋予的裁决、监管和指控职能时，其受到绝对豁免的保护。但是，任何实体在执行非政府职能时，他们不能主张其在行使政府职能时才享有的绝对豁免权。例如，当市政公司在履行政府职责时，他们可以享有与政府同等的豁免权。但是，当他们并不是行使纯粹的政府职责，而是与他们自身的公司利益相关的私人特许权、权力和优先权有关时，那么，将适用不同的责任规则，他们通常应对因为其疏忽或懈怠行为产生的损害，承担与类似情形下私人公司同等的责任。作为私人公司的自律组织在执行政府职能时，与市政公司有着相似的双重属性，因此，确切地说，自律组织对诉讼并不享有完整的豁免权。只有当自律组织履行证券交易法赋予的权力时，其才享有豁免权。除非相关行为构成经授权的准政

---

① 因为由全体法官出席并重新审理的法庭只对这一个问题进行了判断，我们确认原法庭（指巡回法院 2006 年审理本案的审判庭）的以下判决内容：（1）拒绝威斯曼寻求律师费和双倍费用的请求的判决；（2）撤销地区法院驳回对威斯曼指控的 NASDAQ "散播虚假财务报表" 的行为绝对豁免申请的判决；（3）判定地区法院关于缺少联邦诉权是不重要的认定没有任何错误。

② SEC 曾明确指出，"随着市场竞争的发展，自律组织运营的市场在吸引订单流方面将面临不断增强的压力。商业压力在自律组织的自律监管与市场运营职能之间的引发了强烈冲突"。见 "SEC 公告"，No. 34 - 50700；"关于自律的概念公告"，69 Fed. Reg. 71，256，261 - 262（Dec. 8，2004）.

府的指控、监管或纪律处分职能，否则，主张绝对豁免是不合适的。

而且，因为法律支持对受害人提供法律救济，授予豁免权必须进行严密的推理。也就是说，法院必须"小心，不要超出目的要求的保护范围"。因为只有当自律组织执行原本应由政府机构行使的监管的、裁决的或指控的职能时，豁免才是恰当的，所以，绝对豁免必须与自律组织履行政府职能相关。当自律组织并未执行纯粹的监管、裁决或指控职能，而是作为私人实体为自己的利益行事时，绝对豁免诉讼停止适用。应依据自律组织寻求豁免行为的客观性质和功能，判断自律组织的行为是否具有准政府性质。尽管在动机、目的和被履行的职能之间存在某种关联，但判断标准并不是自律组织的主观目的或动机。

NASDAQ 认为，因为其履行重要的监管职责，所以法院应当采取这样的规则，即自律组织对其实施的与证券交易法和 SEC 规则赋予的权力和职责相符的行为，都享有绝对豁免权。按照 NASDAQ 的观点，即使是为提升特定股票销量和与监管职责无关的宣传行为，也应受到绝对豁免的庇护，因为宣传与 NASDAQ 作为自律组织的角色是一致的。为推动确立这一宽泛的标准，NASDAQ 辩称该标准由第二巡回法院在 D'Alessio 案中采纳，本院也应该遵循该判决。法院认为该观点不成立。首先，D'Alessio 案并未对本案中争议的行为类型进行处理。D'Alessio 案中，法院赋予自律组织绝对豁免针对的是与暂停经纪人业务（这是 SEC 授予自律组织行使的一项核心监管职责）有关的"不当的解释、执行和指引职能"的指控。其次，NASDAQ 为达到其期望的"一致性"标准，不当的引用 D'Alessio 案的表述。D'Alessio 案的确认为，自律组织"在从事与经授权的准政府权力相符的行为时，享有豁免诉讼的权利"，但是该案清楚地表明只有当自律组织"在自律组织的能力范围内行动时"，该观点才适用。因此，与 NASDAQ 的主张相反，D'Alessio 案并未采取"自律组织从事的行为仅仅与他们的权力相符"的标准。

事实上，任何确认自律组织绝对豁免诉讼的案例，都与自律组织代替 SEC 履行的监管、裁决或指控职责的行为有关。如 Sparta 案中的决定暂停交易和公司股票退市；D'Alessio 案中的禁止经纪商从事 NYSE 大厅交易的纪律处分决定；Barbara 案中的执行纪律处分决定的行为；DL Capital 案中的决定暂停交易，取消特定交易，并进行公示；Dexter 案中的决定确定除息日。因此，法院认为 D'Alessio 案并不能适用于本案，并拒绝这样的标准，即自律组织所有的行为，仅仅与授予的权力相符，就授予其绝对豁免权。

因此，法院转向威斯曼的诉状去分析被指控的 NASDAQ 行为的性质和功能。诉状中对以下行为进行了指控：NASDAQ 兜售、营销、宣传和促销世通公司股票的行为，不当的将其作为业绩良好的公司和值得投资的公司，并散播其欺诈性的财务报表，尤其没有披露以下信息：

（1）为了提高被告交易量和收入，被告与世通公司合伙促销其股票；

（2）被告并未对其散播的世通公司的欺诈性财务信息进行审查，因此助长了美国历史上最大的公司欺诈违法行为的发生；

（3）被告直接或间接从世通卖给原告的股票中获益；

（4）世通并不符合 NASDAQ 的上市要求。

在购买世通股票时，原告相信了 NASDAQ 的宣传，该宣传反复地将世通公司描述成极具成长性的公司。例如，在 West Wing 和 MSNBC 新闻等主要节目的黄金时段，NASDAQ 为其 100 指数基金投放了广告，称为 QQQ。该广告重点推介了入选指数基金的系列公司，还特别展示了世通公司。关键的信息是可以在 NASDAQ 股票市场上找到世界上最成功的、最值得投资的公司。

为了安抚安然公司欺诈案的市场，2002 年 4 月 11 日，NASDAQ 在华尔街日报上刊登了两整版的巨幅广告，讨论其需要上市公司提供准确的财务报告的观念，财务报告应遵循一般公认的会计准则（GAAP），并"得到博学的审计委员会支持"。其中一页是 NASDAQ 股票代码的图像，标题是"我们共担责任"。在另一页，标题是"保持我们市场真实———一切取决于品质"，副标题是"我们的信念来自于优秀的公司"。在副标题下展示的是在 NASDAQ 上市的优秀公司的首席执行官的名单。再往下列出了作为 NASDAQ 这些目标的背书者，"世通公司董事长兼首席执行官——Bernard J. Ebbers"。这些广告非常明确传达了这样的信息，即 NASDAQ 确认世通公司及其 CEO 有着良好的品质，财务符合 GAAP 的要求，具有与 NASDAQ 上市要求相符的审计委员会。第二天，尽管世通公司股价呈螺旋式下降趋势，但原告基于对 NASDAQ 背书的信赖，仍购买了额外的世通公司股份。

前面已经指出，在决定 NASDAQ 是否享有豁免权的问题上，需要分析诉状中被指控行为的性质和功能。法院没有发现这里的广告用于任何准政府性功能。被指控的行为与依法授予 NASDAQ 的"防止欺诈和操纵性的行为","促进交易的公正和平等","祛除自由市场的障碍和完善自由市场"或者"保护投资者和公众利益"的责任无关。被指控的特定广告行为与证券交易法规划的监管行为没有任何相符之处。该行为是私人商业行为,"当从事私人商业时,自律组织仍要承担责任"。在怂恿投资者在其市场上交易,尤其是建议特定的公司值得投资时,NASDAQ 只代表自己。

　　作为私人公司,NASDAQ 投放广告的行为,本质上是为了在其交易所上市的特定股票促销,提升交易量,最终结果是提高公司利润。即便 NASDAQ 作为营利的实体,也不能排除绝对豁免的适用。其发布电视和报纸广告的行为不能被直接说成是进一步履行证券交易法赋予的监管职责。这些广告行为从其语气和内容来看,服务于 NASDAQ 自身的商业需要,并不是政府行为,这些明显的非政府性行为不受绝对豁免的保护。因为法院认定 NASDAQ 在本案中被指控的广告行为并未服务于裁决、监管或指控的职能,因此,维持地区法院驳回 NASDAQ 对其在本案中描述的广告行为主张绝对豁免的判决。[①]

---

　　① 根据笔者在 Westlaw 上搜索的案例信息,该案后来的进展是:地区法院刚接到第十一巡回法院的指令不久,原告就提起了强制的动议(motion to compel),被告再次提出驳回的动议。在被告的动议未处理完前,法院暂停原告的动议。被告认为原告提起的赋予救济的请求不符合 Bell Atlantic Corp. v. Twombly, 550 U. S. ——, 127 S. Ct. 1955, 1969 - 70, 167 L. Ed. 2d 929 (2007) 的原则,因此要求重新审查其起诉的合理性。2008 年 3 月 12 日,地区法院法官 William J. Zloch, J. 做出判决,驳回被告的动议。其判决要点为:(1) 原告关于违反佛罗里达州法律的指控超出了能够给予救济的请求所要求的推测性水准;(2) 原告的陈述显示了存在基于普通法欺诈或可能的过失性虚假陈述的请求而给予救济所要求的合理的正当信赖。在驳回被告的动议后,法院对原告的动议进行了审理。原告的动议是要求法院强制恢复在 2003 年本案开始就提出的证据开示申请,并推定被告放弃了所有异议,因为从那时起算,被告有权提出异议的期间早已届满。法院没有支持这种观点,并驳回了原告的动议,理由是被告在原告提出证据开示申请之后 1 个月内就基于豁免权提出了驳回起诉的动议。依据有效的先例,如 Chudasama v. Mazda Motor Corp. , 123 F. 3d 1353, 1367 (11th Cir. 1997), Harlow v. Fitzgerald, 457 U. S. 800, 818, 102 S. Ct. 2727, 73 L. Ed. 2d 396 (1982),证据开示程序在豁免问题解决前不能启动,在法院对被告的驳回起诉申请做出判决前,被告不能被强迫参与证据开示程序。而且,根据被告抗辩的性质和必然将在证据开示程序出现的问题的复杂性,这么理解弃权条款与联邦规则获取和发现诉请真相的目的相悖。See Weissman v. National Ass'n of Securities Dealers, Inc. , 539 F. Supp. 2d 1363, 2008 WL 1723673 (S. D. Fla.)。

（二）Opulent Fund v. NASDAQ Stock Market[①]

本案的基本事实是：原告 Opulent Fund，L. P. 和 Opulent Lite，L. P.（以下统称 Opulent）注册地在特拉华州，在圣克拉拉县从事经营，是一家成功从事股票指数期权交易的私人投资合伙组织，该指数期权包括由 Nasdaq - 100 指数衍生出来的期权。Nasdaq - 100 指数是选择在 Nasdaq 市场交易的 100 家最大的非金融股编制而成，该指数根据每只股票的市场价值的变动而调整，该市场价值又取决于这些股票在 NASDAQ 交易所每日的开盘价。SEC 依据其制定的 19b - 4 规则接受并批准了关于 Nasdaq - 100 指数的申请，批准了基于该指数的期权交易。SEC 还批准了 Nasdaq 关于其官方开盘价（NOOP prices）的计算和公布。Nasdaq 鼓励投资者使用 NASDAQ - 100 指数开发新的金融衍生品，因此，准确、及时地报告 NASDAQ - 100 指数的价格对于这些衍生品市场的存在来说至关重要。

2006 年 5 月 19 日上午，Opulent 在 Nasdaq - 100 期权上投入大量资金。原告声称，基于 Nasdaq - 100 成分股的股票开盘价，Nasdaq - 100 指数应该是 1589.18 美元，但是，Nasdaq 却宣布该指数价格是 1583.45 美元．将近 6 美元的差异对于原告以 1590 美元的价格卖出看跌期权的投资组合产生极大影响，在合约履行上带来更大的损失。

原告要求将案件发回圣克拉拉县（Santa Clara County）高等法院重审，加利福尼亚州北区地区法院首先确认该院对本案有联邦专属管辖权，驳回了原告的请求。

被告 Nasdaq 要求依据规则 12（b）（6）驳回原告的诉讼，理由是作为自律组织，Nasdaq 对其履行证券交易法规定义务的行为绝对豁免承担责任。绝对豁免原则适用于行使准政府权力的自律组织，符合国会构建的证券市场框架。另一方面，当执行私人的商业行为时，自律组织仍将受到法律责任的约束。绝对豁免的正当性在于国会鼓励自律组织执行大量的、在其他环境下本应由政府履行的监管职能，如果政府行使这些职能，它将享有豁免权。这些监管职能包含纪律处分、仲裁、为保护投资者而监管市场等。这些案件中的共同脉络是：绝对

---

① 2007 WL 3010573（N. D. Cal.）。

豁免附随于与监管制度的适当功能有关的活动。事实上，每个自律组织绝对豁免诉讼的案件都指向自律组织代替 SEC 履行监管、裁决或指控的职能。

Opulent 辩称，给指数定价并不是监管职责，因此，不应适用绝对豁免。通过审查 Nasdaq 被指控行为的性质和功能，法院同意原告的观点。Nasdaq 希望基于在其交易所上市的股票开发衍生品市场，所以，它提出 Nasdaq - 100 方案，并经 SEC 批准。Nasdaq 鼓励投资者基于指数开发金融工具，选择发布此类信息。Nasdaq 之所以实施上述行为是因为它从出卖市场价格数据的行为中获得了利益。[①] 在选择创建指数和发布价格信息方面，Nasdaq 不代表任何人，只代表自己。SEC 监管证券市场，但如果没有 Nasdaq 的话，它不会创建一个指数，也不会自愿发布价格数据。

本案中，Nasdaq 的行为看起来比上述威斯曼案中的广告行为更具监管属性，其编制指数的行为与 Sparta 案中暂停交易决定的"标准监管"相比却相形见绌。第九巡回法院认为，Sparta 的行为是监管性的，因为其被"赋予了严格监管市场以保护投资公众权利的义务和责任"。Nasdaq 准确计算并发布指数价格的义务并不是为了保护投资者利益；相反，其行为是为了创建一个市场并提高交易量。第九法院在 Sparta 的分析中指出，纯粹的"市场供应商"并不是监管行为。第十一巡回法院同样认为，为"提高交易量"采取的行为不具有监管属性。SEC 批准指数编制方案并不能使 Nasdaq 的行为自动演变成受豁免的监管行为，SEC 批准某项规则，该规则对某个自律组织增加了义务，并不是自律组织豁免的必要条件，从事监管行为才是豁免的要素。本案中，Nasdaq 的行为并不具有与暂停交易、市场禁入或采取纪律处分措施等相似的监管属性，这些行为都包含在以保护投资者利益为目的的市场监管中，促进衍生品交易并不在内。本案中争议的 Nasdaq 市场促进行

---

① 发生 Nasdaq 从其行为中获利的事情并不重要。豁免关注的是被质疑行为的性质，而不是它的获利能力，因为"Sparta 案没有确认例外：如果自律组织是基于证券交易法的授权实施的行为，那么它就受绝对豁免于金钱损害赔偿的保护"。P'ship Exchanges Sec. Co. v. Nat'l Ass'n of Sec. Dealers, Inc., 169 F. 3d 606, 608 (9th Cir. 1999); DL Capital Group, LLC v. Nasdaq Stock Mkt., Inc., 409 F. 3d 93, 100 & fn. 4 (2d Cir. 2005)。

为是非监管性的，因此不存在绝对豁免的问题。[1]

基于此，法院驳回被告要求驳回原告诉讼的请求。[2]

（三）In re Facebook, Inc., IPO Securities and Derivative Litigation[3]

1. 当事人

该案是针对 NASDAQ 股票市场有限责任公司（以下简称交易所）、其母公司 NASDAQ OMX 集团股份有限公司（以下简称 NASDAQ OMX，并与交易所统称为 NASDAQ）、NASDAQ OMX 的首席执行官 Robert Greifeld（以下简称 Greifeld）和 NASDAQ OMX 的最高级别的技术官员 Anna M. Ewing（以下简称 Ewing）（以下统称被告）的集团诉讼有关，该诉讼由纽约第一证券公司、T3 交易集团有限责任公司和 Avatar 证券有限责任公司（以下统称证券原告）和提起过失请求的原告（与证券原告统称为原告）提起，提出联邦《证券法》上的请求（以下简称 NASDAQ 证券诉讼）和被告过失性请求（以下简称 NASDAQ 过失诉讼）（以下统称 NASDAQ 诉讼）。

原告请求颁布暂停 1934 年《证券交易法》第 21 节第 D（b）（3）（B）[该条款被 1995 年《私人诉讼改革法案》（以下简称 PSLRA）修正]规定的证据开示程序的命令，并要求对合并修改的集团诉讼诉状进行再次修改。被告依据《联邦民事诉讼规则》12（b）（6）的规定要求驳回起诉。

2. 本案事实背景

2012 年 5 月 18 日，Facebook 以每股 38 美元的价格在 NASDAQ 股票市场发行 4.21 亿股普通股股票，由此 IPO 总市值估值超过 160 亿美元。IPO 原预计在东部标准时间上午 11 点开始发售，但被推迟。在 IPO 股票上市交易当天，Facebook 的收盘价是 31 美元，比发行价低了 18.42%。

针对 NASDAQ 证券诉讼，是由代表在 Facebook IPO 首日买卖其股票

---

① 而且，"赋予豁免权必须从严解释"，因为其剥夺了受害人的救济权利。See Weissman, 2007 WL 2701308, 3; see also Marbury v. Madison, 5 U. S. 137, 147（1803）（作为一项既定和不变的原则：任何权利被拒绝时，必须获得救济，任何伤害都必须得到正确的补救）。

② 之后，该案当事人双方达成和解。依据双方的请求，2008 年 4 月 30 日，法院裁定驳回本案，不得再以同一理由或同一请求提起诉讼（dismissed with prejudice）。

③ 审理法院：纽约州南区地区法院，判决时间：2013 年 12 月 12 日，2014 年 2 月 14 日判决驳回要求确认上诉的动议。主审法官：Sweet。

的群体，针对 NASDAQ 提起联邦法上的请求，主张 NASDAQ 进行了重大虚假陈述，对其技术和交易平台的能力存在疏忽，给原告集团带来了重大损失。原告集团在 Facebook IPO 首日总共交易了超过三百万股的股票，总市值超过 3.16 亿美元。

针对 NASDAQ 的过失诉讼，是代表在 Facebook IPO 期间下单的散户投资者，基于 NASDAQ 在软件设计和测试方面存在的缺陷，以及 NAS-DAQ 不暂停交易或取消受到影响的交易的决定，提起州法上的过失损害赔偿请求。

本案涉及 NASDAQ 为 IPO 后首个交易日的交易实施的通道程序，称为"IPO 通道"（IPO Cross），是为确定 IPO 股票开盘时的单一价格而设计的程序。通道程序主要受 NASDQ 规则 4120 和 4753 调整。依据规则，在 IPO 通道的当天，NASDAQ 会员可以在交易开始前，促成其买卖订单成交。但在"唯一展示时段"开始前，交易所一直将这些订单放在"保管池"中。在"唯一展示时段"，会员可以加入、修改或取消订单，并通过 NASDAQ 发布的拍卖不对称信息，观察未来拍卖价格的演变，由此使得会员（及其客户）能够参与 IPO 的价格发现中。"唯一展示时段"持续至少 15 分钟，并每 5 分钟可被延长一次。在"唯一展示时段"过后，通道程序的剩余步骤转瞬间完成。IPO 通道对买卖的关系进行分析，并确定能促成最大量的股票交易的价格。通过执行该计算，系统需要核实在简短的时间内，NASDAQ 是否接收到任何取消订单的指令，这些订单原本应包括在通道中。如果此次"确认检查"失利，系统将考虑自首次计算后接收的订单和对订单的修改，以重新计算通道的价格和数量。如果确认检查通过，NASDAQ 将开盘交易发送到统一的记录带，发布开盘价，并向其会员发送通道交易确认报告。

2012 年 5 月 18 日，NASDAQ 早上七点开始接受 IPO 通道的订单，并将其放入交易系统的储存池中，并宣布通道的唯一展示时段（Display Only Period）将在 10：45 开始，二级市场的交易将在 11：00 开始。10：58，经 Facebook 的主承销商请求，NASDAQ 将唯一展示时段延长五分钟。11：05，NASDAQ 试图完成 Facebook 的 IPO 通道，将开盘交易传送至记录带，并启动二级市场的交易，但是，通道程序并未按预期运作。在计算期间，NASDAQ 收到一份订单的取消指令，原本该订单已包括在通道中。因此，确认检查启动了重新计算。在几毫秒的重新计算期间，NASDAQ

收到了其他的取消指令，这引发了另外的重新计算。这种模式持续进行，形成一个"循环"，阻止了通道计算出最终的开盘价格和二级市场按预定时间启动交易。

紧接着，NASDAQ OMX 的执行官决定结束通道，全然不顾"循环"带来的问题。在11：13，NASDAQ 发布了市场系统角色的简报，通知公众其在传送 Facebook 的开盘打印记录方面遭遇了迟延，并且第一份 Facebook 的打印记录将会在大约在东部时间11：30出现。该简报并未提及 IPO 通道的缺陷，或者当时已知的与通道有关的问题。接近11：30时，为了避开"循环"和关闭通道，NASDAQ 决定转换到后备通道系统，但该系统从未进行过测试。转移至失效备援系统促使通道结束和二级市场交易开盘。在11：30：09，NASDAQ 以42美元的价格开盘。会议的参与人据称注意到转换到未经测试的后备系统将导致 NASDAQ 不能处理许多被取消的订单，并在 Facebook 中承担了一个未经授权的"错误"角色。

NASDAQ 有限责任公司的规则4120（A）赋予交易所在特定情形下暂停交易的权力，包括当 NASDAQ 有限责任公司决定存在"异乎寻常的市场行为"，可能对"证券市场产生重大影响"，以及"NASDAQ 认为有必要保护投资者和公众利益的情形"。NASDAQ OMX 执行官员认为不存在这样的情形，因而没有暂停交易。此时，NASDAQ OMX 再次向市场参与人发布两份简报，指出 NASDAQ 正在调查发布 Facebook IPO 通道交易执行信息的事宜，而且其正努力发布这样的确认信息。NASDAQ 未确认关于被推迟的交易确认信息、不准确的价格数据或者未能执行某些合格的开市前订单的细节问题。

下午1：50，NASDAQ 发表了开市前订单的确认情况。至此，系统故障已导致在11：11到11：30：09之间进入的超过3万的合格订单一直"被卡"且未能执行。大约13000份"被卡"订单在1：49：49进入二级市场，由此导致 Facebook 的每股价格在1：15到1：50之间下跌93%。NASDAQ 向市场主体发布了两份简报，指出 NASDAQ 希望在1：50向市场发布 Facebook IPO 通道的所有订单执行情况，后来，这些确认信息以电子化形式发布。但是，原告直到下周一交易开始，才得以较低的价格平仓。

创造"循环"的初始设计缺陷、NASDAQ 决定切换到未经测试的备用系统以及 NASDAQ 在约 11：30 决定继续使用修改后的通道，这些给不同类别的原告带来了损害。

首先，后备的 IPO 通道应用滞后，以至于在 11：11 到 11：30 进入的订单不能涵盖在通道内。部分订单在通道就被会员取消，部分刚好在 11：30 进入市场，剩余的部分在下午 1：50 被取消或重新进入市场。这损害了正试图购买或已经购买 Facebook 股票的群体的利益。作为开盘前一部分，那些在通道下出卖出订单的人，其订单并未被执行，也没有收到每股 42 元的通道价格。在 1：50 后，当他们的股票以当时普遍较低的价格迟延卖出时，这些人遭受到了损失，原本他们的股票能以 42 元美元的价格在开始前卖出。

其次，NASDAQ 的系统没有立即对在 IPO 通道中执行的订单发布确认报告。因为没有确认信息，这些人被剥夺了在狂跌的市场以高价卖出股票的机会，因为他们没有得到已购买股票的确认信息。

最后，准确的报价数据未被传送到 NASDAQ 的专有的信息接口上，导致出现变了味的卖价高于买价的通道报价。在推动国会将所有证券市场"通过通讯和数据处理设施"连接的命令时，SEC 通过《全美市场系统规则》（Regulation NMS）要求所有的国家证券交易所将以下信息传送到证券信息处理器：（1）交易所"订单簿的顶端"（例如，最好的卖价和买价）；（2）交易执行报告。证券信息处理器将数据汇总并让公众可以获得。在 Facebook IPO 通道后，交易在 NASDAQ 和其他市场上发生。NAS-DAQ 准确和及时地向证券信息处理器报告了 Facebook 已执行交易的情况，但却暂时没有向证券信息处理器或其自有的数据接口传送准确的报价数据。在市场交易的这类群体因这些数据故障受到伤害，这些故障妨碍了将准确的报价数据传送至 NASDAQ 的自有接口，该接口因而显示了错误的报价价格。

自 Facebook IPO 后，SEC 开始对发行的不当之处展开调查。SEC 调查的焦点"在于 NASDAQ 的系统设计缺陷和在缺陷出现后交易所做出的决定"，包括 IPO 之前和 IPO 期间。SEC 认为 NASDAQ 未能充分履行其义务，体现在 NASDAQ IPO 通道系统的设计缺陷，以及 NASDAQ 为回应因设计缺陷引发的交易混乱作出的决定，该决定导致了进一步的系统问题，使得 NASDAQ 违反了处理订单顺序的基本规则以及其他 SEC 和 NASDAQ 的规则。虽然 SEC 认为技术监管的违规源于交易所决定继续推进通道程序，但并没有认为交易所的决定本身或者交易所未暂停 Facebook 股票持续市场交易的决定，违反了任何法律或规则。基于技术性违规，SEC 对交易所课以民事罚款并进行了谴责，命令交易所停止实施违反证券交易法和由此制定的 SEC 规则的行为，并命令交易所遵循规定的补救性工作。交易所"仅仅基于 SEC 程序的目的"同意接受 SEC 的命令，对 SEC 认定的事实既未认可也未否认。

2012 年 7 月 23 日，NASDAQ 向 SEC 提交和解建议，对于会员因 NASDAQ 在 Facebook IPO 中的系统问题受到的直接损失，许可 NASDAQ 向其会员支付多达 6200 万美元的赔偿。SEC 于 2013 年 3 月 22 日批准了该和解建议。SEC 指出，其并未决定"监管豁免是否应当适用于 NASDAQ 与 Facebook IPO 有关的行为"或者"NASDAQ 或任何他人是否在 Facebook IPO 事宜上，可能违反了联邦证券法或任何其他法律"。和解建议并不保证非 NASDAQ 会员，包括散户投资者，将获得任何在发行中受到的损失的补偿，并不涵盖因系统问题导致的全部损失。

3. 法院判决

基于上述背景，法院分两部分作出如下推理和认定：

第一部分，对于原告的指控，自律组织的豁免部分适用，部分不适用。

法院认为，毫无疑问，自律组织及其官员对与履行其监管职责有关的私人损害诉讼享有绝对豁免权。该豁免权既适用于积极行为也适用于自律组织的疏忽或不作为。主张豁免权的当事人承担证明其权利存在的责任。在评估绝对豁免对一个既定请求的适用性时，自律组织的动机和合理性不予考虑。该原则具有特殊和独特的特征，法院对绝对豁免的祈求进行逐案审查，基于对被履行职能的性质的审查，使用职能性的测试标准。

当自律组织行使与国会建立的证券市场结构相一致的准政府权力时，绝对豁免便产生。但当执行私人事务时，自律组织仍应承担责任。豁免权的正当性在于国会授权自律组织履行原本在其他情形下应由政府履行的多种监管职能，而当政府履行这些职能时，该政府将享有豁免权。这些案件中的共同脉络是：绝对豁免附随于与监管制度的适当功能有关的活动。

自律组织的官员和关联人同样受到自律组织豁免权的庇护，这取决于履行职责的性质，而不是履行者的身份。当自律组织的官员事实上在其监管职责下行事时，他们有权享有绝对豁免。照此推论，NASDAQ、NAS-

DAQ OMX 及其官员基于豁免的目的应被同等对待。①

A. 对于原告提出的过失性请求，自律组织部分受到豁免保护，部分不适用豁免

过失性指控分为第一项：在交易前实施的 NASDAQ 软件的设计、测试与兜售（称为"技术性过失的请求"）和第二项：在 Facebook IPO 期间，做出不暂停交易或取消受到影响的交易的决定（称为"暂停交易的过失的请求"）。

（1）NASDAQ 软件不适当的设计、测试和兜售行为不是应受到自律组织豁免保护的监管行为

诉状中的技术性过失的请求起因于 NASDAQ 交易平台在整个 IPO 期间的缺陷，原告认为这是无视预期的需求，对于大量的订单取消的测试和设计不当引发的可预见的结果。

法院指出，被告主张过失的请求产生于 Facebook 交易的启动，或者 NASDAQ 决定继续进行且没有暂停 Facebook 的交易，这曲解了技术过失的请求。因此，被告引用的支持豁免的先例，包括以下案例：DL Capital 案中的交易所决定不取消某项交易，NYSE Specialists 案中对专家自我交易的鼓励或漠视，以及 Sparta Surgical 案中股票退市和暂停交易，所有这些被告正确主张的行为，都是受到豁免保护的监管职能。但法院指出，诉状中关于技术性过失的指控没有一项来源于 NASDAQ Facebook 交易的启动，或者来源于 NASDAQ 决定继续进行且未在 IPO 期间暂停交易的声明或行动。相反，技术性过失的请求只是聚焦于 NASDAQ 技术软件在发行前的设计、推广和不充分的测试。NASDAQ 希望为在其交易所首次上市和交易的公司设立 IPO 市场。为推动这个风险项目，并经 SEC 批准，NASDAQ 提出一系列关于实施开放的通道的规则，并且 NASDAQ 设计、执行和测

---

① 当其行为与交易所的监管职责有关时，NASDAQ OMX 及其官员被认为是自律组织的官员。在与包括交易所在内的自律的附属机构有关的活动范围内，依据《证券交易法》的立法目的和监管分析，NASDAQ OMX 的账簿、记录、房产、官员及雇员应被视为自律附属机构所有。因此，NASDAQ OMX 及其官员应与 NASDAQ 承担同等的责任，受到同等保护。

试了电子系统以实施这个开放的通道功能。① 在 Facebook IPO 前的岁月里，NASDAQ 通过公开宣传（包括在 NASDAQ OMX 的网站上和 2012 年 5 月 10 日 NASDAQ OMX 举行的投资者日会议）其技术在完成发行的能力和可信性，鼓励公司到其交易所实施新的 IPO，这些说法意在服务于 NASDAQ OMX 的私人商业利益，例如其提高交易量和公司利润的努力。NASDAQ 的软件是其整体商业组合的组成部分，意图创建一个新的营利性的 IPO 业务的市场，而不是为了促进任何声称的监管职能。② 不存在豁免的或法定的以下政府权力：设计交易所计算机软件，适当测试计算机软件，或在其吹嘘软件的能力后，却在执行发行业务出现故障时维修计算机软件。SEC 从未从事过对 IPO 商事业务的促进或推广，或者开发提升交易的技术，国会也没有授权其这么做。

先例已经确认，像这样的为提高交易量而采取的行为是非监管性的。监管性行为，包括暂停交易，对交易者的营业禁止，或者依据授权规则采取纪律处分行为等，所有这些都涉及为保护投资者而对市场的监管。在活跃的交易市场里，任何暂停交易或取消交易的决定都可能对这个或那个市场参与群体带来潜在的损失。比较而言，在 IPO 前与软件设计有关的行为或在交易开始前对软件的推广，并不涉及这样的风险。NASDAQ 对软件进行充分设计和测试，是为了启动史无前例的巨大规模的 IPO，并不是为了保护投资者；NASDAQ 在怂恿投资者在其交易所交易时，其只代表自己。NASDAQ 的行为是为了创建市场和提高交易能力，该行为不受自律组织豁免权的保护。

自律组织的双重属性，作为履行政府职能的私人公司，使得在行使政

---

① SEC 对该技术的批准"并不能使 NASDAQ 的行为自动转变为豁免的监管职能"［Opulent Fund v. Nasdaq Stock Market, Inc., 2007 WL 3010573, 6 (N. D. Cal. Oct. 12, 2007)］。"SEC 批准某项规则，该规则对某个自律组织增加了义务，并不是自律组织豁免的必要条件。从事监管行为才是豁免的要素"（同上）。关于操作系统完成开市前通道程序适宜性的商业决定，无论是否得到某种形式的授权，都与 NASDAQ 对活跃的和不断发展的交易进行监管的权力不同［同上。"豁免保护的是监管的权力，而不是以某种方式履行监管职能的授权"］。

② NASDAQ 碰巧从这些行为中获利并不是问题的关键。豁免审查关注的是被质疑行为的性质，而不是其获利性："如果行为是在证券交易法授权的支持下采取的，自律组织享有绝对豁免于金钱损害赔偿的权利"［P'ship Exchange Sec. Co. v. Nat'l Ass'n of Sec. Dealers, Inc., 169 F. 3d 606, 608 (9th Cir. 1999)；一致观点：DL Capital Group, LLC v. Nasdaq Stock Mkt., Inc., 409 F. 3d 93, 100 & fn. 4 (2d Cir. 2005)］。

府职能而采取的享有豁免权的行为和为公司利益采取的不享有豁免权的行为之间的区别变得更具决定性。允许交易所对于为提高交易量而实施的商业系统的设计和推广的决定豁免，尤其是在这样一个日益扩展的国际化的市场，将会使得不受约束的营利性动机变得难以控制。就此而言，NASDAQ 的监管职能，包括其不暂停交易的决定或宣布这些决定，都不能将豁免溯及至 NASDAQ 未能充分设计和测试其软件的独立的过失。如果可以豁免的话，那么交易所每次实施疏忽或不合法的与监管授权无关的行为时，它都可以考虑是否存在某些监管权力，以追溯性的对其之前的非豁免行为豁免承担损害赔偿的责任。自律组织豁免的原则必须持续保证监管的独立性，其不能对交易所在追逐其利润的过程中未尽必要的注意也适用无差别的豁免保护。①

鉴于技术性过失的指控涉及的是 NASDAQ 作为私人实体基于自身利益，为提高交易量而采取的行动，绝对豁免诉讼的权利终止存在。因此，原告的技术性过失的请求不受自律组织豁免的庇护。②

（2）不暂停交易的决定受自律组织豁免的保护

除了 NASDAQ 软件的测试和设计外，原告还声称 NASDAQ 在整个 IPO 期间不暂停交易或取消受到影响的交易的决定并不是监管职能，应对其过失引发的损害负责。

在交易开始和技术问题出现后不久的整个 IPO 期间，NASDAQ 认为并未发生异乎寻常的市场行为，交易部高级副总裁认为依据规则 4120，

---

① NASDAQ 的和解方案只对特定类型的请求支付有限的赔偿，且只对其会员，不包括散户投资者。此有限的责任暗示了 NASDAQ 的行为缺乏全面的豁免；如果豁免全部涵盖的话，将会同样阻止原告获得救济。

② 被告认为针对自律组织的州法上的请求，例如过失，应优先适用《证券交易法》。see DGM Invs. v. N. Y. Futures Exch. , Inc. , 2002 WL 31356362, 5 (S. D. N. Y. Oct. 17, 2002)（商品交易人员针对纽约期货交易所及其母公司、附属公司、交易所委员会、会员提出的州法上的重大过失、不守信用和雇主责任的请求，应优先适用《商品交易法》，因为这些请求建立在被告"未能履行其监管市场的职责"之上）。被告是正确的，优先权排除了对于起因于被告作为政府的代理人履行监管职责的行为或"附随于行使监管权力"的行为提出州法上的请求（NYSE Specialists, 503 F. 3d 98）。但优先权并不能排除对于自律组织从事包括设计和测试软件在内的营利性事务提出的州法上的请求，基于同样的原因自律组织豁免不适用于这些行为。

NASDAQ 没有权力暂停交易。① SEC 的命令也认为 NASDAQ 没有在整个 IPO 期间暂停交易的授权，因为市场交易在正常进行，该规则的前提并未满足。鉴于不暂停交易的决定并不是依据任何 SEC 的正式规则做出的，原告声称该决定没有监管属性。此外，原告认为 NASDAQ 将系统缺陷视为适合母公司官员讨论的商业问题，而不是留给交易所的监管机构独立做出决定的问题。

法院指出，暂停交易的能力与决策者的身份或者正式的 SEC 规则无关，是标准的监管职能。法院援引 Sparta Surgical 案、DL Capital 案、NYSE Specialists 案的观点，认为如果自律组织在行使授予其行使的政府权力时有权获得绝对豁免，那么，自律组织对于其不行使该权力同样享有豁免权。NASDAQ 决定不适用规则 4120，或者该决定由 NASDAQ OMX 官员做出，无论何种情形都不能改变基础行为的性质。就此而言，原告关于暂停交易的过失性请求受到自律组织豁免的保护。

B. 对于原告提出的证券法请求，自律组织豁免保护部分适用，部分不适用。

原告基于被告在集团诉讼期间及之前对于重要事实的虚假和误导性陈述，认为被告违反了《证券交易法》第 10（b）条款和规则 10b‐5 的规定。这些陈述可被分为两类：（1）未能修正集团诉讼前有关兜售 NASDAQ 技术和交易平台可信性和能力的陈述（简称集团诉讼前陈述）；（2）在集团诉讼期间，在向市场参与人散播"市场系统角色"的信息时，未能完整和准确的说明（简称集团诉讼陈述）。

（1）被告在关于 NASDAQ 交易系统的集团诉讼前陈述方面的过失，不受自律组织豁免调整

诉状指出被告在疏于纠正通往 IPO 之路上重要事实的虚假和误导性陈述方面具有重大过失，体现在：（1）NASDAQ2011 年度 10‐K 表格；（2）NASDAQ 2012 年第一季度财务报告；（3）NASDAQ 网站；（4）2012 年 5 月 10 日，NASDAQ 的投资者日大会。这些陈述详尽说明了传说中的

---

① 规则 4120 规定的是仅适用于某些列明的情形下的有限的暂停交易的授权，包括"关于某只证券的异乎寻常的市场行为正在发生"，例如发生了明显与目前市场无关的，涉及巨额价值的系列交易。

NASDAQ 技术和交易平台能力的可信度和速度。在 2012 年 5 月 10 日召开的投资者日大会期间（距离 Facebook IPO 一周前），NASDAQ 持续宣传其无须纠错的"技术优势"，即使先前的测试已经揭示存在重大的系统缺陷。

与这些宣传有关的 NASDAQ 的过失，没有一项涉及法律赋予的"防止欺诈和操纵的行为"，"提升交易的公正和平等的原则"，"祛除对自由市场的损害和完善自由市场"或者"保护投资者和公共利益"的责任。这些宣传绝非是《证券交易法》调整的监管行为所要求的或与之相关的。相反，作为私人公司，NASDAQ 进行这些宣传是为了获得 Facebook IPO，并最终提高公司利润和交易所的交易量。这些陈述引发"包括原告在内的投资公众的信任和信心"，即当他们参与 NAS-DAQ 的 IPO 时，NASDAQ 的系统将会是安全的。其对吹嘘其能力胜出其他交易所的公开宣告和宣传不能理解为直接促进了《证券交易法》规定的监管利益。这是为 NASDAQ 自己的商业，而不是为政府提供服务，目的是为了提高交易量，是不受绝对豁免保护的非政府行为。本案中，NASDAQ 的商业行为推广了其自有技术，以鼓励即将到来的 Facebook IPO 提升交易量，Opulent Fund 案和 weissman 案的判决确定的原则应同样适用于本案。

被告引用的 DL Capital 案，并没有不同。①该案中，第二巡回法院认为被告的声明附随于自律组织监管职能的履行，受豁免的保护。因为争议中的行为，包含 NASDAQ 取消某些交易是监管性的，宣布这些行为的声明受到平等保护。基于同样的原因，为提高交易量进行的技术软件的测试和设计的基础行为不豁免承担责任，NASDAQ 未能对这些技术能力的推广宣传进行纠正也不豁免责任。因为当其从事与类似 SEC 的政府行为者不一致的宣传行为时，NASDAQ 的行为是非监管性的，所以，NASDAQ 与

---

① Std. Inv. Chartered, Inc.（2010 WL 749844，1）案也没有不同。在该案中，法院认为"合并导致 NASD 和 NYSE 的监管权力转移给 FINRA，从表面上看，这是一次监管权力的指定转移，因此应受绝对豁免权的保护"（2010 WL 749844，1）。法院拒绝原告试图"人为的和难以令人信服的分离经济相关性与监管相关性的陈述"，因为"章程的修订也是 NASD 法定的规则制定权限范围内的事情"（同上）。章程的修正案包括经济性元素这一事实是不相干的，就像争议中的行为是否产生收益一样。相反，问题取决于与该陈述相关的行为的基本性质是否属于监管职能。推广和怂恿投资者在 NASDAQ 交易所交易并不构成这样的监管职能。

集团诉讼前陈述有关的疏忽是不能豁免的。

（2）集团诉讼期间的陈述附随于 NASDAQ 的监管职能，受自律组织豁免调整。

在整个 Facebook IPO 期间，原告认为被告隐瞒了其在市场系统状态信息中经历的已知的技术缺陷；尽管认识到系统的故障，仍鼓励会员继续提交开市前订单；明知订单"被卡住"，未能揭示其经历的问题的重要性。而且，尽管明知只有 11：11 前收到的订单参与了通道程序，11：11 到 11：30 之间的订单都未被恰当执行，NASDAQ 在下午 1：57：57 宣布所有的系统"运行正常"，任何问题将在"离线撮合程序"中得到解决。离线撮合程序并未执行任何订单，原告直到下周一交易开始才以较低的价格平仓。

集团诉讼期间的陈述包括实时宣布 NASDAQ 关于其暂停、恢复或取消交易的监管决定。NYSE Specialists 案指出，自律组织对于宣布官方调查的时机和方式豁免承担责任，因为这些行为对于实施交易所监管决策而言是重要的。据此，就像 NASDAQ 的不取消或暂停交易的决定受到豁免保护一样，NASDAQ 集团诉讼期间宣布这些决定的表述也同样受豁免保护。

因为 NASDAQ 在整个 IPO 期间的陈述产生了利润并提高了其商业利益，原告坚持认为他们不能被视为监管职能而受到保护。但是，就像 Opulent Fund 案分析的那样，自律组织作出的陈述是否用来获取利润，并非决定性的审查事项，行为的基础性质才是决定性的审查事项。审理 Opulent Fund 案的法院关注的不是"NASDAQ 是否从其行为中获利"，而是给指数定价并不是类似于决定暂停交易的监管职能的事实。同样的，威斯曼案的原法庭驳回了 NASDAQ 对于涉及营销、宣传和促销世通股票的虚假陈述的豁免权，不是因为广告的获利性，而是因为这些陈述与《证券交易法》规划的监管行为没有任何相符之处。相反，威斯曼案确认，对于自律组织暂停或取消交易的决定或对于这些决定的任何公布行为都享有豁免。

原告关于这些陈述不适当的指控，尽管对于主张证券欺诈而言是必要的，但对豁免审查而言却没有关联。原告引用的先例涉及令被告对未能真实和全面陈述承担责任的案件，或者对疏于披露重大信息承担责任的案件，但没有一个案件涉及被告因争议中的陈述受到自律组织豁免的保护。

因为其涉及欺诈的性质，就允许原告对这些陈述提出指控，将会对绝对豁免添加"恶意"或"不良动机"的元素，这违背该原则的目的，将允许原告仅仅通过调整请求，使涉及的受保护的自律组织的行为来源于欺诈性的举动，从而避开豁免的约束。

因此，在原告的联邦证券指控中断言的被告在集团诉讼期间的陈述行为受到自律组织豁免的庇护。

第二部分，被告请求驳回诉讼的动议部分确认，部分驳回。

A. 被告要求驳回原告提出的过失性请求的动议，部分确认，部分驳回

在诉状中，原告分别代表四类 Facebook 的投资者针对 NASDAQ 的"普通过失"和"事实自证的过失"提出请求，这些投资者声称因 NAS-DAQ 在 Facebook IPO 过程中发生的系统问题遭受到经济损失。如上所述，这些请求可以被分为过失性技术请求和 NASDAQ 决定在 IPO 期间不暂停交易的请求。

（1）驳回被告要求驳回原告主张的 NASDAQ 在系统设计、测试和兜售方面的过失请求的动议

在履行合理的注意义务方面，原告认为，鉴于其兜售系统能力和可信度的言论，NASDAQ 应当在系统设计和测试上确保其能够处理 Facebook 开盘首日预期的交易量，包括系统执行和确认在通道中可预期的大量交易订单和取消指令的能力，NASDAQ 未能履行该义务直接导致了不同类别的提出过失请求的原告群体声称的伤害。

被告没有对该因果关系进行辩论，相反却声称原告的诉请受到经济损失原则的制约，基于该原则，如果原告与被告之间没有合同法律关系，原告不能要求获得因被告的疏忽导致的侵权上的纯粹经济损失赔偿。尽管纽约法院在审理由投资公众群体针对证券交易所提起的过失诉请时，没有特别处理经济损失原则的应用问题，但上诉法院建立了"义务分析"思路以判断"原告基于单纯经济损失提起过失诉请是否属于被告对其承担的义务范围之外"。在应用"义务分析"时，不要求被告知悉每个特定原告的身份，或者存在合同法律关系，只要原告是"稳定和详细说明的阶层"，有着"如此紧密以至于接近那种关系"的关系，或者被告创设了某种保护原告的义务即可。

原告的指控符合集中获得损害赔偿的义务标准。NASDAQ 有义务保

护原告使其进入 NASDAQ（不当处理的）系统的订单免受经济损失。NASDAQ 认识到并推动了在 Facebook IPO 中广泛的公共利益，并从中获利，接受了订单进行处理和撮合。事实上，当启动一项 IPO 时，交易所有义务确保其系统、处理过程和应急方案能够坚定和充分的管控 IPO，使之不给市场带来破坏。这些创设的"关系如此紧密以至于接近那种关系"。经纪人直接下订单并不能削弱这种特别的关系，经纪人只是作为其客户的代理人行事，客户才是真正的利益当事人并承担来自于任何系统缺陷经济损失的所有风险。而且，原告所谓的损失是确定的和可以识别的，每项损失都跟着一个独立的、严格限定的请求，每项损失后面都是一群特定的，同一天参与 Facebook IPO 的散户投资者。

　　本案中，据称 NASDAQ 在通往 Facebook IPO 的日子里，就知道其 IPO 软件存在潜在的重大问题但未能采取充分预防措施以确保其软件正确运行。原告因先前发现的缺陷的附随经济损失是 NASDAQ 不作为可预见的结果。不能"认真和适当"处理投资者订单的交易系统的缺陷有着明显的灾难性后果。Sommer, 79 N. Y. 2d at 552－53, 583 N. Y. S. 2d 957, 593 N. E. 2d 1365 案，支持一项针对火警公司寻求经济损失的过失性请求，部分是因为未能认真和合适的设计警报可能产生灾难性的后果。基于该先例和涉及的关系，以及 NASDAQ 给原告带来的损失的明确和可预见的性质，经济损失原则不适用于本案，驳回被告要求驳回技术性过失请求的动议。①

　　（2）对于原告声称的与 NASDAQ 不暂停交易的决定有关的过失性请求，支持被告驳回该请求的动议

　　尽管原告的过失性请求不受经济损失原则的制约，但被告不暂停交易或取消受到影响交易的基本做法，如前所述，仍受到自律组织豁免的保护。因此，这些请求基于豁免的理由被驳回。

　　B. 被告要求驳回原告的证券法请求的动议，部分确认，部分驳回

　　在诉状的第一和第二部分，原告声称他们基于对据称的 NASDAQ 做出的关于 NASDAQ 系统的质量和角色的误导性的实质性陈述和疏忽的信赖，被欺骗购买了 Facebook 的股票。如前所述，这些实质性陈述或疏忽

---

　　① NASDAQ 并未对原告提起的过失性请求的其他因素进行辩论，包括 NASDAQ 违反了所谓的义务，并直接导致了损失。就此而论，这些因素基于目前诉讼的考虑而被充分接受。

可以被分为两部分：（1）集团诉讼前陈述；（2）集团诉讼期间陈述。

（1）驳回被告要求驳回原告基于关于集团诉讼前陈述的重大疏漏指控的动议

原告声称被告未能修正关于兜售 NASDAQ 技术和交易平台的可信度和可行性的集团诉讼前陈述，违反了《证券交易法》第10（b）－5条款的规定。为支持这样的请求，原告必须证明被告存在以下事实：（1）遗漏了重要事实或对其进行了虚假陈述；（2）明知；（3）与购买或卖出证券有关；（4）原告对此产生了信赖；（5）原告的信赖是其损害的直接诱因。

首先，原告声称在截止到 Facebook IPO 时，基于 NASDAQ 直接的证据，或者反之漠不关心，被告未能修正下述言论构成重大事实的遗漏：NASDAQ "通常致力于与监管者、交易所和市场参与者共同努力，以确保透明的交易和公平、有序的市场，维护投资者利益"。"我们的平台目前具有十倍于日均交易量的高度的扩展性"等。被告辩称这些陈述作为集团诉讼前的陈述不具可诉性，或者只是作为不能 "客观证实" 的夸大广告承担责任。第二巡回法院已认定集团诉讼前陈述不具可诉性，被告这一点是正确的。但是，当被告知悉之前的陈述是不正确的时候，被告仍然有义务纠正在做出时就是错误的陈述。本案中，原告的指控不是依赖于集团诉讼前的陈述，而是被告在截止到 Facebook IPO 时，在修正这些陈述方面存在不作为或重大过失，因为 NASDAQ 已经从其系统测试中获知明确的信息，即这些陈述不再正确。

基于《证券法》，关于观点或预测的陈述本身并不是不可诉的，但是，如果他们被表述为保证或得到特定事实性陈述的支持，或者如果陈述者自身也没有真正或合理相信这些陈述，那么也是可诉的。本案中，被告在 Facebook IPO 上做出明确的陈述，确保采用 "及时、专注于目标和准备启动" 的技术，比世界上任何交易所都要快，能在 "极端需要的市场条件下" 运行。这些陈述不是含糊的、有远见的乐观主义陈述，而是包含对 NASDAQ 能够证实的以亚微妙的速度执行大量订单能力和可信度有关的既存事实的陈述。因为 NASDAQ 的陈述是重要的，一旦这些陈述被发现不真实，被告有义务对其予以纠正和更新。被告在 Facebook IPO 很久前 "知道或应当知道其陈述变得具有误导性"：正如被指控的，NAS-DAQ 通过对其系统的测试认识到潜在的缺陷；NASDAQ 没有测试怎样去纠正这些缺陷，并且其"压力测试"只对一小部分预期的 IPO 交易量进行了解释。一旦该测试揭示了对于即将到来的 NASDAQ 历史上最大的 IPO 的不足和缺陷，NASDAQ 有义务纠正其先前的关于能力的陈述。NASDAQ 持续做出关于其能力的非真实的陈述，遗漏掉所有与系统缺陷有关的信息，"实质性的"改变了集团诉讼人员可获得信息的整体组合，而不是揭示这些缺陷，远离了为投资者利益建立透明交易和公正有序市场的保证。就像关于公司的主要产品的不当陈述影响投资者购买该股票的决定一样，NASDAQ 未能纠正关于其技术能力的缺陷信息也能够影响原告参与 Facebook 发行的决定，以及在发行期间交易的能力。

其次，原告声称被告有意识的或故意的鲁莽行事，因为对于以 NASDAQ 名义发布和散播的公开的陈述和文件存在重大虚假和误导，及/或因随后的事件变为具有重大虚假和误导性，被告是知悉的或存在不在乎的漠视。为确立故意的推论，原告可以通过宣称事实说明：或者（a）被告实施据称的欺诈的动机或机会，或者（b）强有力的关于有意识的不当行为或鲁莽性的间接证据。就像诉状中断言的那样，在准备 Facebook IPO 前的日子里，NASDAQ 开始对其系统的设计进行测试，揭示了未解决的技术问题，这将破坏 NASDAQ 在执行预期发行的交易量的可靠性，但该问题并未在 IPO 启动前解决。这些陈述，包括据称的对内幕个人的明知，充分阐释了被告知道或应当知道其疏于纠正先前兜售 NASDAQ 软件系统的陈述产生重大误导的当时状况。故意基于轻率产生，例如，"从一般的注意标准到危险或者被被告知道或者非常明显以至于被告必须已经了解的程度"，这种极端的背离对于证券欺诈而言是充分的难辞其咎的心理状况。

在公开发行前几周，NASDAQ 持续公开的阐述其无与伦比的被证实的及时、专注目标的传送方式，以最快速度处理交易的能力。然而，不顾其认识到 Facebook IPO 预期的交易量以及在初始测试中揭示的技术缺陷，NASDAQ 在上市前一周的数量测试只模拟了实际预期交易量的 1/12。被告未能根据预期的交易量和他们声称的有保障的可靠性陈述对其系统进行充分测试和监管，构成故意。就此而言，原告在诉状中的陈述足以支持在现阶段得出强有力的故意的推论。

再次，原告声称信赖的推定是合适的。在"主要涉及未能披露"的证券诉讼中，可以推定信赖的存在。并且当原告主张"有义务披露的人遗漏重大事实"时，信赖也可以被推定。如上所述，诉状中的联邦证券的指控不是基于被告的集团诉讼前陈述，而是基于 NASDAQ 对已知的系统问题（被告有义务披露）的重大遗漏。为了阐述被告在通往 Facebook IPO 的日子里有义务纠正或更新这些重大陈述，已证实存在肯定性的陈述。因为诉状的指控主要涉及"未能披露"，而这是"信赖作为实际的问题是不可能被证明"的情形，所以，可以推定信赖的存在。

最后，原告声称他们的损失是可预见的，并直接由被告隐蔽风险的物化导致。也就是说，NASDAQ 的技术缺陷，包括其 IPO 通道系统的故障，以及被告未能在 IPO 前正确测试和公布与 NASDAQ 系统有关的这些关切。损失的因果关系受规则 8 通知诉答标准的调整，可以通过声称"导致股票价格下降的隐蔽风险的物化"提出。诉状中充分阐释了被告的重大疏漏隐蔽了 NASDAQ 的技术和交易平台风险，这些风险的物化在 IPO 期间发生并直接导致他们的损失：（1）造成错误的和不成功的交易执行；（2）使得集团诉讼成员因交易确认信息的迟到，及/或丢失，不能辨别在 Facebook 股票中彼时—当前的处境；（3）阻止集团诉讼成员按照 SEC《NMS 监管条例》规定的以全国最好的买、卖价格执行 Facebook 股票订单；（4）置集团诉讼成员于 NASDAQ 交易平台的相关缺陷中，除了别的以外，造成人为的 Facebook 股票价格的下行压力。因此，原告因不能在公正和能正常运行的系统中交易带来的损失，属于被告"隐蔽的风险范围"之内。

被告辩称诉状未对因果关系进行说明，因为原告没有特别的将 Face-book 股票价格的下跌与某个特定的不当陈述或疏漏联系起来。原告声称的损失不在于 Facebook 股票的价值，而是在于原告基于 NASDAQ 有缺陷的技术交易的能力，该缺陷的技术阻止了原告正确的执行和卖出股票。请求因果关系并不等同于证明总体损失，后者要求在证据开示程序后进行典型的事实分析，不适合在提起驳回的动议阶段裁决。基于诉状中的陈述，在诉讼的这个阶段假定原告也许能说明要不是被告的重大疏漏，原告可能不会在交易所下订单，或者设计缺陷和迟延没有影响原告在 IPO 期间正常执行其订单的能力，是合理的。因此，损失的因果关系已被充分说明。

因此，基于上述原因，诉状充分陈述了原告集团诉讼前的证券法请求的所有要素，驳回被告要求驳回这些请求的动议。

（2）原告提起的被告在集团诉讼期间依据 10b－5 的重要陈述的请求，基于豁免被驳回原告提出的与交易有关的集团诉讼期间陈述是否引发证券法的请求，都是不相关的，因为这些陈述本身受到自律组织豁免的保护。因此，这些请求基于豁免的理由被驳回。

最终，法院判定，对于被告声请驳回的动议，部分驳回，部分确认。

二　相关评论

威斯曼案及其后两个案件的判决结果表现了法院对自律组织严格适用绝对豁免原则的倾向。威斯曼案是法院首次将监管职能与私人商业职能进行区分，对后者拒绝适用绝对豁免。

Opulent 案原告没有像威斯曼案一样通过寻求公众媒体广告的方式进行起诉，但两个案件中还是存在某些相同点，而且本案对绝对豁免原则的适用更加严格。首先，Opulent 的指控针对的是自律组织发表的公开报告，因为 Nasdaq 100 指数就是由 Nasdaq 编制完成并发布的。尽管发布开盘价格是 Nasdaq 日常工作中很平常的一部分，但法院认为发布 Nasdaq 100 指数目的在于促进和支持衍生品交易，如果由政府履行自律组织的自律职责的话，政府不会承担此项工作。因此，编制并发布 Nasdaq 100 指数并不是 Nasdaq 监管工作的一部分。其次，在 Opulent 案中，法院采用了威斯曼案的推理方式，即对自律组织的营利性行为与行使监管职责的行为进行权衡，以此判断为基础决定是否应给予其绝对豁免权。Nasdaq 通过发布指数从衍生品市场中获得了利益，该行为完全是私人行为，与政府部门或政府行为无关。因此，在 Nasdaq 从事非准政府的行为时，不应当授予其绝对豁免权。最后，通过援引威斯曼案严格的、有利于原告的解释方式，Opulent 案进一步削弱了绝对豁免理论的应用范围。法院认为，因为绝对豁免原则剥夺了受损主体的救济权利，因此必须对豁免权的应用进行严格解释。①

Facebook 案是史上因 IPO 引发的最大规模的集团诉讼案件，由 41 起案件合并而来，原告提出的损失赔偿超过 5 亿美元，涉及众多的机构投资者和散户投资者，引发市场广泛关注。本案也是继威斯曼 v. NASD 案后另

---

① Andrew J. Cavo, "Weissman v. National Association of Securities Dealers: A Dangerously Narrow Interpretation of Absolute Immunity for Self – Regulatory Organizations", *Cornell L. Rev.*, Vol. 94 (January 2009), pp. 432 – 434.

一起判决自律组织承担一定民事责任的代表性案件，体现了对自律组织民事责任豁免的收缩态势。本案采纳了威斯曼 v. NASD 案确立的严格解释监管职能的思路，将自律组织实施的不属于监管职能的其他行为排除在绝对豁免范围之外，必将再次引发对自律组织民事责任豁免问题的重新检视和思考。

（一）关于威斯曼案的争论

威斯曼案不仅动摇了自律组织的绝对豁免地位，也将推进自律监管内容和方式的改革，最终可能对整个证券市场监管体系产生影响，因而引发了学术界广泛的关注和深入的探讨。

1. 反对观点

以 Andrew J. Cavo 为代表的学者坚决反对威斯曼案的判决结果，认为对绝对豁免进行严格解释是相当危险的做法。其分析结论基于如下三点理由：

（1）威斯曼案削弱了对自律组织适用绝对豁免的立法目的

绝对主权豁免的立法目的是为了保障政府官员履行职责时的自由裁量权，以避免其因顾虑过多难以有效开展工作以及受到反责诉讼的困扰。对自律组织提供绝对豁免保障是为了在自律组织执行准政府职能时能达到同样的目的。

威斯曼案中，法院的失败之处在于没有辨别原告的准确诉求（precise claim）。原告声称，Nasdaq 开拓市场和广告等行为，不恰当地表达了世通公司是一个品质优良的公司因而值得投资的观点，但没有披露世通公司不符合 Nasdaq 的上市要求。从这个主张来看，原告的准确诉求似乎是 Nasdaq 在知道或应当知道世通公司存在的问题后，仍基于营利的目的允许该公司股票上市，因而是不合法的。但是如果仅仅基于这样一个指控显然不应驳回 Nasdaq 适用绝对豁免的辩解，因为做出上市或退市的决定明显属于 Nasdaq 的监管权限。威斯曼的聪明之处在于他并没有基于被告未能履行证券法赋予的自律职责提起指控，也就是说，他没有指控被告未能依法监管证券市场、上市公司、其他市场主体以及其他任何与履行监管职责相关的行为。相反，他基于两幅广告，认定这是被告的商业行为，既然被告从中获利，那么作为一个私人主体它就应该承担民事责任。因此，问题的关键在于 Nasdaq 广告行为的定性。应当说，威斯曼对于一个相当消极广告的不同寻常的反映改变了法院对于其准确诉求的看法。威斯曼通过使法官确信原告仅仅对两幅广告的营利能力产生了信赖，就有效地推翻了 Nasdaq 的绝对豁免要求。

威斯曼案的判决动摇了绝对豁免原则的立法目的，可以预见将来会有更多的针对自律组织的诉讼发生。按照威斯曼案的逻辑，只要自律组织在任何时间提及在其市场上市的公司，而该公司事后被证明表现糟糕的话，该组织就有可能被置于承担责任的风险之中。

（2）威斯曼案通过缩小监管职责的范围限制了绝对豁免的应用

一直以来，法院认为只要自律组织实施履行监管职责的行为就应享有绝对豁免权利。但是究竟哪些职责属于监管职责范畴主要取决于个案的解释。在威斯曼案之前，法院一般采取的是宽泛的解释，自律组织的会员纪律处罚、暂停股票交易、规则解释等相关行为都可以被纳入其中，所以也就很少有自律组织被剥夺绝对豁免权案件的发生。威斯曼案改变了这一传统，使得自律组织免责的机会大大降低。

本案中，华尔街日报的广告应当被视为自律组织履行自律监管职责的行为，因为《证券交易法》赋予自律组织自律监管的目标是：促进市场交易的公正和公平，提升证券业从业者的合作水平，提高证券交易所的效率，去除市场缺陷，完善市场的自由、透明机制和全国市场体系，保障投资者利益和公共利益等。为了实现上述目标，自律组织必须有决定股票上市和退市的权力。因此，向公众传达上市要求信息应当被视为是监管行为。这样的信息有助于上市公司明确如何满足上市要求，有助于投资者知晓上市公司需要符合什么标准。这种行为属于实现"去除市场缺陷，完善市场的自由、透明机制"的目标范围。审理威斯曼案的法院似乎忽视了广告行为的监管目的。今后，自律组织如果再公开发布上市要求并附上它认为可能符合上市要求的公司的名称，就有可能陷入承担责任的漩涡中。[1]

（3）Weissman 案可能引发经济衰退

威斯曼案将引发诉讼浪潮，那些因自身原因判断失误从而遭受损失的投资者将会从该案中获得启发，他们将努力寻找自律组织留下的蛛丝马迹

---

[1]　Andrew J. Cavo, "Weissman v. National Association of Securities Dealers: A Dangerously Narrow Interpretation of Absolute Immunity for Self – Regulatory Organizations ", *Cornell L. Rev.* , Vol. 94（January 2009）, pp. 434 – 439.

以便从中得到对自己有利的证据，然后通过诉讼获得赔偿以弥补自己的损失。自律组织将陷入无尽的诉讼中，原告们提出的损失赔偿将达到惊人程度，理论上说，最终可能迫使交易所破产。① 国民经济和股票市场有着紧密的因果联系，股票市场的波动将会对实体经济产生巨大影响。目前的金融危机对实体经济产生的影响已经初步显现，各国经济的迅速衰退就是很好的例证。如果交易所破产，必然会引发经济衰退，最终引发整个国家的萧条。

审理本案的巡回法官 PRYOR 不同意多数人认为的"在华尔街日报刊登广告，并不是受绝对豁免庇护的准政府行为"的结论。他认为，该广告向投资者表达的意思是在 NASDAQ 上市的公司必须满足严格的财务标准。确立这些标准是 SEC 授予 NASDAQ 的义务，因此，NASDAQ 对于将这些标准传达给投资者的行为享有绝对豁免权。在对威斯曼的指控进行认真考虑后，该法官得出了两点不同的结论：其一，威斯曼关于《华尔街日报》广告的指控将行为描述为客观的准政府行为，并且受到绝对豁免的庇护；其二，威斯曼关于 NASDAQ 电视广告的指控描述的是私人商业行为，不受绝对豁免的保护。

他认为，理性的读者会将被指控的广告内容理解为向投资公众传达这样的信息，即在 NASDAQ 上市的公司必须满足严格的财务标准。理性的读者会将提及世通公司这一事实（这是威斯曼真正不满的地方）理解为向投资公众传达这样的信息，即世通公司在交易所上市并满足了规定的要求。报纸广告中的陈述与在 NASDAQ 网站或 NASDAQ 新闻稿中宣布上市要求或决定没有什么不同。在《华尔街日报》刊登的广告内容描述了 NASDAQ 的行为，该行为在客观上促进了授权的政府职能的实施。NASDAQ 做出某支股票上市或退市的决定在授权的监管职责之内，这些职责包括"防止欺诈和操纵行为，提高交易的公正和平等，完善自由和开放的市场机制，完善全国市场体系，总之，保护投资者和公众利益"。发生在《华尔街日报》上那样的传达上市要求和决定，仍然是准政府性的。就像 NASDAQ 散播世通财务报告的行为一样，多数意见认为受绝对豁免的保护，在《华尔街日报》发布信息至少是依据 NASDAQ 去除损害和完

---

① Craig J. Springer, "Weissman v. NASD: Piercing the Veil of Absolute Immunity of An SRO under the Securities Exchange Act of 1934", *Del. J. Corp. L.*, Vol. 33 (2008), p. 467.

善自由市场的监管权力采取的举措。被指控的报纸广告的背景进一步证明了该广告行为客观上促进了授权的政府职责的实施。在安然丑闻的背景之下，阅读威斯曼诉状的理性读者会将广告视为传播市场的诚信和忠实。这样的传达是 NASDAQ "防止欺诈和操纵行为，提高交易的公正和平等，完善自由和开放的市场机制，完善全国市场体系，总之，保护投资者和公众利益"的监管责任的一部分。

比较而言，威斯曼关于 NASDAQ 电视广告的几项指控并未描述成是在客观上促进授权的政府职能的行为。一个理性的读者会将被指控的广告理解为促销 QQQ 基金，而且作为促销的一部分，还说明像世通这样的特定的公司包含在基金内。如果采取最有利于威斯曼的方式，将广告重点推介世通的模糊陈述理解为兜售世通股票的行为，也是合理的。与《华尔街日报》中传播上市要求和决定不同，NASDAQ 明确的促销或兜售特定股票基金或上市股票的行为，并没有履行任何法律授权的政府职能。NASDAQ 辩称，明确的促销或兜售特定股票基金或上市股票的行为，促进了授权的政府职能的行使。针对 NASDAQ 关于该行为邀请投资者到其市场上交易，这推进了对自由和开放的市场去除损害和完善机制的监管责任的观点，法官认为，NASDAQ 辩论存在的问题是：其对完善市场的监管责任存在如此宽泛的理解，以至于 NASDAQ 的任何行为都将被视为准政府行为并受到绝对豁免的庇护。只有当自律组织处于 SEC 的位置时，我们才将绝对豁免延伸适用于自律组织。因为 SEC 不会对某支特定的股票基金或股票实施促销或兜售，所以，如果 NASDAQ 这么做，它不享有绝对豁免权。①

巡回法官 TJOFLAT 持不同意见。他认为多数意见不当地限制了自律组织绝对豁免的典型的监管职责的范围。被指控的广告内容最终传达了一个上市的决定，这是自律组织享有豁免诉讼权利的典型监管行为之一。而且，多数意见明显因其下述认识而摇摆，即 NASDAQ 试图提高交易量的行为怀着营利的动机，这与之前"测试标准不是自律组织的主观目的和动机"的正确的认识正好相左。在自律组织的特殊背景下，不可能是任何其他方式，许多自律组织的监管责任导致自律组织获得金钱。例如，为了在交易所上市，公司必须支付上市费用。因此，NASDAQ 从挂牌中获利，

---

① Weissman, 500 F. 3d 1293, 1301 – 1303 (11th Cir. 2007).

获得 NASDAQ 的上市许可建立在公司付费的基础之上。但是，没有人会对上市决定是自律组织有权豁免诉讼的典型的准政府行为持有异议，包括的数意见。因此，自律组织从某项行为中赚钱这个简单的事实不能决定该行为豁免保护的程度。因为过于相信本案中威斯曼的利润动机理论，多数意见不当地限制了自律组织绝对豁免的典型的监管职责的范围。我相信如此草率地接受原告的陈述是缺乏依据和不明智的，因为其必然会弱化自律组织与市场沟通的能力。绝对豁免必须在"正确发挥监管体制功能的必要限度内"获得支持。如果自律组织必须对持续提及公司的名称感到害怕，自律体制如何正确发挥作用才能避免该行为被描述成促销行为？绝对豁免意味着正确的防止对关键的政府（或本案中的准政府）行为的干预。随着法律案件的蜂拥而至，其中绝大多数是无聊的却又无理纠缠的，政府机构由此带来的胆怯将很难洞察或控制，很显然将有损坚定的履行监管职责。①

2. 肯定观点

以 Craig J. Springer 为代表的学者认为威斯曼案的判决是正确的。② 威斯曼案根据交易所行为的客观性质和功能作为判断自律组织是否是在履行准政府职能的首要依据，是符合证券交易法规定的。为了正确适用绝对豁免原则，必须区分一个真正的自律组织和一个营利性公司的不同，法院认定发布广告的目的是为了营利而不是上市是正确和必要的。现在，Nasdaq 不仅在自己的市场上完成了首次公开发行，而且其重心也从执行监管职责的自律组织变成了为自身经济利益而运作的私人公司。考虑到 Nasdaq 2007 年第三季度 6.5 亿美元的收入，我们不难推测 Nasdaq 已经将关注点放在营利性行为上，例如提升某种股票的价值。

无论从法律还是道德层面上分析，对营利性组织和非营利性组织都不能等同视之。例如，根据税收法律规定，那些以从事公益、教育、宗教、艺术和科学研究为目的组织免于缴纳联邦和州的所得税。尽管有所区别，他们却也几乎不能免于欺诈的指控，因为社会的底线是不能容忍欺诈存在的。事实上，在许多案件里，法律都向原告提供了针对某个组织或公司的

①　Weissman, 500 F. 3d 1293, 1303 – 1315 (11th Cir. 2007).

②　Craig J. Springer, "Weissman v. NASD: Piercing the Veil of Absolute Immunity of An SRO under the Securities Exchange Act of 1934", *Del. J. Corp. L.*, Vol. 33 (2008), pp. 465 – 468.

欺诈行为寻求救济的权利。例如，依据美国《公司法》，如果原告能够举证证明被控公司董事违反了商业判断原则①，他们就可以成功地要求董事为自己的行为负责。在 Malone V. Brincat② 案中，特拉华州最高法院判决认为，如果董事有意发布错误的或误导性信息，那么他就不应受到商业判断规则的保护。公司董事有义务满足股东查看信息披露文件的要求，同样，Nasdaq 的董事也有义务向投资者提供上市股票准确的信息。基于二者的相似性，商业判断规则在决定自律组织是否豁免责任时也应得到应用。同样，"揭穿公司面纱"规则是对传统的股东有限责任的否定。如果股东利用公司的独立人格，从事各种欺诈行为，规避公法义务，为自己谋取非法所得，或者利用公司的独立人格从事隐匿财产，逃避债务清偿的行为，③ 则应当揭开公司股东有限责任的面纱，否定公司的法人人格，由股东直接承担责任。

针对有人提出的该案可能对自律组织产生巨大负面影响的质疑，该派学者认为，威斯曼案给自律组织造成的实际影响非常有限。一方面，毕竟像世通、安然公司丑闻这样的事件少之又少，不会涉及大面积的公司；另一方面，自律组织可能会因此更谨慎地对待广告行为，更严格地审查上市信息的准确性。广告的方式和内容应避免有劝导投资者购买股票的嫌疑，而是看上去更像是在履行监管职责。例如，交易所应尽量避免在电视上或报纸上刊登广告，因为这样的广告与其他营利性广告混杂在一起，容易激起读者购买股票的欲望。同时，广告的内容应当更加中性，这样更能获得法院的支持。如果世通公司 CEO 不赞助 Nasdaq 的广告的话，威斯曼案的判决结果可能迥然不同。因此，自律组织应当减少广告方面的公司赞助并采取更中立的广告方式，这样就会确保受到证券法的保护，从而免于承担责任。

（二）关于 Facebook 案的评论

针对 Facebook 案也产生了较大的争论。一种观点认为 NASDAQ 对系统的测试、开发是 IPO 环节的一部分，而 IPO 又是法律授予交易所的基本

---

① "商业判断原则"是美国公司法设立的判断董事是否应对其过失行为承担责任的标准。如果董事在做出决议时是基于合理的资料而合理行为，即使该决议的结果对公司十分有害，董事也不承担责任。参见赵旭东：《公司法学》，高等教育出版社 2003 年版，第 362 页。

② 722 A. 2d 5（Del. 1998）.

③ 蔡立东：《公司自治论》，北京大学出版社 2006 年版，第 192 页。

监管职能，所以，对于 FacebookIPO 过程中出现的问题，NASDAQ 享有绝对豁免权。另一种观点认为，IPO 不是交易所的监管职能，因此不受绝对豁免的保护。

1. 支持绝对豁免

（1）IPO 构成监管职能

NASDAQ 认为，IPO 是依据 SEC 批准的授予 NASD 行使的广泛监管权力实施的，是监管职能的体现。SEC 明确批准了用于完成 IPO 的 NASDAQ 通道程序，以及国会给予 NASDAQ 作为全国性证券交易所的广泛的监管权力。

1997 年，NASDAQ 被赋予对 Nasdaq 市场运行和监管的唯一责任。NASDAQ 被赋予发展、运行和维护 Nasdaq 市场，制定监管政策和上市标准，并执行这些政策和规则的权力。这些事实表明授权给 NASDAQ 的监管职责之一就是实施 IPO。毕竟，发展和维持股票市场的唯一方式就是通过 IPO 增加上市公司的数量。此外，SEC 明确批准了 NASDAQ 启用 IPO 的通道程序。与 NASDAQ 启用通道有关的建议描述了通道将以多种方式对 IPO 产生影响。SEC 总体上对该系统的批准，加上 Facebook IPO 的特定事实，表明 SEC 批准了 NASDAQ 通过 IPO 在发展和建设 Nasdaq 市场上的角色。最后，作为一家全国性证券交易所，NASDAQ 被证券交易法要求有责任"提升交易的公正和公平原则，促进证券的交易，祛除对自由和开放的市场机制和全国性市场体系的妨碍，并予以完善"。可以说，IPO 实现了上述目标。IPO 提升了交易的公正和公平原则，促进了股票的交易，因为没有其他程序能够像公开上市（公开上市意味着允许普通的投资者自由交易并在一个之前不可能的公司投资入股）一样，祛除对自由和开放的市场机制和全国性市场体系的妨碍，并予以完善。IPO 还触发了上市公司的强制披露义务，在股票市场上可以获得关于上市公司的更多信息，这保护了投资者利益和公共利益。

第二巡回法院在 NYSE Specialists 案中曾指出，交易所所有的与交易有关的作为或不作为，都毋庸置疑地属于监管权力。因此，NASDAQ 与 IPO 有关的行为享有绝对豁免。

（2）NASDAQ 对于实施 Facebook IPO 的行为绝对豁免

即便自律组织滥用的、不当的、错误的、不公正的、恶意的甚至欺诈的履行其准政府职责，绝对豁免保护仍将适用。Dexter 案指出，不正确的以及非法的行为仍然受绝对豁免的保护，无论该行为的动机多么邪恶，多么无能或违法到什么程度。①绝对豁免甚至涵盖附随于自律组织监管职能的行为，即使该行为的实施是不公正的、不适当的或者错误的。②

NASDAQ 在 Facebook IPO 期间的行为具有不公平的、不适当的、不正确的、恶意驱使的或无能的特征。即便如此，NASDAQ 仍将受到绝对豁免的保护。尽管有争议，NASDAQ 的行为也可能不具有滥用、恶意、欺诈或非法的特征，但即便 NASDAQ 的行为具有这样的特征，其仍将享有绝对豁免。考虑到法院给自律组织提供绝对豁免的程度，无论自律组织以什么方式履行其准政府职能，其都将拥有绝对豁免。

因此，NASDAQ 可以辩称，总体上而言，IPO 是在行使有权获得绝对豁免的准政府的监管职能。NASDAQ 可以主张其在 Facebook IPO 期间实施的行为，或为 IPO 采取的行动，都享有绝对豁免权。③

2. 反对绝对豁免

如果 IPO 被认定是私人的营利性的商业行为，NASDAQ 将不受绝对豁免的保护。SEC 自身也承认，随着市场间竞争的加剧，自律组织运营的市场将持续面临日益增长的吸引订单流的压力，该压力将在自律组织的监管和市场运营职责之间创造强烈的冲突。

（1）IPO 构成私人营利性的商业行为

鉴于 IPO 给 NASDAQ 的财务状况及其市场价值、品牌价值带来的积极影响，可以认为 IPO 构成私人营利性的商业行为。

NASDAQ 积极地游说 Facebook 放弃在 NYSE 上市而选择在其交易所上市。这样做是出于商业和财务的考虑：作为高科技类公司的交易平台，NASDAQ 收取的上市费用在 3.5 万美元到 9.95 万美元之间，像 Facebook 这样的超级公司在 NASDAQ 上市会给其带来难以估量的更重要的市场和品牌价值。此外，来自 IPO 的收入占 NASDAQ 2011 年第三季度收入的22%。在新闻报道 Facebook 可能选择在 NASDAQ 上市后，NASDAQ 的股票价格上涨，相反，NYSE 的价格下跌。市场的反映足以说明 Facebook 的IPO 使 NASDAQ 成为了更具价值的商业公司。威斯曼案已经指出，提高交

---

① 　Dexter v. Depository Trust & Clearing Corp. , 406 F. Supp. 2d 260, 264（S. D. N. Y. 2005）.

② 　DL Capital Grp. , 409 F. 3d 98.

③ 　Thomas L. Short, " Friend this: why those damaged during the Facebook IPO will recover（almost ） nothing from NASDAQ", *Wash. & Lee L. Rev.* , Vol. 71 （Spring 2014）, pp. 1551 – 1555.

易量和公司利润的努力构成服务于私人商业利益的非政府行为。服务于 NASDAQ 自己的商业而不是政府的行为，无权享有绝对豁免。

在 Opulent Fund 案中，法院指出 SEC 对"编制准则"的批准并不能自动将 NASDAQ 的行为转化成豁免的监管职能。因此，SEC 批准 NAS-DAQ 负责运营和监管 Nasdaq 股票市场以及 SEC 对 NASDAQ 通道（明知该通道用于启动 IPO）的批准，不意味着这样的行为构成监管职能。

NASDAQ 在实施 IPO 时，只是服务于其自身的私人营利性商业利益，这一点可以从上述 NASDAQ 从事 IPO 中获得的巨大利益中体现出来。SEC 批准 NASDAQ 从事 IPO，甚至批准 NASDAQ 实施 IPO 的特定方式，都不必然意味着这些行为成为监管性职能。①

瑞士信贷公司（Credit Suisse）负责人 Dan Mathisson 在美国国会做证时警告说，当以营利为目的的企业给他人带来 5 亿美元的损失却不必对此负责时，这是很危险的状况。这容易引发道德风险，如果没有潜在的负面性制约，交易所将没有动机防控风险性行为。没有潜在的民事损害赔偿，交易所就不会在引进有缺陷的软件或回应系统故障时慎重考虑。②

三　证券自律组织民事责任豁免制度的发展趋势

笔者认为，赋予自律组织绝对豁免权的基础仍然存在，但应当结合自律组织的发展变化，做出必要的改革。

自律的作用不可替代，赋予其豁免权有利于更好地履行自律职责。前文研究已经表明，证券市场的发展离不开自律组织的积极作用。证券市场日新月异的制度创新既推动了市场的快速发展，也带来了巨大市场风险。这种风险性与市场的发展如影随形，而且具有高度的不可测性和不可控性，风险也是市场发展必须付出的代价之一。即使是身处一线的自律组织，也难以有足够的能力认识和化解这些风险，所以出现部分意外在所难免。赋予自律组织民事责任豁免权有利于其更积极地行使监管权力，更主动地采取必要措施以控制风险的传播和扩大。证券市场的发展已经证明，消极地事后监管方式无助于风险的控制，只有积极地进行事前监管，才可

---

① Thomas L. Short, "Friend this: why those damaged during the Facebook IPO will recover (almost) nothing from NASDAQ", *Wash. & Lee L. Rev.*, Vol. 71 (Spring 2014), pp. 1556–1558.

② Jaclyn Freeman, "Limiting SRO Immunity to Mitigate Risky Behavior", *J. Telecomm. & High Tech. L.*, Vol. 12 (2014), P. 219.

能将风险控制在一定水平。本次金融危机给我们留下的惨痛教训之一就是一定要采取更积极、更严格的监管措施，防患于未然，否则社会将会为此付出高昂的代价。虽然积极主动往往也会伴随着考虑不周，论证不充分等问题，也会造成一定的负面后果，但这些后果从影响范围上和程度上来说相较于因监管不力导致的风险来说都要小得多，且是易控的。证券市场的特点决定了效率是第一位的，在发展的前提下，应当容许自律组织善意的过失行为存在，并赋予自律组织民事责任豁免权。

自律组织的特点决定了不应要求其承担过多的民事责任。自律组织区别于政府的重要一点在于其经费来源不同。政府依靠国家财政投入，而自律组织的经费主要来自于会费和其他监管费用。这些有限的费用除了应付日常监管的支出外，恐怕难有剩余支付民事赔偿。所以即使被判承担民事责任，也难以得到有力执行。即使非互助化后的交易所以营利为目的，具备了一定的财产基础，且不论此时交易所是否还适宜承担自律角色，也无法面对证券市场集团诉讼的可怕后果。因为任何一个监管的失误，例如未能及时暂停股票交易或作出退市决定，未能及时发现上市公司的欺诈事实，未能及时制止会员损害客户利益的行为，其面对的索赔者可能成千上万。他们提出的索赔数额可能大得惊人，足以让任何交易所顷刻间破产。

现代社会的发展已经突破了主权豁免的限制，利害关系人可以对政府提起行政诉讼已成为现代法治社会的一项基本原则，是制约政府权力、保障公民和其他社会主体利益的重要举措。即便在美国，随着 1946 年《联邦侵权赔偿法》的公布，政府的侵权责任得到法律的明确，政府并不再享有完全的民事责任豁免权。根据该法有关规定，由于政府职员在执行职务或工作范围内的过失或不法的行为或不行为而引起的财产损坏或丧失，或者人身损害或死亡的金钱赔偿，都可以控告美国政府要求承担民事责任。① 然而，《联邦侵权赔偿法》虽然放弃了主权豁免原则，但同时做了一些保留，因而事实上仍相当大程度上保留了主权豁免原则。这些保留条款主要包括政府行使自由裁量权的例外和职员故意侵权行为的例外。行使自由裁量权的例外具体包含两方面：其一，行政机关或其职员行使自由裁量权的行为或不行为，不论该自由裁量权是否滥用，美国政府都不负赔偿责任；其二，对政府职员已尽了适当的注意义务，其执行法律或法规的行

---

① 　王名扬：《美国行政法》，中国法制出版社 2005 年版，第 752 页。

为或不行为不承担责任，不论该法律、法规是否违宪，是否有效成立。然而，如何判断自由裁量权缺乏统一的标准。从一般意义上来说，自由裁量行为是可以选择的行为，需要判断和决定的行为，也就是说，几乎所有的行政行为都是自由裁量行为。但显然这种解释不符合立法意图，立法的笼统性使得具体的判断标准只能依赖于法院判例确定。事实上，在印第安拖船公司诉美国、雷奥尼尔公司诉美国等案例中，美国最高法院就确立了国家免责的范围限于政府职员在计划水平内的自由裁量行为，发生在执行水平的自由裁量过失行为不能免责的原则。① 故意侵权的例外，并不是表明政府对其职员所有的故意侵权行为都免责，免责的范围由法律规定，除此之外，都应负责。既然政府主权豁免原则出现了松动，作为"衍生品"的自律组织绝对豁免原则也应当适时进行改革。笔者认为，可以借鉴主权豁免的思想在两方面进行改革：一是通过立法或判例进一步明确自律组织自律监管权力的范围，以合理规范自律组织自由裁量权的行使，既最大限度地实现立法关于自律监管的目的，同时也要较好地平衡自律组织与利害关系人的利益，防止自律组织权力滥用损害市场主体的利益；二是应当排除自律组织的故意行为受豁免保护。故意也就是欺诈行为，欺诈行为无论是从道德上还是法律上都是应当受到谴责和制裁的行为，是社会所不容许的行为，因而没有保护的必要。如果自律组织故意纵容违法违规行为的存在，甚至串通实施欺诈行为，就应当揭开绝对豁免的面纱，令其承担民事责任。如前文所述，SEC 未能对自律组织实施外在的有效控制，自律组织也一直丑闻不断，如果放任对自律组织的监管行为绝对豁免，只会导致自律组织更加有恃无恐，投资者将遭受更多的损害，市场信心将更加不足。以 NYSE Specialists 案为代表的案件凸显了自律组织的故意心态，对故意的行为豁免承担责任，只会纵容自律组织的侵权行为，受害人因此无权获得救济明显不符合公平原则，因此，建立故意的例外是必要的。这么做既可以有效地对自律组织的行为进行制约，保护受害人的利益，又不会因此挫伤自律管理的积极性，较好地平衡了自律组织与相对人的利益。自律组织对故意侵权的行为负责，不会产生大量的诉讼纠纷，也不会给自律组织的日常工作带来烦扰，毕竟故意侵权的情形很罕见。如果故意侵权的情形经常发生，那恰恰说明自律组织监管的不负责任，也难以想象会存在高效

① 王名扬：《美国行政法》，中国法制出版社 2005 年版，第 771—775 页。

和公平的监管，就更有必要通过外在的诉讼降低自律组织故意侵权的风险。为了将自律组织的责任限制在合理范围内，法律可对故意行为的类型做列举规定，以更好地平衡自律组织与市场主体的利益。自律组织对故意行为负责既符合社会的道德底线要求，也能督促自律组织认真行使权力，真正实现自律监管的立法目的。

　　自律组织豁免应当限制在准司法性的职能上，包括检察性和审判性的职能。如前文所述，绝对豁免传统上适用于法官、检察官以及行使准司法职能的行政法官等自然人，但是基于职能相似性标准，由自然人推及法人或非法人组织在逻辑上也并非绝对不成立。理由如下：如果说让这些组织承担责任的话，它们也是在为其工作人员的职务行为承担责任，而如果工作人员的职务行为豁免承担责任，那么这些组织自然可以以此抗辩作为免责事由之一。按照绝对豁免的传统分析思路，对于自律组织内行使准司法职能的职员赋予其绝对豁免权是没有争议的，既然这样，自律组织当然可以此进行抗辩，其结果是自律组织也豁免承担责任。虽然这种豁免不是主权豁免意义上的责任豁免，但毕竟也免于承担责任，而且从某种意义上说也是绝对的。对于行使其他职能的工作人员引发的民事诉讼，笔者建议采纳传统的有限豁免的思路处理，如果该工作人员能够成功提起有限豁免的抗辩，自律组织当然也可以以此作为抗辩事由豁免承担责任。还有学者提出，SEC 可以借鉴联邦存款保险公司的做法，即要求自律组织立下生前预嘱（living will），以在自律组织发生意外事件时能够提供解决方案。具体而言，SEC 可要求自律组织每年详细说明其次年运行交易所的大致费用，这样在针对自律组织的诉讼发生时，该运行费用在任何情形下都绝对豁免用于赔偿损失。这么做可以保证，无论诉讼的结果是什么，赔偿数额多么巨大，证券交易所都将不受打扰地继续运行至少一年。这将减少证券交易所因诉讼而受到影响的可能性，避免对投资者信心和宏观经济的稳定性造成的冲击，尤其是交易所可能走向破产的情形。[①] 这种观点建立在自律组织享有一定豁免权的基础上，如司法性的行为豁免，故意侵权的例外等有限制的豁免，否则，如果自律组织不享有任何豁免权，仅凭该制度是难以起到起死回生的作用的。毕竟，证券市场不同于一般的市场。在普通市

---

① Thomas L. Short, " Friend this: why those damaged during the Facebook IPO will recover (almost) nothing from NASDAQ", *Wash. & Lee L. Rev.*, Vol. 71 (Spring 2014), pp. 1562 – 1563.

场，某个公司因严重的产品质量事件往往商誉尽失，想要从头再来恐怕也不是一两年就能够实现的。证券市场就更不同了，一个交易所要面对众多的上市公司，更要面对无数的投资者，后者是交易所存在和发展的基础。交易所一旦出现因重大违规而导致巨额赔偿案件，上市公司资源就会流失，投资者信心就会遭受重创，往往元气大伤，恐怕不是短时间可以恢复的。没有了投资者信心，交易所就会陷入一潭死水，很难掀起什么波澜。当然，最严重的还不止这些，其对一国宏观经济的打击恐怕就更令人生畏了。所以，对待自律组织的民事责任问题一定要格外慎重。

第五章

我国证券自律组织民事责任豁免制度的构建

我国目前尚无证券自律组织民事责任豁免制度，是否应当借鉴美国相关制度以构建我国的民事责任豁免制度，不仅仅是逻辑问题，还需要强烈的实践基础的考量。我国绝对豁免与主权豁免制度的历史传统与现行规定不同于美国，证券自律组织自律监管及其责任的承担也有着特定的现实基础，这决定了我国证券自律组织民事责任豁免制度的构建不能盲目照搬，而是应基于我国国情进行独特的制度设计。

第一节　我国证券自律组织民事责任制度的现状

一　我国证券自律组织的自律监管

就股票市场而言，我国证券自律组织包括交易所和证券业协会两大体系，其中前者又分为上海证券交易所和深圳证券交易所。民事责任来自监管权力的不当行使，因此有必要首先对自律组织的监管权力进行简要回顾。

（一）交易所的自律监管

1. 交易所自律监管的内容

交易所自律管理的权力主要表现在三方面：对会员的监管、对上市公司的监管、对交易的监管。

其一，对会员的监管。主要包括以下三类业务：一是会员会籍管理业务，交易所可以设定会员准入标准，适格的证券商依法与交易所签订协议后才能成为会员；二是会员技术管理，组织会员按照交易所总体要求和技术管理标准进行运行；三是会员内控监管，交易所会建议乃至要求会员设计内在的组织结构以满足一定的标准，强化会员在客户管理、市场运行等方面的规范性。对于会员违规行为，《上海证券交易所会员管理规则》第6.3条规定，交易所有权采取以下措施：包括口头警示、书面警示、要求整改、约见谈话、专项调查、暂停受理或者办理相关业务、提请中国证监会处理等。

其二，对上市公司的监管。主要包括两大类：一是证券发行上市类，如发行审核（或协助发行）、安排上市、暂停上市、恢复上市、终止上市以及股份锁定、停牌、股票交易特别处理等；① 二是信息披露类，对上市公司信息披露进行实时监管，督促上市公司及时、准确、完整的披露信息。信息披露监管包括初次上市信息披露监管和持续上市信息披露监管，后者包括定期报告、临时报告等。② 对于违反信息披露规定公司，交易所可以给予以下处罚：通报批评、公开谴责、暂停上市、取消上市资格等。

其三，对于交易的监管。交易监管总体上包括：制定交易规则、对证券交易实施实时监控、发现异常交易及潜在的市场违规行为，及时采取相应的制止措施；执行交易规则，对违反规则的市场主体采取纪律处分行动；向证券监管机构报告违法行为。③ 对交易进行实时监控是交易所的基本职责，是保障交易有序进行、维护市场信心的重要举措。因此，各交易所无不重视对交易监控系统的升级改造，及时发现违法行为，维护市场的公正与效率。如上海交易所就制订了《上海证券交易所交易规则》、《会员客户证券交易行为管理实施细则》和《证券异常交易实时监控指引》，较详细的规范了交易行为。《上海证券交易所交易规则》第10.1条规定：会员违反本规则的，本所责令其改正，并视情节轻重单处或并处：（一）在会员范围内通报批评；（二）在证监会指定的媒体上公开谴责；（三）暂停或者限制交易；（四）取消交易资格；（五）取消会员资格。

2. 纪律处分和监管措施

《上海证券交易所纪律处分和监管措施实施办法》第八条规定：纪律处分包括：（一）通报批评；（二）公开谴责；（三）公开认定不适合担

---

① 股票是交易所市场最主要的交易品种，其他证券衍生品种，如股票期权、权证以及指数期货，都是以股票为基础衍生而来。实践中，这些也都属于交易所自律管理的对象。

② 吴伟央：《证券交易所自律管理的正当程序研究》，中国法制出版社2012年版，第76页。

③ 卢文道：《证券交易所自律管理论》，北京大学出版社2008年版，第48页。

任上市公司董事、监事、高级管理人员；（四）建议法院更换上市公司破产管理人或管理人成员，即对未勤勉尽责的上市公司破产管理人或管理人成员，建议有关人民法院予以更换；（五）暂停或限制会员交易，即对存在违规或者业务风险情况的会员，暂停或限制其相关交易权限；（六）取消会员交易权限，即对存在违规或者业务风险情况的会员，取消其相关交易权限；（七）取消会员资格，即对存在违规或者业务风险情况的会员，取消其会员资格；（八）限制投资者证券账户交易，即对存在严重异常交易或其他违规交易行为的投资者证券账户，限制其在一段时期内的全部或特定证券交易；（九）认定证券账户持有人为不合格投资者，即对频繁发生异常交易行为，经警示后仍未采取有效改正措施，严重影响交易秩序的投资者，认定其一定期间内为不合格投资者，禁止其参与全部或特定证券品种的交易。第九条规定，本所上市或转让证券的发行人及相关主体出现违规行为的，本所可以实施以下监管措施：（一）口头警示；（二）书面警示；（三）监管谈话；（四）要求限期改正；（五）要求公开更正、澄清或说明；（六）要求公开致歉；（七）要求聘请证券服务机构进行核查并发表意见；（八）要求限期参加培训或考试；（九）要求限期召开投资者说明会；（十）要求上市公司董事会追偿损失；（十一）对未按要求改正的上市公司暂停适用信息披露直通车业务；（十二）建议上市公司更换相关任职人员；（十三）对未按要求改正的上市公司股票及其衍生品种实施停牌；（十四）不接受相关股东的交易申报；（十五）暂不受理保荐人、证券服务机构及其相关人员出具的文件。

为完善纪律惩罚程序，通过程序公正实现实体正义，这几年交易所在纪律处罚程序上进行了规范，制订了系列文件，例如上海证券交易所就制定了《上海证券交易所纪律处分和监管措施实施办法》和《上海证券交易所复核制度暂行规定》，深圳证券交易所制定了《深圳证券交易所自律监管措施和纪律处分措施实施细则（试行）》和《深圳证券交易所纪律处分程序细则》。上述规则对纪律处分委员会的构成、纪律处分程序、复核程序等进行了规定，使得纪律处分程序具有了一定程度的透明性和公开性。深圳证券交易所在纪律处分方面推行了查审分离，对于违规行为的调查和做出纪律处分的机构是分开的两个部门。业务部门负责调查，法律部以及纪律处分委员会负责纪律处分决定的做出。交易所还设立了上诉复核委员会，主要是对于交易所的处理决定不服的，可以向委员会提起复核。这些措施都是为了更好的体现公平性，给相关的监管对象更好的救济的渠道。截止到 2009 年 11 月 30 日，深圳证券交易所处分委员会成立以来 27 次对 89 家进行了处分。①

（二）证券业协会的自律监管

中国证券业协会成立于 1991 年 8 月 28 日。根据最新的《中国证券业协会章程》（2011 年版），协会的主要职责是：（1）会员服务与管理，包括为会员提供信息服务，制定会员业务规范，组织会员培训，组织开展会员评级工作，对违规会员进行纪律处分等；（2）从业人员资格管理，负责证券业从业人员资格考试、认定和执业注册管理，负责组织证券公司高级管理人员资质测试和保荐代表人胜任能力考试；（3）提供纠纷解决机制，对会员之间、会员与客户之间发生的证券业务纠纷进行调解；（4）国际合作与交流。《章程》规定，经中国证监会批准设立的证券公司应当在设立后加入协会，成为法定会员。依法设立并经中国证监会许可从事与证券有关业务的证券投资咨询机构、金融资产管理公司、财务顾问机构、资信评级机构等证券经营或服务机构，在获取业务许可后可以申请加入协会，成为普通会员。证券交易所、金融期货交易所，从事证券业务的律师事务所、会计师事务所及其他中介机构等机构可以申请成为协会的特别会员。截至 2013 年底，协会共有会员 727 家，其中，法定会员 115 家，普通会员 540 家，特别会员 72 家。②

根据《中国证券业协会自律管理措施和纪律处分实施办法》（2012 年 8 月 13 日发布）第九条规定，对从业人员及其他作为自律管理对象的个人实施的自律管理措施包括：（一）谈话提醒；（二）警示；（三）责令参加强制培训；（四）责令所在机构给予处理。第十条规定，对会员及其他作为自律管理对象的机构实施的自律管理措施包括：（一）谈话提醒；（二）警示；（三）责令整改。第十七条规定，对会员及其他作为自律管理对象的机构实施的纪律处分包括：（一）行业内通报批评；（二）公开谴责；（三）暂停或者取消协会授予的业务资格；（四）暂停部分会员权利；（五）取消会员资格。

---

① 《论金融司法的稳定与创新（上）》，2014 年 8 月 20 日，http：//www.civillaw.com.cn/article/default.asp？id＝48673。

② 中国证券业协会简介，2014 年 8 月 20 日，http：//www.sac.net.cn/ljxh/xhjj/。

二 我国证券自律组织的民事责任

(一) 立法规定

自律组织在行使前述监管权力时给被监管方造成损害，是否应当承担民事责任？《证券法》、《侵权责任法》等法律虽未明确的规定，但从侵权责任构成的基本法理分析，如果满足了侵权责任的主客观要件，认定民事责任是毋庸置疑的，也就是说应适用一般侵权责任的条款。实践中不乏投资者对自律组织提起诉讼，其诉由大都是侵权纠纷，这也从另一个角度说明了侵权责任的可能性。

目前只有最高人民法院于 2005 年颁布的《关于对与证券交易所监管职能相关的诉讼案件管辖与受理问题的规定》从程序角度进行了规范。该规定主要有以下三方面内容：其一，指定上海证券交易所和深圳证券交易所所在地的中级人民法院分别管辖以上海证券交易所和深圳证券交易所为被告或第三人的与证券交易所监管职能相关的第一审民事和行政案件。其二，规定了与证券交易所监管职能相关的诉讼案件范围，包括：（一）证券交易所根据《中华人民共和国公司法》、《中华人民共和国证券法》、《中华人民共和国证券投资基金法》、《证券交易所管理办法》等法律、法规、规章的规定，对证券发行人及其相关人员、证券交易所会员及其相关人员、证券上市和交易活动做出处理决定引发的诉讼；（二）证券交易所根据国务院证券监督管理机构的依法授权，对证券发行人及其相关人员、证券交易所会员及其相关人员、证券上市和交易活动做出处理决定引发的诉讼；（三）证券交易所根据其章程、业务规则、业务合同的规定，对证券发行人及其相关人员、证券交易所会员及其相关人员、证券上市和交易活动做出处理决定引发的诉讼；（四）证券交易所在履行监管职能过程中引发的其他诉讼。其三，投资者对证券交易所履行监管职责过程中对证券发行人及其相关人员、证券交易所会员及其相关人员、证券上市和交易活动做出的不直接涉及投资者利益的行为提起的诉讼，人民法院不予受理。目前该司法解释是审理涉及证券交易所自律监管纠纷的基本依据，但也仅仅是从管辖与受理的角度进行了规范，对于实体责任并未做出任何规定，因此某种意义上只能作为程序法规范。从内容上看，该解释确认了会员、发行人等被监管主体对于因交易所履行监管职能不服有权提起民事或行政诉讼，即确认了这些主体的诉权。对于投资者提起的相关诉讼，解释确认了"不直接涉及投资者利益"的案件受理标准，但如何认定是否直接涉及投资者利益恐怕不是简单的在立案阶段就能解决的问题，实践中容易存在认定的模糊空间。对于证券自律组织是否享有豁免权，当然最高法院不可能也无权在司法解释中做出规定，从现有相关法律分析，也难以推论出民事责任豁免的结论。因此，某种意义上可以说，自律组织民事责任豁免问题属于立法的空白区，应当加强相关理论的研究。

（二）现有司法判例分析

自沪深交易所建立以来，以交易所为被告的诉讼案件时有发生。特别是近年来，随着资本市场的迅猛发展，证券交易所在市场发展、变革中的地位和作用日益突出，证券交易所推动市场创新、开展自律管理的热情明显提升，以交易所为被告针对交易所自律管理的诉讼纠纷呈上升趋势。以上海证券交易所为例，2000 年以来，针对其自律管理行为提出要求承担损害赔偿的诉讼近二十起。[①] 鉴于立法的缺失，系统梳理相应的案例是我们开展理论研究的基础。

1. 2005 年司法解释出台之前相关案例

（1）世纪证券有限责任公司诉上海证券交易所、中国证券登记结算有限公司上海分公司案[②]

本案源于"327 国债期货"事件。原告前身江西省证券公司于 1995年向上海市高级人民法院提出证券侵权纠纷（审理过程中，江西省证券公司变更为世纪证券有限责任公司）。原告诉称，在"327 国债期货"事件中，被告冻结了原江西省证券公司的期货清算资金 11965500 元，7 月28 日冻结 2 千万元国债期货，8 月 1 日及 8 月 19 日冻结股票 53836900元，后退回 15000000 元。截至 1997 年 12 月，被告扣划原江西省证券公司 17487749 元罚息。原告认为，被告的上述行为侵害了原告的合法权益，诉请判令被告返还原告自营账户股票 38836900 元，国债现券 211000000元，期货清算资金 11965500 元，罚息 17487749 元，以及上述资产产生的利息。两被告辩称，原告主张的上述资产不属于原告所有，被告因"辽国发"案件冻结了原告所主张的上述资产，并已经交由有关部门统一处

---

① 徐明、卢文道：《判例与原理：证券交易所自律管理司法介入比较研究》，北京大学出版社 2010 年版，第 1 页。

② 同上书，第 39—40 页。

置，原告无权提起本案诉讼。

上海市高级人民法院一审认为，原告主张的财产已由有关部门处置，故法院不再处理，于是裁定驳回原告起诉。原告不服提起上诉。经最高人民法院主持以调解形式结案。

（2）胡欣华等诉上海证券交易所案①

1997 年，原告胡欣华等三人，分别以上海证券交易所为被告，向上海虹口区法院提起民事诉讼，称其于 1995 年 2 月 23 日依法进行了"327 国债"期货交易，但是，上海证券交易所于次日公告宣布，"327 国债"期货在 2 月 23 日尾市的成交无效，给其造成了损失。据此，起诉人要求上交所赔偿其所受损失。法院以交易所宣布尾市成交无效行为系行政行为，交易所不是一般民事主体，故案件不属于民事诉讼受案范围为由，裁定不予受理。

（3）朱恒等诉上海证券交易所案②

本案因 PT 水仙退市引发。被告上海证券交易所不给予 PT 水仙宽限期导致其退市后，原告朱恒等多名投资者以上海证券交易所为被告，向上海市浦东区人民法院提起行政诉讼，申请撤销上海证券交易所 2000 年 4 月 20 日做出的不给予 PT 水仙宽限期的决定，并赔偿相应的经济损失。

原告起诉的主要理由是：依据 2000 年 5 月 1 日颁布实施的《上海证券交易所股票上市规则》第 10.1.11 条之规定，因连续三年亏损被暂停上市的公司，在暂停上市后三年内任何一年有盈余的，可以向交易所提出恢复上市的申请，交易所收到申请后三个工作日内提出意见，报中国证监会批准后恢复该公司股票上市。因此，被告在水仙公司暂停上市后还不满一年的时间内，突然做出不给予水仙公司宽限期的决定，缺乏法律依据，依法应予以撤销，并依法赔偿由此给原告造成的损失。

法院审查后认为，因目前证券市场不成熟，相关法律制度尚未完善，故对股东就上海证券交易所做出的不给予股票暂停上市的上市公司的宽限期决定不服提起的行政诉讼，人民法院暂不受理。原告未就此裁定提起上诉。

---

① 上海市第二中级人民法院［1997］沪二中经受终字第 2 号民事裁定书。

② 徐明、卢文道：《判例与原理：证券交易所自律管理司法介入比较研究》，北京大学出版社 2010 年版，第 4—5 页。

（4）陈有烈诉上海证券交易所、中国证券登记结算有限责任公司上海分公司案①

原告系虹桥机场转债投资者。原告向汕头市金平区人民法院提起民事诉讼，称其 2000 年 3 月 16 日以 1200 元买入 1000 张（每张面值 100 元）"机场转债"。同日，被告上海证券交易所通过原告指定交易的国泰君安证券公司汕头营业部向陈某发出《"机场转债"异常交易交收意见确认书》，提出原告买入的机场转债按每张 100 元交收，原告不同意。2001 年 5 月，原告起诉国泰君安汕头营业部，要求交付其按每张 1.2 元买入的 1000 张机场转债，汕头市金园区法院一审驳回起诉，二审维持原判。2004 年 9 月，原告以相同的事实和理由，向汕头市金平区法院提起诉讼，要求两被告交付其按每张 1.2 元买入的 1000 张机场转债。

上海证券交易所辩称，其认定机场转债成交价格异常并决定暂缓交收，是依法履行监管职责，符合证券市场内在的三公原则，对此不应承担任何法律责任。本案原告的起诉超过 2 年诉讼时效的规定，因此应当驳回其诉请。

一审法院经审理认为上海证券交易所的行为符合《证券法》的规定，原告起诉超过诉讼时效，故驳回原告的请求。二审法院审理过程中，就上海证券交易所是否具有认定机场转债成交价格异常及实施暂缓交收的自由裁量权问题征求证监会意见。2006 年 6 月 12 日，证监会复函指出，上海证券交易所做出的暂缓交收的决定是针对交易异常情况依职责采取的措施。虽然案发当时法律和上海证券交易所交易规则未对此做出明确规定，但显失公平交易发生后，上交所基于当时的实践经验所做决定符合三公原则及自愿、有偿和诚实信用的原则。据此，法院判决维持一审判决。

2. 2005 年之后的相关案例

（1）陈伟诉上海证券交易所、广州白云国际机场等权证交易侵权赔偿纠纷案②

原告陈伟因与被告广东省机场管理集团公司（以下简称广东机场集

---

① 徐明、卢文道：《判例与原理：证券交易所自律管理司法介入比较研究》，北京大学出版社 2010 年版，第 45—49 页。

② 《中华人民共和国最高人民法院公报》2008 年第 12 期，第 30—38 页。与本案背景相同的案件还有卢树义与上海证券交易所等权证交易侵权赔偿纠纷上诉案，［2010］沪高民五（商）终字第 10 号。

团）、广州白云国际机场股份有限公司（以下简称白云机场）、上海证券交易所（以下简称上交所）发生侵权损害赔偿纠纷，向上海市第一中级人民法院提起诉讼。

原告陈伟诉称：原告检索到被告广东机场集团于2005年12月14日刊登的《G穗机场人民币普通股股票之认沽证上市公告书》，得知被告白云机场认沽权证（简称"机场JPT1"权证，代码580998）公开发行并上市。该公告载明："机场JPT1"权证行权期间为"权证上市首日起满3个月后第一个交易日至权证到期日止的任何一个交易日，为2006年3月23日起至2006年12月22日"。根据该公告，"机场JPT1"权证的交易终止日应当截止到行权期满日即2006年12月22日。原告遂于2006年12月15日买入"机场JPT1"权证43600份，并准备在12月22日前卖出。在广东机场集团、被告上交所未做任何提示的情况下，"机场JPT1"权证于买入当日即12月15日收盘时就终止交易。由于"机场JPT1"权证交易终止时收盘价为人民币0.332元，而白云机场股票价格为7.76元，行权价格为6.90元，故行权已无实际意义，"机场JPT1"权证的内在价值为零。而广东机场集团仅在2006年12月13日、14日通过媒体刊登《广东省机场管理集团公司关于"机场JPT1"权证认沽权证终止行权第一次提示性公告》和《广东省机场管理集团公司关于"机场JPT1"权证认沽权证终止上市提示性公告》，不仅刊登的次数不符合规定，刊登的标题也不够明确具体，不足以提示投资者权证交易已经到期。相反，公告的内容使投资者理解为最后交易日为2006年12月22日。广东机场集团的上述行为违反了证券法关于持续信息披露的规定，对投资者构成重大误导。白云机场作为"机场JPT1"权证证券标的公司，亦未充分履行"机场JPT1"权证上市及终止交易等相关的信息披露义务，应承担连带责任。上交所作为权证交易规则的制定机构和权证交易及信息披露的监管机构，对于广东机场集团、白云机场的违规行为未尽监管职责，也应承担连带责任。故请求判令广东机场集团赔偿原告投资损失计人民币13734元，白云机场、上交所承担连带赔偿责任。

被告上交所辩称：《上海证券交易所权证管理暂行办法》第十四条对于"权证存续期间"、"权证交易期间"、"权证行权期间"均有明确规定，据此"机场JPT1"权证存续期间应至2006年12月22日止，权证交易期间应至2006年12月15日止，权证行权期间应至2006年12月22日止。本交易所的法定职能系为证券集中交易提供场所和设施、组织和监督证券交易，与原告之间不存在合同关系或侵权关系，故请求驳回原告对本交易所的全部诉讼请求。

关于原告陈伟的损失是否应由被告广东机场集团、白云机场、上交所承担连带赔偿责任的问题。法院认为，《证券法》第一百零二条规定："证券交易所是为证券集中交易提供场所和设施，组织和监督证券交易，实行自律管理的法人。证券交易所的设立和解散，由国务院决定。"第一百一十八条规定："证券交易所依照证券法律、行政法规制定上市规则、交易规则、会员管理规则和其他有关规则，并报国务院证券监督管理机构批准。"本案中，被告上交所依据法律授权制定《上海证券交易所权证管理暂行办法》并经中国证监会批准生效。上交所在制定权证交易规则、向交易所会员及投资者揭示权证交易风险等方面均符合法定程序，不存在过错。同时，根据本案查明的事实，被告广东机场集团在"机场JTP1"发行、上市、交易、行权过程中均严格依照规则充分履行了权证信息披露义务，上交所对此履行了法定的监管职责，也不存在过错。白云机场不是信息披露主体，不承担责任。

权证作为证券市场新兴的交易衍生品种，存在利益与风险并存的特点，投资者在参与权证交易时应当理性评估自身的交易能力，充分注意权证交易的各种风险。原告陈伟作为"机场JTP1"的投资者，应当充分了解权证交易规则以及"机场JTP1"的基本信息，并在权证交易中谨慎注意投资风险。因此，在发行人被告广东机场集团尽到了权证信息公告的披露义务、证券交易机构被告上交所尽到了监管义务的前提下，原告主张其投资权证损失的原因是"机场JTP1"的最后交易日的不确定、权证信息披露的不准确、交易规则制定的不完善，显然与事实不符，也与公平公正、风险自负的证券交易原则相悖。综上，原告的诉讼请求不能成立。

据此，上海市第一中级人民法院于2007年11月10日判决：驳回原告陈伟的诉讼请求。

陈伟不服一审判决，向上海市高级人民法院提出上诉，请求撤销原判，依法改判。本案二审的争议焦点是，被上诉人广东机场集团、白云机场、上交所是否应对上诉人的投资损失承担赔偿责任。针对交易所的部分，上海市高级人民法院认为：证券交易所是为证券集中交易提供场所和设施，组织和监督证券交易，实行自律管理的法人，与投资者之间不存在直接的合同法律关系。被上诉人上交所制定权证交易规则符合法定程序，交易规则本身与上诉人的损失之间不存在因果关系。同时，根据本案查明的事实，上交所对广东机场集团权证信息披露、提示性公告发布等义务的监管中不存在过错。

上海市高级人民法院于 2008 年 3 月 14 日判决：驳回上诉，维持原判。

（2）邢立强诉上海证券交易所财产损害赔偿纠纷案①

原告邢立强因与被告上海证券交易所（以下简称上交所）发生证券侵权纠纷，向上海市第一中级人民法院提起诉讼。原告邢立强诉称：2005 年 11 月 22 日，被告上交所在其网站及相关媒体发布《关于证券公司创设武钢权证有关事项的通知》，该通知载明，经上交所同意，通知中国登记结算有限公司上海分公司在权证创设专用账户生成次日可交易的权证，该通知自 2005 年 11 月 28 日起施行。按此通知，创设权证最早上市时间应为 2005 年 11 月 29 日。但在 2005 年 11 月 25 日，上交所却提前三天发布公告，称已同意批准券商创设 11.27 亿份武钢认沽权证。该批创设的权证于 2005 年 11 月 28 日上市交易，该提前天量创设行为使原告持有115000 份武钢认沽权证失去交易机会，由此而造成原告巨大亏损。上交所违规提前创设的行为是对投资者的欺诈，是造成投资者重大损失的直接原因，依法应当赔偿原告的损失。原告请求：一、确认在 2005 年 11 月25 日首次创设武钢认沽权证时上交所的提前创设行为是违法、违规、欺诈及操纵市场的过错行为，并且确认被告的过错行为与原告所受损失存在直接的因果关系，判令被告依法承担赔偿责任；二、判令被告依法赔偿原告因被告的过错行为导致原告持有的 115000 份武钢认沽权证突然失去卖出机会而造成的直接损失 129940 元；三、判令被告赔偿原告因第二项诉讼请求所判令的直接损失 129940 元的股资被被告占用所导致的直到本案执行前的行情经营损失 779640 元，同时确认该项损失数额随行情的发展而相应地增加；四、判令被告承担案件受理费、律师费、差旅费、误工费等一切诉讼费用。

被告上交所辩称：原告邢立强是以被告侵犯其财产权为由提起的一般侵权诉讼，然而，本案被告制定权证创设规则并依之审核相关证券公司创立武钢权证申请之行为，属于面向整个权证市场、依法履行法定职责、具有普遍约束力的自律监管行为，而非针对原告而实施的具体行为。因此，原告诉称被告的行为，不符合一般侵权行为的构成要件，原告的侵权之诉不符合法律规定，依法应予以驳回。被告基于维护权证交易秩序、保护投资者权益之正当目的，按照相关规定审核创设人申请并无不当。原告的损失与诉争的被告行为之间，不存在因果关系，被告不应当承担民事赔偿责任。请求驳回原告的诉讼请求。被告除举证证明其创设权证是自律监管行为外，被告还提供了香港《证券及期货条例》，用于证明自律监管行为的绝对豁免原则是国际惯例。

本案一审的争议焦点是：一、原告邢立强作为投资者因投资权证产生损失以上交所作为被告提起侵权之诉是否具有可诉性；二、原告投资权证产生的损失与被告的监管行为是否存在法律上的因果关系，被告是否应当赔偿原告的交易损失。

上海市第一中级人民法院一审认为：

一、关于本案的可诉性问题。法院认为，权证创设行为系证券交易所根据国务院证券监管部门批准的业务规则做出的履行自律监管行为，该行为如违反法律规定和业务规则，相关受众主体可以对交易所提起民事诉讼。根据以上分析，被告认为本案原告针对交易所的自律监管行为提起的诉讼不具可诉性的辩称，没有法律依据，不予采信。

二、关于原告邢立强的交易损失与被告上交所的监管行为之间的因果关系问题。

法院认为，被告上交所系根据《权证管理办法》第二十九条的规定，审核合格券商创设武钢权证，该审核行为符合业务规则的具体要求，是被告履行证券法赋予其自律监管职能的行为，具有合法性。根据上述业务规程，被告在武钢权证上市前，就已经要求发行人发布相关公告，履行相关手续，及时披露信息。从本案权证创设的过程来看，被告履行了相关监管义务，其行为并无不当。虽然被告在创设权证的通知中载明"该通知自2005年11月28日实施"，但该表述并不表明创设权证只能在该日后即11月29日才能上市，该实施日即为上市日，故只要在11月28日前权证创设的相关手续完成，创设的权证即可上市交易。被告的上述审核行为符合权证创设的惯例，亦未违反业务规则的规定。原告认为被告允许十家券商提前创设武钢权证，没有事实依据，法院难以采信。

法院认为，就创设权证审核行为而言，被告的行为不符合侵权行为的基本要件，原告邢立强主张被告侵犯其民事权利，依据不足。证券交易所作为证券市场的一线监管者行使监管职能，必然会对相对人和社会产生一定的影响和效应。创设权证制度在我国属于一项金融创新制度，是基于股权分置改革的总体要求，结合股改权证的运行特点，借鉴成熟市场的类似做法产生的一种市场化的供求平衡机制。鉴于这项制度仍处于探索阶段，故在创设程序、创设品种、创设数量等方面尚无规范可循，在具体实施时创设人可以根据发行权证的具体情况自由决定实施方案，交易所仅对其资格和上市程序进行审查。对于创设权证的具体规模，业务规则本身亦无限制。虽然涉案认沽权证的创设量远远超出了最初的发行量，但权证管理办法对此并无禁止性规定，只能根据具体权证产品的交易情况和特点予以确定适当的数量，以达到供求平衡。本案中，原告在武钢认沽权证交易中的损失，虽与券商创设权证增加供给量存在关联，但在被告事先已履行必要的信息披露和风险揭示的情况下，原告仍然不顾风险贸然入市，由此造成的交易风险与被告履行市场监管行为不存在必然的、直接的因果关系，故原告要求被告赔偿权证交易差价损失和可得利益损失，没有法律依据，不予支持。

综上，判决驳回原告邢立强的全部诉讼请求。①

（3）钟洪春诉被告国信证券股份有限公司中国南方航空集团公司、上海证券交易所等财产损害赔偿纠纷一案②

---

①　一审判决后，邢立强不服，提起上诉。因邢立强未按规定预交上诉费，上海市高级人民法院于2009年5月26日做出裁定：按自动撤回上诉处理。一审判决已发生法律效力。［2009］沪高民二（商）字第41号。

②　［2009］沪一中民三（商）初字第23号，本案被告包括国信证券股份有限公司（以下简称国信证券）、海通证券股份有限公司深圳景田南路证券营业部（以下简称海通证券深圳营业部）、海通证券股份有限公司（以下简称海通证券）、广发证券股份有限公司（以下简称广发证券）、中国证券登记结算有限责任公司（以下简称中登公司）、中国南方航空集团公司（以下简称南航集团）、上海证券交易所（以下简称上交所）。需要指出的是，因南航认沽权证引发的纠纷发生多起，例如"贺初开诉国信证券股份有限公司、上海证券交易所等财产损害赔偿纠纷案"，［2009］沪一中民三（商）初字第44号；"胡珍珠与上海证券交易所等金融衍生品种交易纠纷上诉案"，［2011］沪高民五（商）终字第5号等；"孙建丽与中国银河证券股份有限公司烟台证券营业部等证券交易所证券欺诈赔偿纠纷上诉案"，［2011］沪高民五（商）终字第7号；"曲永珍与中国银河证券股份有限公司烟台证券营业部等证券交易所证券欺诈赔偿纠纷上诉案"，［2011］沪高民五（商）终字第8号。这些案件的诉因与钟洪春案基本相同，案件处理结果一致，于此不赘。

原告钟洪春诉称：2007 年 6 月 22 日，原告与被告海通证券深圳营业部签订《证券交易委托代理协议书》，并开立证券账户进行证券交易。2007 年 6 月 27 日起，被告国信证券、海通证券、广发证券等联手发布《关于创设南航认沽权证的公告》，并创设巨量南航认沽权证在被告上交所上市交易。经被告海通证券深圳营业部推荐，原告于 2007 年 7 月 24 日通过该营业部买卖南航认沽权证，造成亏损计人民币 41601.69 元。后原告发现，被告国信证券、广发证券等创设南航认沽权证并无法律规定，该交易品种属无发行人、无保荐人、无发行价的非法证券衍生产品。被告国信证券、广发证券等的创设和代理行为属于无效的民事法律行为。被告海通证券深圳营业部亦存在过错，与其他被告构成对原告的共同侵权。故原告要求本案七名被告对上述损失承担连带赔偿责任。基于以上事实和理由，原告钟洪春提起诉讼，请求判令：一、七名被告依法连带赔偿原告因非法创设南航认沽权证导致原告的资金损失计 37680.50 元及交易手续费计 3921.19 元；二、七名被告共同承担案件受理费。

被告上交所辩称：权证的发行和上市属于股权分置改革背景下的制度安排，经过了国务院和中国证监会的确认；权证创设是结合权证交易市场的发展推出的交易平衡机制，《上海证券交易所权证管理暂行办法》（以下简称《权证管理办法》）为创设机制预留了制度空间；上交所依法制定权证交易规则并据此审核相关证券公司创设南航认沽权证申请之行为，属于履行法定职责、具有普遍约束力的自律监管行为，而非针对原告而实施的具体行为，上交所的行为是基于法定职责而善意行使的，不存在过错，故对原告的损失不应承担任何民事责任；原告所主张的交易损失与南航认沽权证的创设行为没有直接的因果关系，原告的侵权之诉不符合法律规定，依法应以驳回。

法院认为，主要存在两个方面的争议问题：一是被告是否具有过错或侵权事实；二是原告投资权证产生的损失与被告南航集团的权证发行行为，被告广发证券的保荐行为，被告国信证券、广发证券、海通证券的权证创设行为以及被告中登公司的创设登记行为，被告上交所的监管审核行为等是否存在法律上的因果关系，七名被告是否应当连带赔偿原告的交易损失。

针对与上交所有关的两个问题，法院分别认定如下：

其一，关于上交所是否具有过错或对原告是否构成侵权的事实问题。

权证产品系证券衍生产品，根据《证券法》第二条第三款的规定，证券衍生产品的发行、交易的管理办法，由国务院依照证券法的原则规定。依此规定，权证的发行和交易行为可纳入证券法的调整范围。关于权证产品的发行和交易，目前尚未有单行法律和行政法规出台，只有被告上交所根据《证券法》和证监会的授权制定的业务规则即《权证管理办法》对权证的发行、交易等进行业务规范。据此，权证创设行为，系证券交易所根据国务院证券监管部门批准的业务规则做出的履行自律监管行为。本案原告认定被告上交所无权制定权证交易规则、非法审核证券公司创设权证以及被告中登公司为权证创设进行非法登记，显然缺乏相应的法律依据，法院不予采信。

其二，关于原告的交易损失与上交所之间的因果关系问题。

被告上交所系根据《权证管理办法》第二十九条的规定，审核合格券商创设南航认沽权证，该审核行为符合业务规则的具体要求，属于履行《证券法》赋予其自律监管职能的行为，具有合法性。从本案南航认沽权证创设的整个过程来看，申请人、审核人均履行了法定义务，其行为无不当之处。原告认为上述被告非法共同创设南航认沽权证，没有事实和法律依据，法院不予采信。

法院认为，创设权证制度在我国属于一项金融创新制度，是基于股权分置改革的总体要求，结合股改权证的运行特点，借鉴成熟市场的类似做法，产生的一种市场化的供求平衡机制。鉴于这项制度仍处于探索阶段，故在创设程序、创设品种、创设数量等方面尚无规范可循，在具体实施时创设人可以根据发行权证的具体情况自由决定实施方案，交易所仅对其资格和上市程序进行审查。本案中，原告钟洪春于2007年7月24日进行南航认沽权证交易时，已经明知创设人的提示公告及权证创设已经实施并上市的既定事实，仍然基于自身对该品种的喜好和判断进行买卖，由此造成的交易风险显然与七名被告的上述行为不存在必然的、直接的因果关系，故原告要求七名被告连带赔偿权证交易差价损失，没有法律依据，法院对原告的赔偿请求不予支持。

综上所述，原告钟洪春针对七名被告提起侵权之诉，没有事实和法律的依据，法院不予支持，原告应自行承担权证交易的风险损失。据此，法院依照《中华人民共和国民法通则》第一百零六条第二款的规定，判决驳回原告钟洪春的全部诉讼请求。①

（4）亚星股改复牌事故

亚星公司因自 2003 年连续三年亏损被上海证券交易所暂停上市。公司营利后提出恢复上市申请，上海证券交易所核准自 2007 年 7 月 5 日起恢复上市交易。ST 亚星 5 月 21 日通过股权分置改革方案，用资本公积金向方案实施股权登记日登记在册的全体流通股股东定向转增股本，流通股股东每持有 10 股流通股获得 5 股转增股份，转增股份（3000 万股）7 月 5 日上市流通，当日股票不设涨跌幅限制。

7 月 5 日，ST 亚星从停牌前的 1.93 元最高上冲至 9.8 元，收盘报 7.89 元，上涨 308.81%。7 月 6 日，ST 亚星继续没有涨跌停限制，在上证指数大涨 4.58% 的情况下，ST 亚星收盘下跌 14.83%。

根据惯例，股改对价股份应在复牌交易首日上市流通。但 ST 亚星的流通股股东 7 月 5 日并没有收到 10 转赠 5 的对价股份。由于没有到账，这些股东就不可能在 7 月 5 日交易。按 7 月 5 日 ST 亚星的平均交易价格 8.60 元，7 月 6 日 ST 亚星的平均交易价格 6.98 元计算，3000 万转增股份迟到帐一天给 ST 亚星投资者所带来的损失达到了 4860 万元。

上海证券交易所和中国登记结算公司对此的解释是："亚星公司系将股权分置改革与申请公司股票恢复上市组合操作的第一例，其股权分置改革方案的实施与股票恢复上市同步进行，涉及诸多特殊、复杂的业务操作与衔接。这些特殊、复杂的要求，增加了运行环节支持的难度，加重了今年以来已经十分繁重的业务负荷，使得作为股改对价定向转赠的 3000 万股未能于 7 月 5 日上市交易。"② 股民除对此"技术性原因"的说法质疑外，还认为上海证券交易所连续两天无涨跌幅限制的做法缺乏法律依据，上海证券交易所应该紧急停牌，即使开盘时没有发现，也应该在盘中临时停牌，而上海证券交易所没有这么做，属于失职行为。于是，投资者宋女士向上海市第一中级人民法院提起诉讼，要求上海证券交易所和中国登记结算公司赔偿其损失。但上海市一中院根据《最高人民法院关于对与证券交易所监管职能相关的诉讼案件管辖与受理问题的规定》第三条的规

---

① 一审判决后，原告不服向上海市高级人民法院提起上诉，二审审理后维持原判。

② 《上交所解释 ST 亚星股改转赠股推迟上市》，2014 年 8 月 22 日，http：//money.163.com/07/0709/08/3IUQ3T3400252605.html。

定，即"投资者对证券交易所履行监管职责过程中对证券发行人及其相关人员、证券交易所会员及其相关人员、证券上市和交易活动做出的不直接涉及投资者利益的行为提起的诉讼，人民法院不予受理"，裁定不予受理。[①]

（二）对上述案例的评论

从上述典型性案例和事件来看，可以总结出如下规律：

1. 从原告主体分析，大都为投资者

前述 8 起典型案例，除世纪证券案原告主体是会员公司外，其他皆为投资者。这反映了针对交易所诉讼的基本格局。事实上，从本书前引美国的相关案例以及笔者掌握的其他美国案例来看，原告主体多数是以投资者或会员公司的雇员为主，投资者提起诉讼的原因往往是其因自律组织的不当行为遭受损失，雇员是认为交易所对其的纪律处罚不当而提起诉讼。就我国现状分析，目前还未掌握有雇员因对自律组织处罚不当提起诉讼的案例，这当然不能推定自律组织的处罚都是正当合法的或者这些雇员对处罚都是无异议的，相反，这是由我国特殊的诉讼文化和诉讼制度决定的，由于与本书主旨无关，此处不予展开。在我国，会员虽然名义上是作为自律组织的权利主体，但实际上并无真正的权利，只是被动的监管对象，服从自律组织的监管成为其必须接受的义务。受我国传统的市场文化影响，不到万不得已，会员是不会与自律组织对簿公堂的，这也是很少见会员起诉自律组织案例的深层次原因。上述仅有的一起案例最终也以调解收场，其中缘由可见一斑。目前公开的资料也未见到有会员起诉证券业协会的案例，一方面是因为前述与交易所相同的原因，另一方面是因为我国证券业协会的监管权力有限，实践中也很难对会员做出重大处罚以至于会员必须寻求法律途径解决。至于投资者与协会基本没有什么联系，所以也不会发生投资者起诉证券业协会的案件了。

投资者看似分散，但这恰恰也是最庞大的主体，据中国证券登记结算有限责任公司统计的信息，截至 2014 年 8 月 15 日，有效账户数是13589.82 万户[②]。试想，因交易所的不当行为即便给每个账户带来一元的

[①] 《ST 亚星股改乌龙事件维权太难 股民放弃者居多》，2014 年 8 月 22 日，http：//www. nbd. com. cn/articles/2010 – 08 – 12/349539. html。

[②] 《一周基金账户情况统计表（2014.08.11 – 2014.08.15）》，2014 年 8 月 24 日，http：//www. chinaclear. cn/zdjs/xmzkb/center_ mzkb. shtml。

损失，那么整个损失的总量也是惊人的。证券诉讼还往往是集团诉讼高发的领域，投资者也普遍存在搭便车的心理，如果有一起诉讼获得法院支持，那随之而来的赔偿将难以收场。所以，交易所应当具有强烈的责任意识和风险意识。

2. 从诉因分析，因证券衍生品交易产生的纠纷占多数

上述案例没有单纯基于股票交易引发的纠纷，与股票有关的也是因为交易所终止上市的决定导致投资者损失引发。其他案例前期涉及国债期货交易，后者多涉及权证交易，而且往往都是在这些证券衍生品刚刚推出不久后发生。这一方面是因为我国股票市场相对成熟，交易所相关规则完善，投资者也熟悉交易规则，不容易出现差错。证券衍生品即衍生证券、衍生工具，是依托于股票、债券和投资基金凭证等基本证券而创设的新的证券形态，通常有认股权证、存托凭证和可转换债券等。① 证券衍生品种的出现是金融创新的结果，是证券市场投资者与经营者规避和分散风险，满足不同投资需要的产物。② 与股票相比，证券衍生品设计复杂，操作不易，其高杠杆率伴随高收益、高风险的特征。无论交易所还是投资者对证券衍生品的认识都需要一个过程，尤其是交易所在规则制定、具体操作环节容易出现失误，而很小的一个失误也往往会对市场造成致命的冲击。2008 年的金融危机就是由华尔街复杂的衍生品交易迅速扩大了风险的传播，至今对全球市场的影响仍未完全消除。这也是我国在推进衍生品市场节奏上非常谨慎的基本原因。但是，我国证券市场的发展不可能仅仅局限于股票、债券这两种基本形式，在当前证券市场国际化和交易所激烈竞争的背景下，发展衍生品种是大势所趋。对投资者而言，因证券衍生品交易产生的损失往往超过股票的损失，因此其更关注交易所在这方面的监管不当，前述邢立强案提出的赔偿请求超过 20 万元就深刻的说明了这一点。从另一个角度说，这也应成为交易所加强对衍生品交易监管的重要考量因素。

3. 从诉讼结果看，原告均被驳回诉讼请求或案件不予受理。从另一个角度说，交易所均不承担责任

无论是 2005 年之前，还是之后，原告的请求都未得到支持，可以归

① 叶林：《证券法》，中国人民大学出版社 2002 年版，第 19 页。

② 吴弘：《证券法教程》，北京大学出版社 2007 年版，第 12 页。

纳为以下两类：（1）不予受理。具体理由包括以下：其一，主体不合格。例如胡欣华案，以被告交易所不是民事主体，原告提起民事赔偿诉讼不属于法院受理范围为由裁定不予受理。其二，相关制度不完善。如朱恒案指出，因目前证券市场不成熟，相关法律制度尚未完善，故对股东就上交所做出的不给予股票暂停上市的上市公司的宽限期决定不服提起的行政诉讼，人民法院暂不受理。其三，2005 年之后，根据最高人民法院《关于对与证券交易所监管职能相关的诉讼案件管辖与受理问题的规定》，以不直接涉及投资者利益为由不予受理。① （2）驳回诉讼请求。具体理由包括：其一，以交易所正当履行职责为由。例如前述陈友烈案指出，上海证券交易所做出的暂缓交收的决定是针对交易异常情况依职责采取的措施。其二，不存在直接的因果关系。陈伟案指出，被上诉人上海证券交易所制定权证交易规则符合法定程序，交易规则本身与上诉人的损失之间不存在因果关系。邢立强案指出，原告不顾风险贸然入市，由此造成的交易风险与被告履行市场监管行为不存在必然的、直接的因果关系。钟洪春案指出，原告基于自身对该品种的喜好和判断进行买卖，由此造成的交易风险显然与被告的上述行为不存在必然的、直接的因果关系。当然，法院在这三个案件中也都强调交易所的行为是依法履行监管职责。②

　　上述法院的判决理由及结论不无疑问。尤其对于依据最高人民法院的司法解释不予受理的做法，更是引发广泛质疑。"不直接涉及投资者利益"的标准如何认定？交易所关于会员的监管决定可以解释为与投资者利益没有直接关系，但关于上市公司监管、关于交易监管的决定可能大都

---

　　①　上海顺泰创强实业有限公司等与深圳证券交易所不履行法定职责行政纠纷上诉案指出，由于深圳证券交易所有无对珠海中富实业股份有限公司进行查处的事宜均不会直接涉及上海顺泰创强实业有限公司、施德民作为投资者的利益，因此，按照《最高人民法院关于对与证券交易所监管职能相关的诉讼案件管辖与受理问题的规定》，法院对起诉人上海顺泰创强实业有限公司、施德民的起诉不应受理。见广东省高级人民法院行政裁定书，（2013）粤高法行终字第 232 号。

　　②　陈雨田诉上海证券交易所等证券欺诈纠纷上诉案指出，该损失产生的原因是陈雨田明知行权会产生损失，仍为达到其自身特定目的故意所为。根据侵权法的基本理论，当损害是由受害人故意造成时，行为人不承担责任。所以，行权损失只能由陈雨田自行承担，其赔偿的诉讼请求，法院应予驳回。退而言之，即使不考虑陈雨田故意制造损失的问题，从因果关系而言，由于即使上交所严格审核上述提示公告，也不可能改变诉争权证的价格，陈雨田行权仍会产生相同损失。故上交所的过错行为与陈雨田的损失之间无因果关系。见上海市高级人民法院民事判决书，（2010）沪高民五（商）终字第 60 号。

与投资者利益直接相关。类似亚星股改案件中，怎么能解释为不直接涉及投资者利益呢？如果这还不能称为直接涉及投资者利益，那么还有什么更典型的监管行为符合这个标准呢？有评论指出，尽管上海证券交易所与中国证券登记结算有限公司将 ST 亚星事件归结为"技术性原因"，但这并不能推卸两大管理部门所应承担的责任。因为在上市公司的股改中，ST 亚星显然不是第一家，在其之前有上千家公司已经过了股改，并没有出现股改对价推迟到账的现象。因此，即便 ST 亚星事件真的是因为"技术性原因"造成的，但这种"技术性原因"更多的还是一种人为的因素造成的，上海证券交易所与中国证券登记结算有限公司必须对此事负责。[①] 关于法院以不存在因果关系为由驳回原告诉讼请求的推理，也存在不同的看法。在侵权责任构成要件中，因果关系的界定极具困惑，证券市场的复杂性更加剧了这一认定的困难程度。因果关系通说采取相当因果关系说。[②] 但证券自律组织的特殊性决定了在认定自律组织民事责任时不宜采取相当因果关系，笔者赞同直接因果关系的观点。该观点认为，证券市场主体人数众多，交易迅速，投资者的损失主要表现为证券价格的下降或上升，但证券交易价格受到多种主客观因素的影响。既包括投资者自身的因素，也有外部性的因素：如宏观经济形势的变化、外部经济体的变化、法律法规政策的变化、行业景气程度的变化等。交易所行使自律监管职能，可能会对相对人和市场投资者产生一定影响和效应，但这只是诸多因素中的一种，如果运用相当因果关系标准，交易所的监管行为尤其是对证券交易、面向不特定投资者采取的监管措施，将可能因为对诸多投资者产生影响，而被不合理的要求承担责任，投资者的损失就会不适当的转嫁到监管者身上，交易所的监管由此可能面临难以预估的诉讼乃至滥诉风险。[③]

4. 在归责原则上，法院坚持过错责任原则

作为侵权责任的一种形式，法院在证券自律组织侵权在归责原则上采取的是过错责任原则。这是侵权责任的一般归责原则。在邢立强案中，法院认为交易所核准创设权证的行为主观上并非出于恶意，不符合侵权行为

---

① 皮海洲：《ST 亚星事件：管理部门应主动承担赔偿责任》，2014 年 8 月 22 日，http://stock. jrj. com. cn/2007 - 07 - 21/000002453060. shtml。

② 王泽鉴：《侵权行为法》，北京大学出版社 2009 年版，第 186 页。

③ 徐明、卢文道：《证券交易所自律管理侵权诉讼司法政策——以中美判例为中心的分析》，《证券法苑》2009 年（第一卷），第 24 页。

的构成要件。在陈伟案中，法院也指出，上海证券交易所在制定权证交易规则、向交易所会员及投资者揭示权证交易风险等方面均符合法定程序，不存在过错。同时，对于被告广东机场集团信息披露的行为，上海证券交易所也履行了法定的监管职责，亦不存在过错。这与美国的证券自律组织民事责任绝对豁免不同。按美国民事责任绝对豁免的思路，只要自律组织的行为在监管职责之内，无论其作为或不作为，也不考虑其主观上是否存在恶意，都享有绝对豁免权。应当说，过错的判断标准是比较复杂的，尤其是针对交易所自律监管的行为，如何判断是否存在过错，是从程序上审查，还是从实体上判断，不无疑问。按照陈伟案的观点，法院更多的是从程序上审查，认为交易所的系列行为符合法定程序的要求，因而不存在过错。笔者认为鉴于交易所自律监管的专业性和无可替代性，坚持程序审查为主符合自律监管的价值，也有利于发挥自律监管的优势。但也不能完全摒弃实质审查。如果交易所的自律规则明显地违背了证监会的规则或者《证券法》等民商事法律法规的立法原则和立法精神，法院应当宣布该规则无效，从而判决自律组织承担相应的责任。这么做也符合《立法法》的精神，虽然自律规则能否作为法律体系的内容尚有争议，但毕竟该规则对市场体系和广大投资者的财产利益产生着重要的影响，如果放任对其效力不管不问，显然有可能损害投资者的利益。但对于自律组织依据经证券监管部门批准的自律规则行事引发的诉讼，尽管仍然存在需要对自律规则合法性审查的必要，但出于对自律监管职责的尊重，可以推定交易所不存在过错。如果投资者因此受到损失，交易所不承担赔偿责任。

过错存在主观过错和客观过错两种理论。王利明先生认为，过错是一个主观和客观要素相结合的概念，它是故意和过失的状态，在该状态的支配下，行为人从事了在法律和道德上应受非难的行为。对过失的判断应采取客观的标准，对故意的判断应坚持主观标准。[①] 所谓故意是指行为人预见到损害后果的发生并希望或者放任该结果的发生的心理状态，可以分为直接故意和间接故意。学理上还将故意分为一般故意和恶意。行为人应当对故意侵权承担责任，因为他具有直接追求或者间接放任他人合法权益受到损害的恶劣心态。如果不追究具有此类心态的人的民事责任，势必从根本上破坏现存的民事秩序，使多数人的合法权益受到损害。故意的心理状

---

① 王利明：《侵权行为法研究》（上卷），中国人民大学出版社 2004 年版，第 472 页。

态之所以具有可归责性，还因为行为人对于损害的发生具有完全的控制力和主动性。① 关于过失的分类争议较大，有观点认为过失分为三种：重大过失、具体过失、抽象过失。② 也有认为过失分为重大过失、一般过失和轻微过失。③ 由于本书主旨所限，此处不予置评。

　　有法官赞成将故意或重大过失作为过错的认定标准。理由是：与一般的侵权不同，证券市场具有高度的专业性和复杂性，存在高风险、高收益的特征。对投资者而言，在享受高收益的同时，承担高风险是非常合理的，其对可能的投资损失应当有一个比较合理、明确的预期。此时，如果侵权损害的发生和扩大并不是侵权行为人的故意或者重大过失造成时，却要求其承担全部的侵权赔偿责任，显然有悖于公平原则。④ 笔者赞同将一般过失或轻微过失排除适用的观点，这些过失毕竟主观可归责性低，如果令自律组织因此承担责任，显然加重了自律组织的民事责任，必然使其在自律监管时畏手畏脚，最终阻碍市场的创新和发展。但笔者认为重大过失也应排除在外。关于何为重大过失也有不同的观点：有认为指行为人的极端疏或极端轻信的心理状况，疏于特别的注意义务构成重大过失。⑤ 也有认为违反普通人的注意义务即为重大过失。⑥ 虽然按照民法理论的传统认识，有重大过失等同于故意的提法，但二者毕竟不同。重大过失本质上仍然是过失。首先，在故意，行为人对损害后果是抱持追求或放任（不反对）的态度；而在重大过失，行为人只是确信损害后果很可能发生，但对此损害后果的发生抱着不希望（反对）的态度。这一点决定了二者的主观可责难性有较大差别。其次，在故意，由于行为人的主观恶性非常明显，因此，在其构成上无须再检视行为客观上是否会产生巨大风险，这与重大过失不同。再次，在损害的预防和避免上，故意行为人显然要比重大过失行为人具有更强的操控性和主动性。最后，故意的道德可责难性要比

　　① 张新宝：《侵权责任法》，中国人民大学出版社 2013 年版，第 33 页。

　　② 杨立新：《侵权责任法》，法律出版社 2011 年版，第 126 页。

　　③ 张新宝：《侵权责任法》，中国人民大学出版社 2013 年版，第 34 页。

　　④ 史伟东：《权证信息披露中证券交易所的民事责任认定》，《证券法苑》2010 年（第三卷），第 417 页。

　　⑤ 张新宝：《侵权责任法》，中国人民大学出版社 2013 年版，第 34 页。

　　⑥ 杨立新：《侵权责任法》，法律出版社 2011 年版，第 126 页。

重大过失的道德可责难性更高。① 笔者建议将过错仅仅限定在故意的范畴之内。对于故意的行为，因其主观恶性太大，没有予以保护的必要，否则，有违法治和人权保护的基本精神。如前所述，重大过失的认定标准理论界尚不统一，实践中也有不同做法，这可能导致因审判人员的主观认识的差异而做出不同的判决，损害司法的权威性。同时，重大过失的举证不易，重大过失与一般过失的区别，对于何为善良管理人义务、理性第三人标准、普通人的界定等都存在相当的困难，由此既可能造成诉讼的拖延，耗费当事人尤其是自律组织的精力和时间，也容易引发败诉一方当事人的不满，从而进入无休止的上诉、再审等程序中。相对而言，故意的认定标准较为容易，争议较小，也容易为当事人接受。将交易所的民事责任限定在故意范畴是符合自律监管的价值的，有利于充分调动自律监管的积极性，发挥自律监管在提高决策效率、降低交易成本方面的专业性和一线监管的优势。

（三）其他事件

除了上述案例外，还有许多案例法院未受理或仍在立案审查过程中，但与交易所职责履行密切相关，所以我们称之为"事件"，社会对这些事件的关注度很高，其对市场主体的利益和市场信心影响很大。本书以光大证券乌龙指事件为例，以对交易所职责履行的正当性及责任问题更全面的把握。

2013 年 8 月 16 日早盘，A 股突然暴涨，引起整个市场剧烈波动。事后发现，这是因为当天 11 时 05 分，光大证券在进行交易型开放式指数基金（ETF）申赎套利交易时，因程序错误，以 234 亿元的资金进行申购，实际成交 72.7 亿元。为了弥补损失，当日光大证券在尚未公告的情况下，做了股指期货等回补交易。在这一过程中，许多投资者做出与市场涨跌方向相反的操作，遭受损失。

证监会于 2013 年 11 月 1 日对光大证券异常交易事件涉及违法违规行为主体及相关责任人员做出行政处罚决定。没收光大证券 ETF 内幕交易违法所得 13070806.63 元，并处以违法所得 5 倍的罚款。没收光大证券股指期货内幕交易违法所得 74143471.45 元，并处以违法所得 5 倍的罚款。上述两项罚没款共计 523285668.48 元。对相关人员给予警告、罚款、市

---

① 叶名怡：《重大过失理论的构建》，《法学研究》2009 年第 6 期，第 84 页。

场禁入等行政处罚。

尽管本案在内幕交易的定性、光大证券的赔偿责任等诸多问题上还存在一定的争议，但本书关注的是交易所在其中应当承担的责任。尽管多数观点认为光大证券应承担主要的赔偿责任，但交易所监管不当也受到市场质疑。根据公告，16日11时07分，光大证券就已接到上海证券交易所的问询电话。可以说，交易所在第一时间就关注到这一异常情况，但却没有及时将信息公开给投资者。在上午收盘时间11点44分，上交所通过微博表示"截至目前，上交所系统运行正常"，未提及光大证券乌龙交易。作为一线监管者，交易所应该有多种手段也有责任及时处置此类应急事件，以把错误交易对市场的影响和对投资的损失降低到最小。① 马光远先生建议追究上交所的失察之罪。他认为，上交所在11点07分就知道异常交易的存在。但除了打电话询问，并没有任何别的实质性的举措。既没有立即采取"熔断机制"，也没有对光大紧急停牌和暂停其一切交易的防火墙处理，听任事态发展，听任各种流言满天飞，听任投资者在各种流言之下的误操作，没有向投资者公告真实信息，令人匪夷所思。上交所不作为的结果就是，8月16日上午让空头爆仓，下午屠杀了上午跟风追涨的多头，害死了所有的投资者。②

从责任构成的角度，笔者也认同光大证券应当对投资者承担主要赔偿责任的观点，但是交易所也应在其过失范围内承担相应的民事赔偿责任。从侵权法的角度来说，交易所的不作为助推了投资者损失的扩大，其作为市场交易的组织者和监管者，没有及时采取停牌措施，违反了其监管职责，应当承担相应的责任。

第二节　我国证券自律组织民事责任豁免制度的立法构想

从前文我国相关判例的结果可以看出，法院对于起诉我国证券自律组

---

① 《光大"乌龙指事件"遭质疑 出错到公告时差达3小时》，2014年8月22日，http://news. eastday. com/chyauto/2013 – 08 – 19/597406. html。

② 马光远：《该彻底追究"光大乌龙指"》，2014年8月22日，http://business. sohu. com/20130829/n385397315. shtml。

织承担民事责任的请求没有支持。无论是基于程序上的不予受理还是基于实体上的驳回诉讼请求，事实上都实现了自律组织不承担民事责任的效果。笔者对这种结果基本持肯定态度，但对实现该结果的过程和法律依据有不同看法。本书总体观点是证券自律组织应享有民事责任豁免权，但该豁免权不是绝对的，存在特定的例外，还应借鉴美国相对豁免的合理之处，制定适合我国现实需要的独特的豁免制度。

一　我国证券自律组织民事责任豁免的现实基础

1. 证券自律组织在国民经济中的核心地位

证券市场是国民经济的晴雨表，是资本市场的核心，而交易所就是这个核心的核心，因为交易所提供证券交易的场所、设施和相关服务，并负责一线自律监管。从西方国家证券市场的演变来看，证券交易所是早期证券市场的推动者和自律监管者，为证券市场的发展做出了重要贡献。"交易所的义务不仅仅是交易、清算和交收，它将成为永不停息的金融中介过程的核心组成部分。随着时间的推移，全世界受监管交易所可以自由选择为这一过程增添非同寻常的价值。"①

我国证券市场虽然起步较晚，但发展迅速，其中交易所发挥了重要的功能。有学者通过研究分析指出，上证综指与固定资产完成额、进出口额、社会消费总额的前一期值成正向变化。固定资产完成额的增加，表明实业投资的增加，实业投资的增加必然会带动股票市场的发展。进出口的增加，则有利于国内企业的发展，使得企业的利润增加，同时使得企业的股票价格上涨。而消费的增加，一方面使得企业的销售增加，另一方面消费还推动经济的发展，这两方面的作用都将有利于股票市场的发展。②该研究结论揭示了股票市场是国民经济发展水平外在标志，反之，股票市场的健康发展又会推动国民经济的提升。截至 2013 年底，我国两家证券交易所现有 2400 多家上市公司，这些公司都是各行业的佼佼者，证券交易所为这些公司提供了较好的融资平台，促进了公司的发展，这些公司反过来又带动了整个行业的科技创新和发展水平，对提升整个国民经济做出贡

①　[美] 拉里·哈里斯主编：《监管下的交易所——经济增长的强劲助推器》，上海证券交易所译，中信出版社 2010 年版，第 306 页。

②　彭浩东、周星辰：《关于中国宏观经济变量与证券市场关联性的实证研究》，《生产力研究》2012 年第 1 期，第 72 页。

献。很难想象，如果没有证券市场的支持，我国的经济发展水平会持续保持较高的增长，一大批国企会顺利完成改制焕发生机，大量民企会发展壮大？据国家统计局统计，2013 年国内生产总值为 568845.21 亿元，股票市价总值为 239077.19 亿元，股票市场证券化率已超过 40%。证券化率是衡量一国证券市场发展程度的重要指标，虽然证券化率高低与 GDP 的发展程度不能画等号，但至少从某种意义上反映了证券市场在国民经济中的重要程度。如果证券化率急剧下滑，而该国国民经济还能保持高速增长，这显然是不符合各国经济发展的事实和客观规律的。

尤其在我国目前整体存在的融资难的背景下，证券市场对于上市公司尤其是对中小企业、民营企业解决融资问题无疑是最重要的途径和支持。证券交易所作为证券市场的组织者和服务提供者无疑在其中发挥了重要的作用，证券业协会通过对券商的规范也间接保障了证券市场的规范运行。所以，证券自律组织在国民经济体系中具有极为重要的地位。鉴于自律组织这种独特的地位，必须保障其最大可能的不受干扰的实施监管，维护证券市场的公正有序。确立自律组织的责任豁免就是基本的制度保障。

2. 投资者风险意识薄弱，在遭受损失时急于寻求外在的补救，证券自律组织此时往往成为被诉的对象

我国投资者结构仍以散户为主，缺乏良好的投资教育，尤其风险意识较为薄弱。在投资受损时往往怪罪于外部环境，意图寻求外在第三方的补救途径，交易所往往成为被诉对象之一。虽然如前所述，目前为止针对交易所的案例只有 20 余起，但实际上相当多的诉讼是被法院以种种理由挡在大门之外。例如前述邢立强案就是通过不断向相关部门上访施压，法院最终以民事案件的形式受理了其状告上海证券交易所的案件。[①] 鉴于投资者人群庞大，法院也担心一旦给某个投资者立案，就会带来无尽的潮水效应，难以抵挡。所以，拖延立案就成为了法院的首选。但这显然是有违法治精神的，《民事诉讼法》第一百一十九条明确规定，起诉必须符合下列条件：（一）原告是与本案有直接利害关系的公民、法人和其他组织；（二）有明确的被告；（三）有具体的诉讼请求和事实、理由；（四）属于人民法院受理民事诉讼的范围和受诉人民法院管辖。只要符合这四个条

---

① 韩朝炜：《证券交易所自律司法介入研究》，华东政法大学博士论文，2013 年 11 月，第 161 页。

件，法院就应当立案。第一百二十三条规定，不符合起诉条件的，应当在七日内作出裁定书，不予受理；原告对裁定不服的，可以提起上诉。然而实践中，法院往往既不立案，也不给不予受理的裁定，导致当事人无法通过上诉途径解决立案的争议，实际上也促成部分当事人通过上访解决诉求，加大了维稳压力。随着十八届四中全会依法治国主题的确立，这种局面应当改变。程序正义不能实现如何能保障实体正义？在这种背景下，逃避立案不是办法，必须寻求其他途径解决争议。自律组织民事责任豁免或许是重要的途径之一。

3. 证券市场的高风险性可能导致证券自律组织过重的赔付责任，甚至不排除破产的风险

我国证券自律组织是否具有足够的赔付能力？这不是一个实然问题，而是一个应然性问题。我国交易所经过十几年的发展积累了巨额的资产①，但这些资产能否作为交易所独立的财产不无疑问。正如方流芳先生指出的，我国交易所的积累来源于政府特许的独占权，与会员有无出资或出资多少无关。与政府特许的独占权相比，任何资金投入都是微不足道的。②虽然我们无从得知交易所的年收入多少，但正如前文所述，面对过亿的投资者，交易所再多的收入恐怕也难以应对。证券市场的高风险性同时意味着相当大的不可预知性，尤其是系统的缺陷事先无法判断，任何一个小小的失误都会带来重大损失。例如，2005 年 12 月 8 日，瑞穗证券受一家刚刚在东京证券交易所上市的客户委托，帮忙出售股票。在使用东京证券交易所的交易系统时，瑞穗证券误将"每股 61 万日元"输入成"1 日元 61 万股"。1 分 25 秒之后瑞穗证券方发现错误并取消交易，但是因交易系统缺陷东京证券交易所未能及时受理，瑞穗证券最终遭受 400 亿日元损失。Facebook 上市首日的系统故障给做市商带来的损失超过 1.15 亿

---

①　按照沪深交易所的交易经手费比例计算，从交易所设立至 2012 年 7 月，两家交易所佣金获取额就超过了 700 亿元。另外还有上市公司的上市初费（每家 3 万元）和上市月费；会员（证券公司）的席位费（每个 60 万元）、席位管理费等。见陈旭，张勇，巢新蕊：《传沪深交易所启动股份制改革 年内或将完成》，《经济观察报》，2012 年 7 月 30 日第 17 版。

②　方流芳：《证券交易所的法律地位——反思"与国际惯例接轨"》，《政法论坛》2007 年第 1 期，第 65 页。

美元。① 2011 年 12 月 7 日，我国郑州商品交易所出现系统故障，早上9：28，郑州商品交易所早盘出现系统中断情况，导致所有品种交易暂停。9：40 左右恢复后，9：46 再次中断。上午两段交易中止时间总计 1 小时 56 分。由此给投资者带来的损失难以统计。② 2011 年 12 月 14 日晚，XAGUSD 现货白银价格在 20 点 40 分附近反弹上行，但在 21 点刚过后掉头急转直下，从 6140 附近一路下探至 5900 以下，而这期间，有多位天贵所投资者反映其因为交易系统"故障"无法操作，从而遭受巨额损失。③ 伦敦证券交易所、港交所、上海证券交易所、上海黄金交易所等都出现过类似事件。虽然有的交易所交易规则里都有系统故障免责的声明，但该声明的合法性值得怀疑，而且事实上交易所并非能简单的以系统故障或技术故障为由免除责任，因为系统故障或技术故障的标准很难界定，是纯粹客观的标准还是主客观结合的标准争议很大，不好把握。还有的以不可抗力为由免责，这种说法同样缺乏法理依据。交易所自身就是交易的服务提供人，并据此服务收取费用，那么交易所就应当保障自己提供的服务是无瑕疵的，用于提供服务的设施的质量自然是其服务的重要内容。就像给人冲洗照片的冲洗店，如果因冲洗设备出现故障给客人造成损失，就能以不可抗力免赔吗？这么做显然有违有偿合同的对待义务属性，也不符合公平原则。怎么能在出现故障时说成是不可抗力呢？如果这样，交易所岂不是成了只赚不赔的商人？这样的条款岂不是霸王条款？这显然不符合市场经济的基本规律，不符合法律的基本精神。虽然交易所与投资者之间没有直接的合同法律关系，但是交易所的不当行为仍可能构成侵权行为。

尽管对于交易所本质上是否是行政机关或事业单位还有争论，但交易所并不享有国家财政拨款，"沪深交易所一直均按《企业所得税条例》缴纳企业所得税"。④ 上海 2011 年纳税百强金融榜中，上海交易所位列 15

---

① 《纳斯达克拟 4000 万美元赔偿交易故障造成的损失 远低于投资者 1. 15 亿的赔偿要求》，2014 年 8 月 25 日，http：//wallstreetcn. com/node/14688。

② 《郑商所突发系统故障交易中断 事故罕见损失难统计》，2014 年 8 月 25 日，http：//news. xinhuanet. com/fortune/2011 – 12/08/c_ 122394986. htm。

③ 《天贵所系统故障交易暂停两小时 部分客户爆仓》，2014 年 8 月 25 日，http：//finance. sina. com. cn/money/nmetal/20111223/224811053180. shtml。

④ 李响玲：《论新趋势下的证券交易所自律监管》，中国法制出版社 2014 年版，第 41 页。

位，低于交通银行、浦发行、上海银行等银行。① 众所周知，银监会从风险控制的角度对我国银行业的业务内容实施了严格监管，所以迄今为止也未发生较大规模的风险事件。而且银行的经营模式完全不同于证券交易所，其通过设在各地的分支机构开展业务，一定程度上也分散了风险，即使出现严重事件，也往往是某个分支机构的业务受到影响，不会牵连其他分支机构。但交易所不同，证券交易的特点决定了交易所是唯一的服务场所，其无法通过设立分支机构的方式分散风险，因此一旦发生系统风险，就会迅速扩延，其速度之快令人无法想象，尤其是随着程序化交易、算法交易、高频交易、闪电交易等新交易技术的出现，在降低交易成本改善市场流动性的同时，也使得市场风险的传递速度更快，风险可能在瞬间遍及全球。因此，即便认为交易所是公司法人，也不能用对待银行的思路设计证券交易所的民事责任。当然也不能按照传统的公司管理和风险控制的思路对待交易所等自律组织，证券交易所在责任承担上应区别于商业公司，否则无法保证其自律监管职能的正确履行，甚至无法保证其存续的能力。

二　我国证券自律组织民事责任豁免的法理依据

在我国，对证券自律组织民事责任豁免权的研究无论是理论界，还是实务界都处在探索阶段，尚未形成一致的看法，目前较为代表性的观点有以下两种：

其一，主张借鉴美国的民事责任绝对豁免权，但有例外。我国较早进行证券自律组织民事豁免权研究的是上海证券交易所卢文道博士，他指出，应当借鉴美国的"民事责任绝对豁免原则"，严格限制交易所因履行自律管理职责而承担民事责任的标准。原则上，只要交易所实施的自律管理行为没有主观恶意，即便给投资者造成损失，也无须承担任何赔偿责任。② 持该观点的还有华东政法大学顾功耘教授，他认为，在交易所正当履行监管职责过程中，对被监管主体造成的利益损失，应当免除其法律责任，否则，交易所必然会因畏惧承担赔偿责任而裹足不前，无法正常履行职责。但是，当其监管行为有失当之处时，交易所就应承担法律上的不利

---

① 《上期所收入再超上交所　隐现行业贫富分化之痛》，2014 年 8 月 26 日，http：//money.163.com/12/0223/07/7QUB31CI00251LIE.html。

② 卢文道：《证券交易所自律管理理论》，北京大学出版社 2008 年版，第 185 页。

后果。① 上述观点也得到了最高人民法院立案庭的回应："在评判交易所是否应当对自律管理行为承担民事责任尤其是损害赔偿责任时，可借鉴美国的'民事责任绝对豁免原则'，严格限制交易所因履行自律管理职责而承担民事责任之标准。原则上，只要交易所实施自律管理行为中没有主观恶意，即便客观上给投资者造成损失，也无需承担任何赔偿责任。否则，如随意放宽责任认定标准，将影响并制约交易所在证券市场进行强有力的自律管理。"② 上述观点虽然主张借鉴美国的民事责任绝对豁免观点，但并不主张绝对的豁免，因为按照美国绝对豁免的观点，是没有欺诈的例外的。Facebook 案指出，因为其涉及欺诈的性质，就允许原告对这些陈述提出指控，将会对绝对豁免添加"恶意"或"不良动机"的元素，这违背该原则的目的，将允许原告仅仅通过调整请求，使之涉及的受保护的自律组织的行为来源于欺诈性的举动，从而避开豁免的约束。③ DL Capital 案指出，拒绝欺诈性例外，不是简单的逻辑问题，而是更紧密的实践问题，如果不这么做，自律组织执行准政府职能将会受到破坏性的和反控性的诉讼案件的不当妨碍。④ 在 D'Alessio 案，法院维持了一审驳回原告诉请的判决，尽管原告的请求之一指向的是"不诚实的欺诈和隐匿"。⑤ Sparta Surgical 案认为，尽管被告采取了反复无常甚至伪善的方式给 Sparta 造成了巨大损失，但当国会选择了"合作监管"作为场外交易市场监管的主要模式时，自律组织就获得了对其监管行为的民事责任绝对豁免权。⑥

其二，反对适用民事责任绝对豁免的观点。该观点认为，我国没有必要也不适合全面引进美国证券交易所自律民事责任豁免制度。其理由如下：（1）证券交易所的重要地位要求其有承担责任的压力；（2）适当的责任能够促进资源更有效率地分配；（3）适当的责任可以有效约束证券

---

① 顾功耘：《证券交易异常情况处置的制度完善》，《中国法学》2012 年第 2 期，第 140、142 页。

② 最高人民法院立案庭课题组：《证券交易所自律管理中的司法介入》，《中国证券报》2008 年 4 月 10 日第，A14 版。

③ 2013 WL 6621024（S. D. N. Y.）.

④ DL Capital, 409 F. 3d 93, 99（2d Cir. 2005）.

⑤ 258 F. 3d 93, 98（2d Cir. 2001）.

⑥ 159 F. 3d 1209, 1215（9th Cir. 1998）.

交易所的自利性；（4）民事责任豁免违背程序正义原则。①

笔者认为，美国证券自律组织民事责任绝对豁免的原则有其合理性，但由于我国与美国在绝对豁免和主权豁免法理上的不同，尚不能完全借鉴，应当结合我国的现有法律制度，吸取其合理之处，建立符合我国国情的证券自律组织民事责任豁免制度。我国确立自律组织民事责任豁免的正当性基于如下考虑：

（一）我国在国内法上虽缺乏类似美国的绝对豁免和主权豁免的传统，但确立自律组织民事责任豁免仍具有一定的法律和司法实践基础。

我国关于豁免权的规定主要体现在人大代表的言论豁免权。1982年《宪法》第七十五条规定，全国人民代表大会代表在全国人民代表大会各种会议上的发言和表决，不受法律追究。《中华人民共和国全国人民代表大会组织法》第四十三条规定，全国人民代表大会代表、全国人民代表大会常务委员会的组成人员，在全国人民代表大会和全国人民代表大会常务委员会各种会议上的发言和表决，不受法律追究。《中华人民共和国地方各级人民代表大会和地方各级人民政府组织法》第三十四条规定，地方各级人民代表大会代表、常务委员会组成人员，在人民代表大会和常务委员会会议上的发言和表决，不受法律追究。《中华人民共和国全国人民代表大会和地方各级人民代表大会代表法》第三十一条规定，代表在人民代表大会各种会议上的发言和表决，不受法律追究。规定各级人大代表的豁免权，其目的在于保障人大代表能充分的、正确的行使代表职权，保障代表在人大的各种会议上不受外界干扰，排除顾虑，从而畅所欲言，充分自由的发表意见。②

美国民事责任绝对豁免制度最早源于法官，那我国的法官是否享有民事责任豁免权呢？《法官法》并没有关于法官豁免权的规定，只是在第四条笼统规定，法官依法履行职责，受法律保护。这样的规定在许多法律法规中都有体现，其目的是为了对特定主体履行职责提供合法性保障，显然不能作为豁免的依据。《中华人民共和国刑法》第三九九条规定，司法工作人员徇私枉法、徇情枉法，对明知是无罪的人而使他受追诉、对明知是

---

① 韩朝炜：《证券交易所自律司法介入研究》，华东政法大学博士论文，2013年11月，第161页。

② 陈雅丽：《豁免权研究——基于宪法的视域》，中国法制出版社2011年版，第70页。

有罪的人而故意包庇不使他受追诉，或者在刑事审判活动中故意违背事实和法律作枉法裁判的，处五年以下有期徒刑或者拘役；情节严重的，处五年以上十年以下有期徒刑；情节特别严重的，处十年以上有期徒刑。在民事、行政审判活动中故意违背事实和法律作枉法裁判，情节严重的，处五年以下有期徒刑或者拘役；情节特别严重的，处五年以上十年以下有期徒刑。根据该条款的规定，法官的故意违法行为要被追究刑事责任。同时根据《国家赔偿法》第十七条的规定，终审宣告无罪的，或依照审判监督程序再审改判无罪，受害人有取得赔偿的权利。这两个条款之间没有必然的逻辑联系。前者强调犯罪的故意，后者针对的是结果，至于改判无罪的原因，可能是基于之前法官的徇私枉法，也可能是事实认定上的错误。事实上，在美国，法官的绝对豁免指向的是民事责任的绝对豁免，法官并不能被免除刑事责任，还可能面临其他形式的惩戒。① 因此，法官的豁免权是仅仅在民事责任意义上而言的。从我国司法实践来看，似乎也不支持对法官个人追究民事责任，如果确因法官个人徇私枉法错误追究了当事人的刑事责任，也只能按《国家赔偿法》的前述规定处理。超出《国家赔偿法》范围的事项，例如法官所做的民事判决被撤销，即使受害人受到损失，法官也不会因此对当事人承担民事赔偿责任。从这个意义上说，能否理解为法官也享有一定的民事责任的豁免权呢？

　　《人民法院审判人员违法审判责任追究办法（试行）》第二十二条规定，有下列情形之一的，审判人员不承担责任：（一）因对法律、法规理解和认识上的偏差而导致裁判错误的；（二）因对案件事实和证据认识上的偏差而导致裁判错误的；（三）因出现新的证据而改变裁判的；（四）因国家法律的修订或者政策调整而改变裁判的；（五）其他不应当承担责任的情形。第三十二条规定，对责任人的追究，应当根据违法行为的具体情况确定：（一）情节轻微的，责令有关责任人作出检查或者通报批评；（二）情节较重，应当给予纪律处分的，依照《人民法院审判纪律处分办法（试行）》给予相应的纪律处分；（三）有犯罪嫌疑的，移送有关司法部门依法处理。应当说，该《办法》属于法院内部管理性规范性文件，看似强调的是内部的处分，实际上也是对法官行为的外在制约，美国之所以建立法官的绝对豁免制度，其中重要一条原因是存在对法官不当

---

① 李贤华：《美国法官丑闻及惩戒制度》，《人民公安》2010年第4期，第57页。

行为的外在制约，其中就包括了法院系统内部的惩戒、职业声誉制约等。所以，该《办法》不应视为是对法官豁免权的限制，相反是推行豁免权的一种外在的保障。试想，如果赋予法官豁免权，但没有任何外在制约，既违反了权利义务相一致的原则，也不利于豁免制度的实施。因为一旦法官可以随意滥用权力而不受制约，其不仅给单个当事人造成损失，更是会对整个社会造成绝大的恐慌，这样赋予绝对豁免的成本收益分析的正当性，即赋予民事责任绝对豁免给社会带来的利益远大于给社会造成的损害，就不成立了，绝对豁免制度也就会被废除。之所以美国仍然还存在法官的绝对豁免，就是建立了一整套对法官的外在约束机制，使得法官轻易不敢滥用权力。目前我国有法院制定了错案终身追究的制度，引发了广泛关注，虽然社会大众多持肯定态度，但学术界及司法界却有着不同的看法。① 笔者无意在此对何为错案，如何追究进行分析，但是如果将错案追究作为一种外在制约手段从而建立法官民事责任豁免制度也未尝不可。

对于主权豁免，根据《国家赔偿法》的规定，我国在国内侵权法律意义上已放弃了主权豁免，行政机关和司法机关对于特定的违法行为必须依据《国家赔偿法》赔偿。与美国的《联邦侵权赔偿法》不同，我国没有设置诸多例外，例如故意侵权的例外，自由裁量的例外等。根据《国家赔偿法》第五条规定，属于下列情形之一的，国家不承担赔偿责任：（一）行政机关工作人员与行使职权无关的个人行为；（二）因公民、法人和其他组织自己的行为致使损害发生的。如果说美国还在相当大程度上保留了主权豁免的原则的话，我国则相对彻底的放弃了主权豁免。所以，即使证券自律组织被视为准政府机构，也很难以主权豁免作为责任豁免的法理依据。况且，我国《国家赔偿法》明确适用于行政机关和司法机关，国家赔偿款都是由财政专项列支，② 自律组织的运营与国家财政拨款无关，也就不存在国家赔偿的前提。

美国的证券自律组织豁免建立在绝对豁免和主权豁免的"混合"基础上，如前所述，其法理基础也很混乱。虽然我们很难从主权豁免的角度给予责任豁免，但是从人大代表言论豁免权的视角至少可以推理基于目的

---

① 魏胜强：《错案追究何去何从——关于我国法官责任追究制度的思考》，《法学》2012年第9期，第55—64页。

② 《国家赔偿法》第三十七条。

正当性可以赋予特定主体一定的豁免权。虽然我国目前未明确赋予法官民事责任豁免权，但随着我国司法改革的深入，未来不排除会明确赋予法官民事责任豁免权。参照美国的思路，对于行使指控、裁决职能的自律组织人员，赋予民事责任绝对豁免权是可行的。我国证券自律组织自律监管权力中重要的职能之一是对会员的纪律处分，赋予其民事责任豁免权有利于自律组织独立公正地行使职责而没有后顾之忧。目前，证券业协会和交易所都未建立证券仲裁制度，而证券仲裁制度作为证券纠纷的基本解决方式在发达国家已得到普遍确立，未来由我国证券自律组织主导证券仲裁乃大势所趋。对证券仲裁人员赋予民事责任绝对豁免权是其独立履行职责的重要保障。

对于行使其他监管职责的人员，笔者主张借鉴美国有限豁免的思路。按美国有限豁免的立法本意，是对知道或应道知道侵犯宪法权利的行政人员不给予豁免权，同时国家也不承担国家赔偿责任，对于不知道或不应知道侵犯宪法权利，或侵犯非宪法权利的行为，行政人员可以主张豁免权，即不承担民事赔偿责任。这种思路可以给我们启示。虽然我国不存在与美国对应的宪法权利分类，但我国《宪法》规定的基本权利如人权、财产权、平等权也可以称为宪法权利，对于故意侵犯这类权利的人显然不应给予豁免。虽然《国家赔偿法》规定的赔偿情形基本包括了侵犯宪法权利的类型，但我国证券自律组织即使在行使监管权力的角度上被视为准政府组织，但从《国家赔偿法》的角度，国家财政是不可能对于自律组织及其人员的违法行为承担赔偿责任的，也就是说证券自律组织不适用《国家赔偿法》。当然，即使在美国，证券自律组织也不适用《联邦侵权赔偿法》。为了体现对受害人的保障，对于故意侵犯市场主体财产权的行为应当由自律组织作为责任主体，因为证券自律组织个人实施的"职务行为"应当视为自律组织的行为，由组织作为责任主体符合我国民事责任归责主体的要求。当然，对于证券自律组织个人实施的完全与职责无关的行为，应由个人承担责任，与自律组织无关。这里没有采取"应当知道"的标准，因为"应当知道"的标准不易掌握，违反"应当知道"的要求有可能构成重大过失，也可能构成一般过失，不同的过失类型在损害赔偿责任范围认定上应有所不同，如果不加区分都作为豁免的事由显然不合理。但在具体界定上又存在困难，基于自律组织人员保护的倾向性，本书排除"应当知道标准"的适用。

如本书第四章所述，美国自律组织绝对豁免的理论基础混乱，但为什么一直延用至今呢？实用主义的思路可以对此进行解释。梳理美国法院关于自律组织豁免权的判决，就可以发现法院非常关注赋予自律组织豁免权的目的以及如果自律组织没有豁免权可能导致的后果，然后基于此再评价本案自律组织的行为是否应当豁免。虽然我国法院并未在判决书中确认民事责任豁免的原则，但法院基于我国证券市场的现状，采取了支持自律监管，不给自律组织课以更多义务的务实做法，审理邢立强案的主审法官称其为"目的正当性标准"①，该案一审判决书指出，对权证交易进行监督和管理，是证券法赋予交易所的一项职能。在武钢认沽权证上市后，投资者对该权证进行了非理性的投机炒作，使得该权证严重背离内在价值。被告上交所为抑制这种过度炒作行为的继续，及时审核创设人创设权证，通过增加权证供应量的手段平抑权证价格，其目的在于维护权证交易的正常秩序，作为市场的监管者，其核准创设权证的行为系针对特定产品的交易异常所采取的监管措施，是针对权证交易活动本身作出的普遍监管行为，是交易所的职责所在。② 钟洪春案指出，创设权证制度在我国属于一项金融创新制度，是基于股权分置改革的总体要求，结合股改权证的运行特点，借鉴成熟市场的类似做法，产生的一种市场化的供求平衡机制。鉴于这项制度仍处于探索阶段，故在创设程序、创设品种、创设数量等方面尚无规范可循，在具体实施时创设人可以根据发行权证的具体情况自由决定实施方案，交易所仅对其资格和上市程序进行审查。③ 这些务实的做法相当于从另一个角度支持了证券自律组织民事责任豁免权，只不过囿于我国立法的现状，不能明确表达。这些判决通过对自律监管"宽松解释"的方式认为自律组织已经适当履行了其自律监管职责，从而对损害的发生没有过错，没有因果关系，已经在相当程度上"豁免"了自律组织可能承担的民事责任。鉴于按照最高法院2005年的解释，此类纠纷都将由上海一中院和深圳市中级人民法院审理，邢立强案还刊登在《人民法院公报》上，可以预见，这些判决的指导思想和基本原理将会在今后的类似案件审理上得以应用。

---

① 宋航、张文婷：《证券交易所自律监管行为正当性的司法审查标准》，《人民司法》2011年第4期，第45页。

② ［2008］沪一中民三（商）初字第68号。

③ ［2009］沪一中民三（商）初字第23号。

（二）赋予豁免权有助于法院明确审理争议点，提高审判效率

综上所述，我国司法实践已对自律监管持宽容和支持态度，既然如此，还有无必要明确规定证券自律组织民事责任豁免权呢？本书认为，从法院审理案件的角度，仍有必要明确规定自律组织的民事责任豁免权。

明确赋予自律组织民事责任豁免权，可以有助于法院提高审判效率，避免案件拖入冗长复杂的程序中。如果明确规定自律组织豁免权，法院就会很容易归纳案件前期审理的争议点。当被告自律组织提出豁免抗辩时，法院审查的重点就是被告的行为是否属于自律监管行为？被告主观上是否存在故意？而无须对因果关系、损失数额的认定等问题进行审理。很显然，因果关系、损失数额的认定等问题非常复杂，既存在理论上的争议，也有事实举证及认定上的困难。而对于被告的行为是否符合自律监管职责的需要，是否存在故意相对而言比较容易判断。按照美国民事诉讼法的规定，一旦确认被告享有豁免的资格，就会驳回诉讼，无须进入证据开示程序。也就是说绝对豁免不仅是免于民事责任的承担，而且还免于诉讼。被告通常以享有豁免权为由，依据美国《民事诉讼规则》第 12 条（b）（6）"没有陈述能给予救济的诉讼请求"的规定提出动议要求驳回原告的起诉（dismiss the suit/case）。这与《规则》第 8 条（a）的要求是相对应的，根据该条款，任何起诉状都需要：（1）陈述拥有事物管辖权的理由；（2）陈述诉讼请求；（3）要求所寻求的救济。缺少三项请求中的任何一项的起诉状都将遭驳回。① 起诉状必须陈述一个诉讼请求（或者在法典式的州，陈述诉因），如果诉状没有这么做，法院可以主动的驳回诉讼（这意味着法院可以在没有当事人提出申请的情况下自动的这样做），或者可以根据《规则》第 12 条（b）（6）项准予驳回的申请。如果原告没有法律认可的诉讼请求，让诉讼进一步进行下去完全是浪费被告及法院的时间。② 在依据《规则》第 12 条（b）（6）审查驳回起诉的动议时，法院自由的解释诉状，视所有的事实性陈述为真，并汲取所有的有利于原告的合理的推论。问题不在于原告是否将最终胜诉，而是原告是否有权提供证据以支持其请求。为免于被驳回，诉状必须包含充分的事实问题（被视为是真实的）以提出从表面上

---

① ［美］理查德·D. 弗里尔：《美国民事诉讼法》，张利民、孙国平、赵艳敏译，商务印书馆 2013 年版，第 357 页。

② 同上书，第 362 页。

看是合理的救济请求，原告必须提出足够的事实以推动其请求穿越从可能性到合理性之间的界线，合理性标准不是类似于可能性要求，而是要求对于被告行为不合法的证明要超越纯粹的可能性，尽管法院必须接受诉状中事实性的陈述为真，但法院并无义务必须接受一个法律结论像一个事实性陈述一样为真。① 按照美国法律的审查标准，在被告提出驳回起诉的动议时，法院只需对诉状进行书面审查，判断诉状中是否提出了合理的救济请求。如果没有，法院将驳回起诉，但该驳回不是实体性权利的驳回，原告可以对诉讼请求进行修正并再次提交起诉状。

我国《民事诉讼法》第一一九条规定，起诉必须符合下列条件：（一）原告是与本案有直接利害关系的公民、法人和其他组织；（二）有明确的被告；（三）有具体的诉讼请求和事实、理由；（四）属于人民法院受理民事诉讼的范围和受诉人民法院管辖。从我国《民事诉讼法》起诉条件的规定来看，如果将来立法赋予证券自律组织民事责任豁免权，只要原告提出了明确的诉讼请求和事实理由，法院就不应裁定不予受理或驳回起诉。法院不能仅仅凭借对原告起诉状的审查就对被告是否享有豁免权作出认定，而且即使做出认定，法院也不应在立案审查阶段就作出驳回起诉的裁定。按我国《侵权责任法》及相关法律的规定，被告可以将责任豁免权作为免责事由之一在法庭中提出抗辩，但抗辩权必须通过法庭审理经双方质证并辩论后才能确定，不能在立案审查阶段就做出判断。正如被告可能提出诉讼时效经过的抗辩一样，原告对已过诉讼时效的请求仍然可以提起诉讼，法院仍然应当受理，只不过经庭审确认属实后，法院可以判决驳回原告的诉讼请求，但绝不可以作出驳回起诉的裁定，即便法院在立案审查阶段根据有关事实做出了判断。诉讼制度深受一国历史传统、法律文化的影响，从我国目前的民事诉讼的司法实践的运行来看，恐怕很难接受美国的上述制度，但美国上述制度的合理性有值得借鉴之处，那就是分阶段审理、提高审判效率的思路。未来我国在审理涉及证券自律组织民事责任豁免案件，当被告自律组织提出民事责任豁免的抗辩时，法院应将审理的争议点引导到关于被告是否享有豁免权的事实和法律审查上，双方可就此争议点提出证据、进行辩论，如果经审理，法院认定被告享有豁免

---

① In re Facebook, Inc., IPO Securities and Derivative Litigation, 2013 WL 6621024 (S. D. N. Y.), 22, 2013.

权，就无须进行下一阶段的法庭调查和辩论，直接判决驳回原告的诉讼请求。反之，如果认定被告不享有豁免权，就需要法院继续进行法庭调查和辩论，就原告的损失、因果关系等问题进行审理，以判定最终责任。这么做极大地节约了审判资源，防止将法院拖入冗长的法庭调查和辩论程序中，提高了法院审判的效率。

（三）赋予豁免权有助于提升自律监管的效率，增加创新的动力

赋予证券自律组织民事责任豁免权，可以使自律组织不必担心随时可能受到会员或投资者的民事诉讼，并承担难以预见的损失赔偿。从而自律组织可以更加集中精力于自律监管中，制定完善自律规则并严格执行，对违反规则的会员予以惩处而不必担心受到诉讼的报复，加强交易监管维护投资者利益。

创新是市场的永恒主题。证券市场更是如此，证券市场的发展就是不断创新的历程。从交易形式（人工报价到电子自动撮合）、交易品种（从单一的股票到名目繁多的衍生品）到交易技术（从普通的电脑自动报价系统到高频交易、闪电交易等新交易技术的出现）、交易平台（从传统的交易所到另类交易系统等新平台）、交易规则都发生了翻天覆地的变化，如果不能尽快适应这种变化并不断推陈出新，就会在市场竞争中败下阵来。交易所在吸引公司前来交易金融产品的过程中存在激烈竞争，在吸引逐利的资本中，各国必须进行金融创新，以期能在全球竞争中胜出。[1] 纽约交易所一度是交易所中的龙头老大，但由于顽固的固守专家制，对电子交易持排斥态度，导致交易份额急剧下降，不得不收购一家全面实施电子化的交易所——群岛控股公司，才算搭上了电子交易的末班车，没有被市场淘汰。美国率先颁布相关规则，允许私人拥有的另类执行场所与交易所开展竞争。截至 2008 年，美国有 40 多个股票交易执行场所，包括电子通信网络、另类交易系统及其他。竞争的加大很快对交易所产生了影响：2005 年的纽约证券交易所的成交量占其上市股票成交量的比例超过 70%，2009 年 3 月则下降到约 25%。欧洲监管机构于 2007 年制定了《欧盟金融工具市场指令》，明确认可多边交易设施和系统性内部撮合商的交易执行场所地位，取消了要求投资公司将相关指令发送到各国交易所集中执行的

---

[1]　蔡伟：《我国证券（期货）交易所的民事责任豁免探讨》，《证券市场导报》2011 年第 8 期，第 59 页。

规则。该规则产生的后果是新的股票执行场所在欧洲大量增加，传统交易所享有的特权地位就此终结。其中，多边交易设施 Chi - X Europe 的成交量占伦敦富时 100 指数成交量的 25%，占德国股票成交量的 14%。①

　　目前，我国国内市场还不是一个开放的市场，交易所实行会员制，未进行公司化改造，国际交易所无法染指；中国经济持续快速增长，为交易所提供了巨大的潜在上市资源。在席卷全球的交易所并购潮中，国内交易所似乎不为所动。但这其实只是假象。大批优秀企业赴海外上市，大量优质上市资源的流失，已显露出国内市场存在的市场化程度薄弱、创新能力不足、创新机制扭曲等各种缺陷。② 随着我国资本市场的进一步开放，沪深交易所面临的竞争必然加剧，不可能在证券市场一体化的背景下独善其身。如果不能在创新上走在前列，恐难以在国际化的竞争背景下站稳脚跟。同时，随着我国市场化的推进，沪深交易所在国内的垄断地位终将改变，另类交易系统等执行场所的设立不存在技术障碍，它们一旦获准设立必将极大的冲击现有交易所的生态。所以我国沪深交易所应当未雨绸缪，不能固步自封，树立创新意识和责任观念，唯此才能在未来日益竞争的格局中占得先机。竞争依赖于创新，但创新就意味着存在风险，我们在鼓励交易所创新过程中如何降低其责任风险是必须认真考虑的问题。赋予自律组织民事责任豁免权就是鼓励创新的重要制度设计，它通过预先免除责任的规定鼓励了自律组织大胆创新，使其不必担心因创新的失败而引发责任的连锁反应，增强其创新的动力。

　　（四）规定自律组织豁免权有助于给市场人士明确信号，增强他们的风险自负意识

　　如前所述，我国的普通散户投资者缺乏明晰的风险自负意识，在出现损失时容易出现转嫁风险的观念。如果明确规定了自律组织的民事责任豁免权，就会发挥"法律"的指引作用，投资者就会明确知道损失一旦发生的不可逆性，就会更加注重自己的风险控制措施。这样，投资者的风险意识就会逐步提高，在投资操作上更加谨慎和理性，反过来这也有助于推进证券市场的健康发展。

---

　　① ［美］拉里·哈里斯主编：《监管下的交易所——经济增长的强劲助推器》，上海证券交易所译，中信出版社 2010 年版，第 283—285 页。

　　② 周松林：《未雨绸缪迎接全球交易所竞争》，《中国证券报》2011 年 2 月 15 日第 A05 版。

当然，赋予证券自律组织民事责任豁免权并不意味着自律组织可以为所欲为而不承担责任。鉴于证券自律组织任何一个小的失误都可能给市场带来的巨额损失，必须借鉴美国 Butz 案确定的传统绝对豁免的第三个要素的原理，即建立足够的外在制约措施防止自律组织权力的滥用。具体而言，可以从以下几方面着手：

其一，证监会的外在制约。证监会作为证券市场的主管机关，担负着监管证券市场的主要责任，自律组织作为一线监管者理应处于证监会的监管之下，以促使其公正行使自律监管权力。当然这种监管绝不是无孔不入的介入，而更多的是一种规则导向的监管，强化事前监管。如果证监会在具体监管上介入过多，就容易损害自律监管专业性和效率性优势，但如果放任不管，又会导致对自律监管的失控，给投资者带来重大损失。所以，证监会应在发挥自律组织自律监管优势的同时，强化事先监管，着眼于自律规则的合规性审批，而不是充当救火队员的事后监管者角色。

其二，自律组织内部的制约。证券自律组织内部的制约主要侧重于治理结构的优化、自律监管程序的健全。纽交所和 NASDAQ 历史发展过程中的多次改革说到底就是治理结构的改革，历史上发生了诸如惠特尼挪用资金丑闻、格拉索高薪丑闻，纽交所专家插队交易、NASD 的做市商操纵价差等丑闻事件，每一次丑闻对暴露了治理结构存在的问题，都促成了对治理结构的改革。治理结构的优化既是促进自律组织自身持续发展的动力，更是保证其科学决策、公正合理监管的基础。同时，自律组织应强化制度建设，制定完善的自律监管程序规范，加强自律监管的程序保障。程序公正是实体公正的基础和保障，程序违法必然损害自律监管的效果，证券自律组织虽然不是政府机关，但其在证券市场特殊的位置决定了必须树立程序优位的理念。

三　我国证券自律组织民事责任豁免的立法设计

未来我国证券自律组织民事责任豁免的制度设计应坚持实体法与程序法并重的原则。具体而言，在实体法上，可在《证券法》或《侵权责任法》专门设立条款规定自律组织民事责任豁免，具体可参照前文区分自律组织内部不同的人员分别规定不同的责任豁免条件。对于行使指控、裁决职能的自律组织人员，赋予民事责任绝对豁免权。对于行使其他监管职责的人员，可借鉴美国有限豁免的思路对于故意侵犯市场主体基本权利的行为不给予豁免权，其他行为只要属于自由裁量权的范围内，则应赋予其民事责任豁免权。以更好的支持自律组织实施创新、加强自律监管。同时规定，在民事责任被认定后，由自律组织对外统一承担民事责任，以有利于实现对受害者的赔付。至于内部追偿，笔者认为这属于自律组织内部管理的事务，不同于国家赔偿，完全可由自律组织内部规则决定，法律可不予干预。

　　按照美国民事诉讼的实践，法院通常只依据起诉状及原告提供的相关证据进行判断，并如前面引用的美国判例所言，假定起诉状的陈述为真。然后对法律上的充分性和事实上的充分性进行评价。如果法院认定原告不能提出在法律上充分的诉讼请求，法院将作出影响实体权利的驳回。关于事实充分性，法院认为，我们需要足够的在表面上可信的事实，陈述要求救济的诉讼请求，因为这儿原告没有将其诉讼请求推过从想象到可信的界限，所以必须驳回其诉请。① 当然，中美两国民事诉讼制度有着较大的差异，在美国，如果起诉状未能提出充分的法律和事实上的请求，法院就会裁定驳回起诉。我国对于起诉状的审查标准较低，只要提出了具体的诉讼请求、事实理由即可，至于事实是否充分，诉讼请求能否成立，则不是立案阶段考虑的问题，因此也不会因此被裁定驳回。虽然我们不可能因为民事责任豁免权制度对起诉的条件或标准进行调整，但我们完全可以借鉴美国在审理自律组织民事责任豁免权问题上的做法，将此作为单独的程序进行处理，如此可以极大地节约审判资源，也可以避免让自律组织陷入冗长的诉讼程序中，分散其自律监管的精力。因此，在程序法上，建议在正式的庭审程序前设置独立的程序，就自律组织的民事责任豁免抗辩是否成立进行调查和审理，一旦确认抗辩成立，则无须进行下一阶段的审理，直接驳回原告的诉请。

　　我国证券交易所非互助化改革乃大势所趋。非互助化后的交易所将带来新的利益冲突，不可避免对我国现行的证券自律监管体制带来深刻的影响。正如 Facebook 案所指出的，证券市场自 20 世纪 30 年代以来发生了巨变。像 NASDAQ 这样的交易所，已经从会员所有的非营利性互助交易

---

　　① ［美］理查德·D. 弗里尔：《美国民事诉讼法》，张利民、孙国平、赵艳敏译，商务印书馆 2013 年版，第 372 页。

所转制成股东所有的以营利性为目的的上市公司。美国证券行业和金融市场协会 2013 年 7 月 31 日写信给 SEC 主席 Mary Jo White，指出："1934 年时会员所有的证券交易所的利益、动机和功能与今天以营利为目的的上市交易所几乎没有相似之处。自非互助化浪潮开始，交易所正确的将其工作放在能够为股东带来最大回报的营利性的商业，在某些案件中，将其监管职能的履行压缩到最低程度。"正如 SEC 的委员 Gallagher 2012 年指出的："80 年前设置的自律监管框架的基本前提：私人的、互助的、自律的交易所以及单纯的交易商协会，已经不再存在。"当交易所演变成营利性的企业时，就产生了不可调和的冲突，在监管自己的营利性的商业行为时，交易所背景下的独立性不可企及。① 在这种背景下，虽然需要重新思考交易所的自律管理者的身份是否合适的问题，但我们深信证券自律组织的自律监管仍将以某种形式存在。就我国交易所而言，是否公司化，只会在治理结构上产生变化，并不会在"营利性"目标上有根本的改变。毕竟，这是特殊市场的特殊主体，承载了太多的责任，不能作为普通的商事公司对待，未来自律监管的改革仍需要民事责任豁免制度的保障。

---

① In re Facebook, Inc., IPO Securities and Derivative Litigation, 2013 WL 6621024 (S. D. N. Y.), 16, 2003.

参 考 文 献

一 中文著作类

1. 王名扬：《美国行政法》，中国法制出版社 2005 年版。

2. 卢文道：《证券交易所自律管理论》，北京大学出版社 2008 年版。

3. 徐明、卢文道：《判例与原理：证券交易所自律管理司法介入比较研究》，北京大学出版社 2010 年版。

4. 陈雅丽：《豁免权研究——基于宪法的视域》，中国法制出版社 2011 年版。

5. 黄松有、梁玉霞主编：《司法相关责任研究》，法律出版社 2001 年版。

6. 吴伟央：《证券交易所自律管理的正当程序研究》，中国法制出版社 2012 年版。

7. 叶林：《证券法》，中国人民大学出版社 2002 年版。

8. 吴弘：《证券法教程》，北京大学出版社 2007 年版。

9. 李响玲：《论新趋势下的证券交易所自律监管》，中国法制出版社 2014 年版。

10. 李赞：《国际组织的司法关系豁免研究》，中国社会科学出版社 2013 年版。

11. 龚刃韧：《国家豁免问题的比较研究》，北京大学出版社 1994 年版。

12. 夏林华：《不得援引国家豁免的诉讼》，暨南大学出版社 2011 年版。

13. 程晓霞、余民才：《国际法》，中国人民大学出版社 2011 年版。

14. 王泽鉴：《侵权行为法》，北京大学出版社 2009 年版。

15. 王利明：《侵权行为法研究》（上卷），中国人民大学出版社 2004 年版。

16. 张新宝：《侵权责任法》，中国人民大学出版社 2013 年版。

17. 杨立新：《侵权责任法》，法律出版社 2011 年版。

18. ［美］波斯纳：《超越法律》，苏力译，中国政法大学出版社 2001
年版。

19. ［英］麦考密克：《法律推理与法律理论》，姜峰译，法律出版社 2005
年版。

20. ［美］波斯纳：《法理学问题》，苏力译，中国政法大学出版社 2002
年版。

21. ［美］查里斯·R. 吉斯特：《华尔街史》，敦哲、金鑫译，经济科学
出版社 2004 年版。

22. ［美］乔尔·赛利格曼：《华尔街变迁史——证券交易委员会及现代
公司融资制度的演化进程》（修订版），田凤辉译，经济科学出版社
2004 年版。

23. ［美］约翰·S. 戈登：《伟大的博弈——华尔街金融帝国的崛起》，
祈斌译，中信出版社 2005 年版。

24. ［意］莫诺·卡佩莱蒂：《比较法视野中的司法程序》，徐新、王奕
译，清华大学出版社 2005 年版。

25. ［英］丹宁勋爵：《法律的正当程序》，李克强、杨百揆、刘庸安译，
法律出版社 2011 年版。

26. ［美］小詹姆斯·A. 亨德森等著：《美国侵权法：实体与程序》（第
七版），王竹等译，北京大学出版社 2014 年版。

27. ［英］劳特派特修订：《奥本海国际法》上卷（第一分册），王铁崖，
陈体强译，商务印书馆 1989 年版。

28. ［美］拉里·哈里斯主编：《监管下的交易所——经济增长的强劲助
推器》，上海证券交易所译，中信出版社 2010 年版。

29. ［美］理查德·D. 弗里尔：《美国民事诉讼法》，张利民、孙国平、
赵艳敏译，商务印书馆 2013 年版。

30. ［美］约翰·哈特·伊利：《民主与不信任》，张卓明译，法律出版社
2011 年版。

二　中文论文类

1. 宋航、张文婷：《证券交易所自律监管行为正当性的司法审查标准》，
《人民司法》2011 年第 4 期。

2. 蔡伟：《我国证券（期货）交易所的民事责任豁免探讨》，《证券市场导报》2011 年第 8 期。

3. 史伟东：《权证信息披露中证券交易所的民事责任认定》，《证券法苑》2010 年（第三卷）。

4. 徐明、卢文道：《证券交易所自律管理侵权诉讼司法政策——以中美判例为中心的分析》，《证券法苑》2009 年（第一卷）。

5. 谭世贵、孙玲：《法官责任豁免制度研究》，《政法论丛》2009 年第 5 期。

6. 叶名怡：《重大过失理论的构建》，《法学研究》2009 年第 6 期。

7. 顾功耘：《证券交易异常情况处置的制度完善》，《中国法学》2012 年第 2 期。

8. 最高人民法院立案庭课题组：《证券交易所自律管理中的司法介入》，《中国证券报》2008 年 4 月 10 日，第 A14 版。

9. 李贤华：《美国法官丑闻及惩戒制度》，《人民公安》2010 年第 4 期。

10. 魏胜强：《错案追究何去何从——关于我国法官责任追究制度的思考》，《法学》2012 年第 9 期。

11. 邵自红：《全国人大代表言论免责权研究》，《河北法学》2007 年第 7 期。

12. 沈岿：《国家赔偿：代位责任还是自己责任》，《中国法学》2008 年第 1 期。

13. 方流芳：《证券交易所的法律地位——反思"与国际惯例接轨"》，《政法论坛》2007 年第 1 期。

14. 周成泓：《卡多佐：实用主义法律思想》，《理论探索》2006 年第 4 期。

15. 许可：《卡多佐的法律世界——兼论实用主义审判的真与伪》，《人大法律评论》2010 年卷。

16. 彭浩东、周星辰：《关于中国宏观经济变量与证券市场关联性的实证研究》，《生产力研究》2012 年第 1 期。

17. 宋航：《权证纠纷的司法审查——权证案件审判评述及展开》，《证券法苑》2012 年（第七卷）。

18. 韩朝炜：《证券交易所自律司法介入研究》，华东政法大学博士论文，2013 年。

三　外文论文类

1. Rohit A. Nafday, "From Sense to Nonsense and Back Again: SRO Immunity, Doctrinal Bait – and Switch, And a Call for Coherence", *U. Chi. L. Rev.*, Vol. 77 (Spring 2010).

2. Jennifer M. Pacella, "If the Shoe of the SEC doesn't Fit: Self – regulatory Organizations and Absolute Immunity", *Wayne L. Rev.*, Vol. 58 (Summer, 2012).

3. Robert S. Karmel, "Should Securities Industry Self – Regulatory Organizations Be Considered Government Agencies? ", *Stan. J. L. Bus. & Fin.*, Vol. 14 (2008).

4. Jerrod M. Lukacs, "Much ado about nothing: how the securities SRO state actor circuit split has been misinterpreted and what it means for due process at FINRA", *Ga. L. Rev.*, Vol. 47 (Spring, 2013).

5. Richard L. Stone & Michael A. Perino, "Not Just a Private Club: Self Regulatory Organizations as State Actors When Enforcing Federal Law", *Colum. Bus. L. Rev.* (1995).

6. Thomas L. Short, " Friend this: why those damaged during the Facebook IPO will recover (almost) nothing from NASDAQ", *Wash. & Lee L. Rev.*, Vol. 71 (Spring, 2014).

7. Craig J. Springer, "Weissman v. NASD: Piercing the Veil of Absolute Immunity of An SRO under the Securities Exchange Act of 1934 ", *Del. J. Corp. L.*, Vol. 33 (2008).

8. Lori Mcmillan, "The Business Judgment Rule as an Immunity Doctrine", *Wm. & Mary Bus. L. Rev.*, Vol. 4 (April, 2013).

9. Karen Blum, Erwin Chemerinsky, Martin A. Schwartz., "Qualified Immunity Development: Not Much Hope Left for Plaintiffs", *Touro L. Rev.*, Vol. 29 (2013).

10. Erwin Chemerinsky, "Absolute Immunity: General Principles and Recent Developments", *Touro L. Rev.*, Vol. 24 (2008).

11. Willliam S. Helfand, Ryan Cantrell, "Individual Governmental Immunities in Federal Court: The Supreme Court Strengthens an Already Potent De-

fense", *The Advoc.* (*Texas*), Vol. 47 (Summer, 2009) .

12. John C. Williams, "Qualifying Qualified Immunity", *Vand. L. Rev.* , Vol. 65 (May 2012) .

13. Kraig J. Marton, Victoria H. Quach, "Reporting roulette: complaining or even sitting on a board just might get you sued (AKA the immunity laws in Arizona are in a terrible state of disarray)", *Phoenix L. Rev.* , Vol. 5 (Spring 2012) .

14. John C. Jeffries, Jr. , "The Liability Rule for Constitutional Torts", *Va. L. Rev.* , Vol. 99 (April, 2013) .

15. Lori Mcmillan, "The Business Judgment Rule as an Immunity Doctrine", *Wm. & Mary Bus. L. Rev.* , Vol. 4 (April, 2013) .

16. K. G. Jan Pillai, "Rethinking Judicial Immunity for the Twenty – First Century", *Howard. L. J.* , Vol. 39 (1995) .

17. Andrew Nicol, "Judicial immunity and human rights", *E. H. R. L. R.* , Vol. 5 (2006) .

18. Margaret Z. Johns, "Reconsidering Absolute Prosecutorial Immunity", *Brigham Young University Law Review* (2005) .

19. Angela J. Davis, "The Legal Profession's Failure to Discipline Unethical Prosecutors", *Hofstra L. Rev.* , Vol. 36 (2007) .

20. Karen McDonald Henning, "The Failed Legacy of Absolute Immunity under IMBER: Providing a Compromise Approach to Claims of Prosecutorial Misconduct", *Gonz. L. Rev.* , Vol. 48 (2012 – 2013) .

21. Jeffery J. McKenna, "Prosecutorial Imunity: Imbler, Burns, and Now Buckley v. Fitzsimmons——The Supreme Court's Attempt to Provide Guidance in a Difficult Area", *B. Y. U. L. Rev.* , (1994) .

22. Kate McClelland, "Somebody Help Me Understand This: The Supreme Court's Interpretation of Prosecutorial Immunity and Liability under § 1983", *J. Crim. L. & Criminology*, Vol. 102 (Fall, 2012) .

23. Karen Blum, Erwin Chemerinsky, Martin A. Schwartz. , "Qualified Immunity Development: Not Much Hope Left for Plaintiffs", *Touro L. Rev.* Vol. 29 (2013) .

24. Jeffrey Kranking, " A look at the United States Court of Appeals for the

Third Circuit's Heavy Handed Application of Quasi – judicial Immunity: Keystone Redevelopment Partners, LLC V. DECKER", *Duq. Bus. L. J.*, Vol. 14 （Winter 2011）.

25. Christopher A. Whytock, "Foreign State Immunity and the Right to Court Access", *Boston University Law Review*, Vol. 93, （December, 2013）.

26. Jasper Finke, "Sovereign Immunity: Rule, Comity or Something Else?", *European Journal of International Law*, Vol. 21 （4）（2010）.

27. Bikram Bandy, "Sovereign Immunity", *Geo. Wash. L. Rev.*, Vol. 65 （1997）.

28. Gregory C. Sisk, "A Primer on the Doctrine of Federal Sovereign Immunity", *Okla. L. Rev.*, Vol. 58 （2005）.

29. Cf. Louis L. Jaffe, "Suits Against Governments and Officers: Sovereign Immunity", *Harv. L. Rev.*, Vol. 77 （1963）.

30. William Wood, "It wasn't an accident: the tribal sovereign immunity story", *Am. U. L. Rev.*, Vol. 62 （August, 2013）.

31. Aaron Tang. Double immunity, *Stan. L. Rev.*, Vol. 65 （February, 2013）.

32. Fred O. Smith, Jr., "Awakening the people's giant: sovereign immunity and the constitution's republican commitment", *Fordham L. Rev.*, Vol. 80 （April, 2012）.

33. Jack M. Beermann, "Qualified Immunity and Constitutional Avoidance", *Sup. Ct. Rev.*, （2009）.

34. Nicholas R. Battey, "A Chink in the Armor? The Prosecutorial Immunity Split in the Seventh Circuit in Light of Whitlock", *U. Ill. L. Rev.*, （2014）.

35. Onnig H. Dombalagian, "Self and Self – Regulation: Resolving the Sro Identity Crisis", *Brook. J. Corp. Fin. & Com. L.*, Vol. 1 （Spring 2007）.

36. Yesenia Cervantes, "'FIN RAH!'… A Welcome Change: Why the Merge Was Necessary to Preserve U. S. Market Integrity", *Fordham J. Corp. & Fin. L.*, Vol. 13 （2008）.

37. William I. Friedman, "The Fourteenth Amendment's Public/Private Distinction among Securities Regulators in the U. S. Marketplace—Revisited",

Ann. Rev. Banking & Fin. L. , Vol. 23 (2004).

38. Steven J. Cleveland, "the NYSE as State Actor?: Rational Actors, Behavioral Insights & Joint Investigations", *Am. U. L. Rev.* , Vol. 55 (October 2005).

39. Andrew J. Cavo, "Weissman v. National Association of Securities Dealers: A Dangerously Narrow Interpretation of Absolute Immunity for Self – Regulatory Organizations", *Cornell L. Rev.* , Vol. 94 (January 2009).

40. Jon Evan Waddoups, "Narrowing the Scope of Absolute Judicial Immunity from Section 1983 Suits: The Bar Grievance Committee and the Judicial Function", *B. Y. U. L. Rev.* (1990).

41. Alan Lawhead, "Useful Limits to the Fifth Amendment: Examining the Benefits that Flow From a Private Regulator's Ability to Demand Answers to its Questions During an Investigation", *Colum. Bus. L. Rev.* (2009).

42. Joseph McLaughlin, "Is FINRA constitutional?", Engagej, Vol. 12, (2011).

43. Ryan C. Williams, "The One and Only Substantive Due Process Clause", *Yale L. J.* , Vol. 120 (December 2010).

44. Russell A. Eisenberg & Frances Gecker, "Due Process and Bankruptcy: A Contradiction in Terms?", *Bankr. Dev. J.* , Vol. 10 (1993/1994).

45. Christopher J. Schmidt, "Ending the Mathews v. Eldrige Balancing Test: Time For a New Due Process Test", *Sw. L. Rev.* , Vol. 38 (2008).

46. James W. Hilliard, "To Accomplish Fairness and Justice: Substantive Due Process", *J. Marshall L. Rev.* , Vol. 30 (Fall 1996).

47. Rosalie Berger Levinson, "Reining in Abuses of Executive Power through Substantive Ddue Process", *Fla. L. Rev.* , Vol. 60 (July 2008).

48. Boyd M. Mayo, "Monetary Libility for Involuntary Servitude? South Carolina Needs to Abandon the Negative Incentive Approach and Grant Absolute Immunity to Indigent Criminal Defense Attorneys Appointed under Rule608", *Charleston L. Rev.* , Vol. 3 (2009).

49. Kenneth B. Orenbach, "A new twist to an on – going debate about securities self – regulation: it's time to end FINRA's federal income tax exemption", *Va. Tax Rev.* , Vol. 31 (Summer 2011).

50. Mark K. Funke, "Does the Ghost of Lochner Haunt Mission Springs? Rumi-
nations on § 1983 Due Process Claims in Light of Mission Springs,
Inc. v. City of spokane", *Wash. L. Rev.*, Vol. 77 (January 2002).

51. Timothy M. Stengel, J. D., "Absolute Judicial Immunity Makes Absolutely
No Sense: An Argument For an Exception to Judicial Immunity",
Temp. L. Rev., Vol. 84, (2012).

52. Margaret Z. Johns, A Black Robe Is Not a Big Tent: The Improper Expan-
sion of Absolute Judicial Immunity to Non – Judges in Civil – Rights Ca-
ses", *SMU L. Rev.*, Vol. 59 (Winter, 2006).

53. Jeffrey M. Shaman, "Judicial Immunity From Civil and Criminal Liability",
San Diego L. Rev., Vol. 27 (January, 1990).

54. Hon. Patricia Walther Griffin, Rachel M. Pelegrin, "A Look at Judicial Im-
munity and It's Applicability to Delaware and Pennsylvania Judges", *Wide-
ner J. Pub. L.*, Vol. 6 (1997).

55. Tammy Lander, "Do Court Appointed Mental Health Professionals Get a
Free Ride in the Third Circuit? An Examination of the Latest Extensions of
Judicial Immunity", *QLR*, Vol. 22 (2004).

56. Margaret Z. Johns, "Unsupportable and Unjustified: Acritique of absolute
prosectorial immunity", *Fordham L. Rev.*, Vol. 80 (2011).

57. Jeffrey D. May, "Determining the Reach of Qualified Immunity in Excessive
Force Litigation: When is the Law 'Clearly Established'?", *Am. J. Trial
Advoc.*, Vol. 35 (Spring, 2012).

58. Alexander A. Reinert, "Does Qualified Immunity Matter?", U. St. Thomas
L. J., Vol. 8 (Spring 2011).

59. Mark R. Brown, "The Fall and Rise of Qualified Immunity: From Hope to
Harris", *Nevada Law Journal*, Vol. 9 (Fall 2008).

60. Kenneth Duvall, "Burdens of Proof and Qualified Immunity", *Southern Illi-
nois University Law Journal*, Vol. 37 (Fall 2012).

61. Elinor R. Jordan, "Is Qualified Immunity and Affirmative Defense in Name
Alone? Why Courts Should Shift Away From Placing the Burden to Refute
Qualified Immunity on § 1983 Plaintiffs", *Nat'l Law. Guild Rev.*, Vol. 9
(Fall 2012).

62. Susan Bendlin, "Qualified Immunity: Protecting 'All But the Plainly Incompetent' (And Maybe Some of Them, too)", *J. Marshall L. Rev.*, Vol. 45 (Summer 2012).

63. Michael Deshmukh, "IS FINRA a state actor? A Question that Exposes the Flaws of the State Action Doctrine and Suggests a Way to Redeem it", *Vand. L. Rev.*, Vol. 67 (May 2014).

64. Jaclyn Freeman, "Limiting SRO Immunity to Mitigate Risky Behavior", *J. Telecomm. & High Tech. L.*, Vol. 12 (2014).

65. Jessica B. Pulliam, "State Sovereign Immunity in Administrative adjudication", *Tex. L. Rev.*, Vol. 80 (April 2002).

后　记

撰写博士后出站报告过程中，我开始关注证券自律组织的民事责任豁免问题。该课题有着重要的理论价值和现实意义，但在国内研究却非常薄弱，研究成果极少。由于研究主旨所限，出站报告未能就此展开。出站后，我尝试对此进一步研究，并申报了教育部人文社科基金项目，有幸获得立项。经过四年的努力，本书书稿得以完成。

写作的过程异常艰辛。一是资料阅读与理解上的困难。本课题的研究国内成果极其有限，大量的要参考国外的相关文献，尤其要阅读大量的英文判例，对于我这个未出国进修过的研究人员而言难度可想而知。而且，判例的理解不仅涉及实体法律问题，还涉及对外国程序法律制度的理解，中国民事程序法律制度与国外程序法律制度的巨大差异加大了理解的难度。这也直接影响了本项目实施的进度。好在经过努力，现在已基本能做到无障碍阅读，也感谢教育部项目给予我的压力与动力。二是证券市场的日新月异给本书的研究增加了许多变数。创新是证券市场的永恒主题，证券市场每时每刻都在进行着制度创新，这也是推动证券市场蓬勃发展的动力所在。四年中，国内外证券市场发生了翻天覆地的变化，这既给本书的写作不断提供新的视角和广泛的素材，但某种意义上也加大了研究的难度，写作过程中总感觉存在某种不确定性。这或许就是证券法律研究者的痛并快乐感觉。能有机会参与到波澜壮阔的证券市场发展中并贡献微薄之力，无论如何都是我等幸事，感谢伟大的证券市场。

在本书即将付梓之际，心中感慨颇多，尤其是要感谢一路给予我指导与帮助的良师益友们。

感谢在吉林大学法学院十年求学期间给予我指导的老师们，尤其感谢石少侠教授、杨亚非教授、崔卓兰教授、李建华教授、彭诚信教授、姚建宗教授、蔡立东教授，老师们的教诲令我终身受益，我此生注定打上了深刻的吉大法学烙印，时间越久，就越难以忘怀。

感谢华东政法大学的吴弘教授、顾功耘教授、徐士英教授等诸位老师在我博士后在站期间给予的指导与帮助。感谢上海证券交易所的卢文道博士，卢博士的《证券交易所自律管理论》一书在交易所自律监管领域进行了不少开创性的研究，我从卢博士的相关论著中学习和收获良多。

文法学院何长文院长、张成山书记、李晓峰副院长、刘灵芝副院长，社科处李洲良处长、田文霞副处长等领导一直给予我诸多支持，文法学院和法律系的同事们也给予了我许多帮助，在此一并致谢。本书的出版还要感谢学校自主科研基金的支持。

感谢中国社会科学出版社的任明主任，任老师出色的编审工作给本书增色不少。

最后感谢教育部项目评审机制和诸位匿名评审专家的支持，这是我获得的第一个重要课题，对于一个普通院校的教师来说其重要性不言而喻。我非常珍惜这次难得的机会，也试图将课题做得更好，但由于个人资质、能力所限，还存在诸多不足，只能留待在今后的学习和工作中继续努力完善了。

李志君

2014 年 12 月于大连